住房城乡建设部土建类学科专业"十三五"规划教材
全国住房和城乡建设职业教育教学指导委员会房地产类专业指导委员会规划推荐教材

房 地 产 类 专 业 适 用
FANGDICHANLEI ZHUANYE SHIYONG

房地产基本制度与政策
FANGDICHANLEI ZHUANYE SHIYONG

（第二版）

江　刚　主　编
徐锡宝　副主编
陈锡宝　赵龙杰　主　审

中国建筑工业出版社

图书在版编目（CIP）数据

房地产基本制度与政策：房地产类专业适用／朱江主编. —2版. —北京：中国建筑工业出版社，2019.5

住房城乡建设部土建类学科专业"十三五"规划教材 全国住房和城乡建设职业教育教学指导委员会房地产类专业指导委员会规划推荐教材

ISBN 978-7-112-23630-5

Ⅰ.①房… Ⅱ.①朱… Ⅲ.①房地产业－经济制度－中国－高等学校－教材 ②房地产业－经济政策－中国－高等学校－教材 Ⅳ.①F299.233.1

中国版本图书馆CIP数据核字（2019）第072635号

"《房地产基本制度与政策（第二版）》是高职房地产经营与管理专业的一门核心课程，本教材是根据全国住房和城乡建设职业教育教学指导委员会房地产类专业指导委员会制定的房地产经营与管理专业教学基本要求编写的。本书全面、深入地介绍了我国现行房地产方面的主要法律与制度。本书共分13章，以房地产法律基础和房地产相关知识作为基础，根据房地产开发、经营、管理的工作过程和本项目管理进程逐步展开。其内容包括：建设用地，城乡规划管理，国有土地上房屋征收与补偿，房地产项目建设，房地产开发经营管理，房地产交易管理，不动产权属登记，物业管理，房地产税收，住房公积金，房地产中介服务管理以及房地产纠纷处置等制度。

本书内容全面、体例完整，反映最新房地产法律、法规、政策精神，可作为高等职业教育房地产类专业教学用书，也可以作为房地产业从业人员岗位培训及资格考试的参考用书，还可以作为房地产行政管理人员、专业技术人员的工具用书。

为更好地支持相应课程的教学，我们向采用本书作为教材的教师提供教学课件，有需要者可与出版社联系，邮箱：kejian_cabp@126.com。

责任编辑：张　昌　牟琳琳
责任校对：焦　乐

*

住房城乡建设部土建类学科专业"十三五"规划教材
全国住房和城乡建设职业教育教学指导委员会房地产类专业指导委员会规划推荐教材
房地产基本制度与政策（第二版）
（房地产类专业适用）

朱　江　主　编
徐锡宝　副主编
陈龙杰　主　审

*

中国建筑工业出版社出版、发行（北京海淀三里河路9号）
各地新华书店、建筑书店经销
北京凤凰制版有限公司制版
北京京华铭诚工贸有限公司印刷

*

开本：787×1092毫米　1/16　印张：19　字数：433千字
2019年9月第二版　2019年9月第三次印刷
定价：46.00元（赠课件）
ISBN 978-7-112-23630-5
（33918）

版权所有　翻印必究
如有印装质量问题，可寄本社退换
（邮政编码100037）

教材编审委员会名单

主　任：何　辉

副主任：陈锡宝　武　敬　郑细珠

秘　书：陈旭平

委　员：（按姓氏笔画排序）

王　钊　邓培林　冯占红　刘　霁　刘合森

孙建萍　杨　晶　杨　锐　杨光辉　谷学良

陈林杰　陈慕杰　周建华　孟庆杰　章鸿雁

斯　庆　谢希钢

序 言

全国住房和城乡建设职业教育教学指导委员会房地产类专业指导委员会（以下简称"房地产类专指委"），是受教育部委托，由住房和城乡建设部组建管理的专家组织。其主要工作职责是在教育部、住房和城乡建设部、全国住房和城乡建设职业教育教学指导委员会的领导下，负责住房和城乡建设职业教育的研究、指导、咨询和服务工作。按照培养高端技术技能型人才的要求，围绕房地产类的就业领域和岗位群研制高等职业教育房地产类专业的教学标准，研制房地产经营与管理、房地产检测与估价、物业管理和城市信息化管理等房地产类专业的教学基本要求及顶岗实习导则，持续开发和完善"校企合作、工学结合"及理论与实践紧密结合的特色教材。

高等职业教育房地产类的房地产经营与管理和房地产检测与估价（原房地产经营与估价专业）、物业管理等专业教材自2000年开发以来，经过"优秀评估"、"示范校建设"、"骨干院校建设"等标志性的专业建设历程和普通高等教育"十一五"国家级规划教材、"十二五"国家级规划教材、教育部普通高等教育精品教材等建设经历，已经形成了具有房地产行业特色的教材体系。发展至今又新开发了城市信息化管理专业教材建设，以适应智慧城市信息化建设需求。

根据住房和城乡建设部人事司《全国住房和城乡职业教育教学指导委员会关于召开高等职业教育土木建筑大类专业"十三五"规划教材选题评审会议的通知》（建人专函〔2016〕3号）的要求，2016年7月，房地产类专指委组织专家组对规划教材进行了细致地研讨和遴选。2017年7月，房地产类专指委组织召开住房和城乡建设部土建类学科房地产类专业"十三五"规划教材主编工作会议，专指委主任委员、副主任委员、专指委委员、教材主编教师、行业和企业代表及中国建筑工业出版社编辑等参加了教材撰写研讨会，共同研究、讨论并优化了教材编写大纲、配套数字化教学资源建设等方面内容。这次会议为"十三五"规划教材建设打下了坚实的基础。

近年来，随着国家房地产相关政策的不断完善、城市信息化的推进、装配式建筑和全装修住宅推广等，房地产类专业的人才培养目标、知识结构、能力架构等都需要更新和补充。房地产类专指委研制完成的教学基本要求和专业标准，为本系列教材的编写提供了指导和依据，使房地产类专业教材在培养高素质人才的过程中更加具有针对性和实用性。

本系列教材内容根据行业最新政策、相关法律法规和规范标准编写，在保证内容正确和先进性的同时，还配套了部分数字化教学资源，方便教师教学和学生学习。

本系列教材的编写，继承了房地产类专指委一贯坚持的"以就业为导向，以能力为本位，以岗位需求和职业能力标准为依据，以促进学生的职业发展生涯为目标"的指导思想，该系列教材必将为我国高等职业教育房地产类专业的人才培养作出贡献。

全国住房和城乡建设职业教育教学指导委员会
房地产类专业指导委员会
2017年11月

第二版前言

房地产领域的政策法规对房地产业影响巨大，本书第一版出版以来，我国房地产业又迎来新的发展阶段，政府为促进房地产市场健康发展出台了很多政策法规，旨在让房地产市场回归理性，让房产回归住的本质属性，抑制其炒作的投机性，让房地产企业注重良性可持续发展。然而部分地区房地产市场依然过热，政府主管部门、业界和学术界给出了各自的理由，有货币供应量驱动说、有热钱投资渠道少说、也有地方政府对"土地财政"的过分依赖说、有税收不合理，只在交易环节征收不在持有环节征收说。无论何种原因，至少有一点是明确的，就是一旦房产价格畸高扭曲了正常供求关系，不但会令房地产业偏离居住的本质属性影响民生，还会抑制实体经济的发展。因此房地产业的健康发展亟待房地产基本制度与政策的健全和完善。近年来，为了引导房地产业的健康发展，规范房地产开发企业的经营行为，规范市场秩序，促进房地产业与国民经济协调发展，中央和地方政府废止、更新和修订了系列房地产政策、法规。如2015年3月1日起施行的《不动产登记暂行条例》、2017年5月前国土资源部第1次部务会议通过的《土地利用总体规划管理办法》、《住房城乡建设部关于支持北京市、上海市开展共有产权住房试点的意见》、《利用集体建设用地建设租赁住房试点方案》、2016年1月1日实行的《不动产登记暂行条例实施细则》、《中央编办关于整合不动产登记职责的通知》（中央编办发[2013]134号）、《国土资源部　住房城乡建设部关于做好不动产统一登记与房屋交易管理衔接的指导意见》（国土资发[2015]90号）等法规规章政策，对保有环节征收的房产税，有关部门也表示正在规划中。房地产业的健康发展离不开对最新房地产制度与政策的正确认识和解读。本书以房地产的开发经营活动全过程为主线，全面介绍了与房地产有关的制度、法规和政策，主要内容包括：房地产法律法规概述、建设用地基本制度、城乡规划管理制度、国有土地上房屋征收与补偿制度、房地产项目建设制度、房地产开发经营管理制度、房地产交易管理制度、不动产权属登记制度、物业管理制度、房地产税收制度、住房公积金制度、房地产中介服务管理制度、房地产纠纷处理制度。

本版根据房地产市场发展现状和房地产制度法规的变化，重点修订调整了近年来更新、废止的法律法规，对第2章建设用地基本制度、第4章国有土地上房屋征收与补偿制度、第7章房地产交易管理制度、第8章不动产权属登记制度、第10章房地产税收制度相关内容作了较大调整。其他章节修订了第一版中的部分瑕疵。

本教材由朱江设计并编写大纲，并由集体合作，分头撰稿。本书共13章，由朱江担任主编，徐刚为副主编。全国住房和城乡建设职业教育教学指导委员会房地产类专业指导分委员会副主任陈锡宝教授，上海市房地产行业协会常务副会长、秘书长赵龙杰高级经济师担任主审。编写人员及分工如下：朱江独立编写第2章、第3章、第7章、第9章、第10章、第12章、第13章；徐刚独立编写第1章、第6章、第8章、第11章，参与编写第5章；袁媛独立编写第4章、第5章、第10章；金秋平参与编写第11章；唐茂华参与编写第3章、第5章。金秋平参与编写第6章、第11章；刘嘉参与编写第8章；全书由朱江统稿。

　　本书在编写过程中得到上海城建职业学院、天津国土资源和房屋职业学院、湖南城建职业技术学院、上海震旦职业学院和中国建筑工业出版社有关领导和同志的指导帮助，并参考了有关书刊，在此表示衷心感谢。

　　由于编者学术水平有限，书中难免存在疏漏、不足之处，恳请有关专家和广大读者在使用过程中给予指正并提出宝贵意见。

2018年9月

第一版前言

本书是根据全国高职高专教育土建类专业教学指导委员会房地产类专业指导分委员会制定的房地产经营与估价专业教学基本要求及核心课程教学大纲编写的。本书的体系与内容，也是经过该教学指导委员会讨论研究确定的。

我国改革开放三十多年来，国家出台了一系列房地产的法律、法规、规章等规范性文件，以及国家宏观调控政策，也相继出版了许多房地产法律法规解读书籍及相应教材。作者认为教材名称用"房地产法律"、"房地产法规"、"房地产法律法规"很难涵盖整个房地产法律体系，因此本书采用"房地产基本制度"名称，能集房地产法律、法规、规章等规范性文件，以及政策于一体。

房地产基本制度作为房地产经营与估价专业的核心课程，以房地产法律基础知识和房地产相关法律知识作为基础。本教材的特点主要表现在以下方面：

1. 理论性和实践性相结合

本书吸取高职高专教育房地产类专业分指导委员会各院校在探索培养高等技术应用型人才方面取得的经验与成果，注重理论与实践环节的紧密结合。本书尽可能融汇、整合最新的房地产法律法规和政策（如新增《国有土地上房屋征收与补偿条例》、《商品房屋租赁管理办法》、《房地产经纪管理办法》），并与房地产开发、经营和管理全过程相结合。通过学习既可了解房地产开发、经营、管理的全过程，又能掌握与房地产相关的法律法规和政策。

2. 系统性和创新性相结合

首先，本书体现了"工作过程"、"行动导向"的教育改革理念。本书内容既涵盖房地产运作的全过程，又根据房地产的工作过程进行论述的；按照房屋开发建造顺序，即用地→规划→建造安装→房地产开发经营（房屋征收与补偿、建造、交易），以及登记、物业服务以及税收、公积金管理、中介服务等的顺序展开，环环相扣。

其次，每章节都增加了"法律依据"，并对其中内容进行诠释。同时增加"练习与思考"，通过一定的练习与思考，使学生能够掌握、熟悉、了解房地产基本制度。

再次，每章节都增加了"案例分析"的内容，旨在加深学生对房地产基本制度相关内容的理解，有利于学生更好运用相关法律法规等知识，提高学生分析、处理房地产开发、经营、管理中实际问题的能力。

3. 针对性和应用性相结合

本书在编写中，尽可能以三个针对性为原则：一是要针对房地产行业的实际，尽可能体现房地产工作过程的主要环节和主要内容，使书内容更体现其针对性，也使学生对房地产行业有个较为全面的了解；二是要针对房地产基本制度与政策的教学实际，教材内容一定要体现高职的特点，重在能力培养的教学目的与要求；三是要针对该专业学生的实际，教材内容应体现通俗易懂，但又要给学生较大的空间，以利于更好培养高技能应用型人才。因此在教材编写过程中，我们请教了房地产行业的资深专家、学者和行业主管；力求做到语言精练，通俗易懂；力求在内容和选材上体现学以致用，理论联系实际。

本书由谢卫平设计并编写大纲，并由集体合作，分头撰稿。本教材共十三章，由谢卫平担任主编，滕永健为副主编。全国高职高专教育土建类专业教学指导委员会房地产类专业指导分委员会主任陈锡宝教授，上海市房地产行业协会常务副会长、秘书长赵龙杰高级经济师担任主审。各章的编写人员及分工如下：谢卫平独立编写第一章、第十二章、第十三章，参与编写第三章、第五章；滕永健独立编写第二章、第七章、第九章；袁媛独立编写第四章、第十章；金秋平独立编写第六章，参与编写第十一章；刘嘉独立编写第八章，参与编写第十一章；唐茂华独立编写第三章、第五章。全书由谢卫平统稿。

本书在编写过程中得到上海城市管理职业技术学院、天津国土资源和房屋职业学院、湖南城建职业技术学院和中国建筑工业出版社有关领导和同志的指导帮助，并参考了有关书刊，在此表示衷心感谢。

由于编者学术水平有限，书中难免存在错漏与不足之处，恳请有关专家和广大读者在使用过程中给予指正并提出宝贵意见。

2012年5月

目　录

房地产法律法规概述

1

【学习目标】

1. 掌握法的概念与特征，房地产法律体系。

2. 熟悉房地产概念与特征，法的分类与法的渊源，房地产法的概念及调整对象。

3. 了解法的基本职能，法的实施，房地产业的概念和作用，房地产法的基本原则。

房地产是社会生活中重要的物质生活资料之一，在市场经济不断完善的今天，房地产业已成为国民经济和社会发展中的基础性、先导性产业。房地产开发、经营、管理过程中涉及大量的法律法规与政策，学习房地产法律基础知识，能为进一步掌握有关房地产基本制度的内容打下扎实的基础。

1.1 法的概述

1.1.1 法的概念、产生和特征

1. 法的概念

法是指由国家制定或认可并由国家强制力保证实施的，以权利义务为主要内容的具有普遍约束力和严格程序的行为规范的总称。在我国当代法学理论上，法律有广义和狭义两层含义：广义的法律是指法的整体，包括法律、有法律效力的解释及其行政机关为执行法律而制定的规范性文件（如规章）；狭义的法律则专指拥有立法权的国家机关依照立法程序制定的规范性文件。在我国社会主义法律制度中，法律也有广义和狭义两层含义：广义上它是指包括宪法、法律、行政法规、地方性法规等在内的一切规范性法律文件的总称；狭义上它是特指由全国人大会及其常委会制定、颁布的规范性文件的总称。为了区别起见，一般都把广义上的法律称为法。

2. 法的产生

在原始社会，由于生产力水平低下，劳动产品没有剩余，人们以血缘关系为纽带组成氏族、部落。在氏族里只能共同劳动，共同生活。在共同生活中，人们普遍遵守的是在长期生产和生活中形成的氏族习惯。这种氏族习惯，反映了全体氏族成员的利益，大家都能自觉遵守。因而，这种氏族习惯在原始社会中调整着人们相互之间的各种关系。

随着生产力的发展，原始社会末期有了剩余产品，出现了社会分工和交换，也出现了氏族、部落首领利用职权强占剩余产品和生产资料的现象。在这种情况下，无法继续用原始社会的氏族习惯来调整人与人之间的相互关系了，需要有维持生产、分配、交换产品等行为的经济秩序和行为规则。氏族首领为了维护自身特权，镇压氏族其他成员的反抗，也需要有暴

力工具和一定的行为规则，于是产生了阶级，出现了国家，也就产生了相应的法律。由此可见，法是人类社会发展到一定阶段的产物，是生产力发展的结果，是在私有制和阶级逐渐形成的背景下孕育并逐渐形成的，并且是与国家相伴发展和确立起来的。

3．法的特征

（1）法是调整人们行为的一种特殊社会规范

法律规范是一种规定人们可以做什么、应该做什么、不能做什么的行为准则。法只调整人们的行为，法不调整人们的思想，只对那些对社会产生一定的影响并与另一社会主体发生某种关系的行为，法律才干预、才介入。因此法具有规范性。

（2）法是由国家制定或认可的社会规范

法由国家制定或认可，这是法区别于道德、宗教等其他社会规范的重要特征之一。国家制定，是指相应的国家机关根据社会生活发展的需要，依照法律规定的程序，制定出规范性文件的行为。国家认可，是指国家机关把社会生活中原来已经存在的某种行为规则（如习惯、风俗等），以一定形式承认并赋予其法律效力，使其成为人们必须遵守的行为规范的行为。由于法是由国家制定或认可的，也就决定了法所具有不可侵犯的权威性，具有国家意志性。

（3）法是以国家强制力为最后保障的

法与别的行为规则不同，法的制裁是以国家强制力来保证实施的，具有国家强制性。法以军队、警察、法庭、监狱等机关作为后盾，无论人们的主观愿望如何，都必须遵守法律，否则将招致国家强制力的干涉。如果没有国家的强制力，法就不可能在全社会范围内得到实施。国家强制力只是法得以实施的最后保障手段，在大多数情况下，法的实施靠说服、宣传、教育，使人们自觉地遵守。

（4）法具有普遍约束力

法是在国家权力管辖范围内全体社会成员都必须遵守的社会规范，具有普遍的约束力。在国家权力范围内，任何人的合法行为都受到法律保护，任何人的违法行为都要受到法律制裁。其他社会规范，则只对一定范围的一定成员具有约束力。如宗教规范只对其教徒适用，特定的职业道德规范只对其特定职业或行业适用。正由于法在国家权力管辖范围内普遍有效，因而具有普遍性。

（5）法是有严格程序规定的社会规范

法是强调程序、规定程序和实行程序的社会规范。也可以说，法是一个程序制度化的体系或者制度化解决问题的程序。程序是社会制度化的最重要的基石，法具有程序性。

1.1.2　法的基本职能

法的职能是指法律在社会生活中所承担的任务或作用。法主要有以下几个方面的基本职能：

1．法的规范职能

法的规范职能是指法作为行为规则直接作用于人的行为所产生的影响。其主要内容包括以下几个方面：

（1）指引作用

法的指引作用是指法通过授权性行为模式（权利）和义务性行为模式（禁止性行为和命令性行为）的规定，指引人们作出一定行为或不作出一定行为。指引作用的对象是每个人自己的行为。它不同于个别指引，是一种规范指引，具有连续性、稳定性和高效率的优势，是建立社会秩序必不可少的条件和手段。

（2）评价作用

评价作用是指法作为一种行为标准和尺度，对他人行为进行评价所起到的作用。评价作用的对象是他人的行为。法的评价是用法的规范性、统一性、普遍性、强制性等标准来评价人们的行为，这是由法的评价标准和评价重点决定的。

（3）预测作用

预测作用是指人们根据法可以预先估计相互间将怎样行为以及行为的后果等，从而对自己的行为作出合理的安排。法的规范性、确定性的特点告知人们如何行为，使人们可以进行相互行为的预测。加之法的内容的明确性，并在一定时期内保持连续性，就给人们进行行为预测提供了可能的前提。

（4）警示作用

警示作用是指法以其所包含的强制性、责任性的信息给人以启示和教育，从而提高人们的法制观念和责任意识，达到预防违法和犯罪的目的。警示作用的对象是人们今后的行为。法一经颁布就会发生警示作用，它无需通过法的实际运行。这种作用主要通过禁止性规范和法律后果（特别是罚则部分）而形成，它实际上已经包含了规范教育和规范强制的意义。

2．法的社会职能

法的社会职能是指法为达到一定的社会目的或政治目的而对一定的社会关系产生的影响。其主要内容包括两个部分：

（1）法的政治作用

法的政治作用，即法在调整各种政治关系（不同阶级、利益集团之间的统治与被统治、管理与被管理等之间的关系），维护政治统治秩序方面的作用。

（2）法的执行社会公共事务职能

法的社会公共作用，即法在维护人类基本生活条件，确认技术规范等方面对社会公共事务管理的作用。其中包括组织和管理经济建设与社会化大生产，推进教育、科学和文化事业等的发展，维护社会的正常生产与交换秩序，保护人类生存的环境和条件等。

1.1.3　法的分类和法的渊源

1．法的分类

法按不同的分类方法，一般可分为以下几种类型：

（1）按法所适用的范围不同，分为国内法和国际法

国内法是指由国内有立法权的主体制定的，其效力范围一般不超出本国主权范围的法。

国际法是由参与国际关系的两个或两个以上国家或国际组织间制定、认定或缔结的确定相互关系中权利和义务的，并适用于它们的法。其主要表现形式是国际条约。

（2）按法所规定的内容不同，分为实体法和程序法

实体法是指以规定法律关系主体之间权利、义务关系或职权、职责关系为主要内容的法，如《中华人民共和国城市房地产管理法》（以下简称《城市房地产管理法》）、《中华人民共和国城乡规划法》（以下简称《城乡规划法》）等。

程序法是以保证主体的权利和义务得以实现或保证主体的职权和职责得以履行，所需程序或手续为主要内容的法，如《民事诉讼法》、《行政诉讼法》等。

此外还有按法的效力范围不同，分为特殊法和一般法。从法的空间效力看，适用于特定地区的法为特殊法，适用于全国的法为一般法。从时间效力看，适用于非常时期的法为特殊法，适用于平常时期的法为一般法。从对人的效力看，适用于特定公民的法为特殊法，适用于全国公民的法为一般法。

2. 法的渊源

法的渊源是指法的创制方式和外部表现形式。它包括四层含义：第一，法律规范创制机关的性质及级别；第二，法律规范的外部表现形式；第三，法律规范的效力等级；第四，法律规范的地域效力。我国现行法的渊源是指我国法律规范的外部表现形式，其特点是：国家机关制定的规范性文件才是我国法的主要渊源。我国法的渊源主要有：宪法、法律、行政法规、地方性法规（自治条例）、部门规章、地方政府规章、国际条约等。

（1）宪法

宪法是由国家最高权力机构——全国人大按照特别程序制定和修改的，综合性地规定国家、社会和公民各项基本制度的、具有最高法律效力的国家根本大法。一切法律、行政法规、地方性法规和行政规章等，都必须根据宪法所规定的基本原则制定，不得和宪法的规定相抵触，否则无效。

（2）法律

法律是由全国人大及其常务委员会经过一定的立法程序制定的规范性文件。前者制定的是基本法律，后者制定的是基本法律以外的其他法律。法律具有权威性、稳定性、严肃性以及效力低于宪法高于行政法规和地方性法规等特点。

（3）行政法规

行政法规是由国家最高行政机关——国务院根据宪法和法律在其职权范围内制定发布的有关国家行政管理和管理行政事务的规范性文件。行政法规的效力低于宪法和法律，高于地方性法规、行政规章。

（4）地方性法规、民族自治条例和单行条例

地方性法规是由省、自治区、直辖市的人大及其常委会，省、自治区人民政府所在地方的市人大及其常委会，经国务院批准的较大市和经济特区所在地的市人大及其常委会制定的规范性文件。地方性法规只能在行政区域适用，不能同宪法、法律、行政法规相抵触。

民族自治条例和单行条例是由民族自治地方的人大，依照当地民族的政治、经济和文化的特点，制定或批准的规范性文件。它们须报上一级人大批准方能生效，其内容必须符合宪法，符合法律的基本原则，同时不能与国务院制定的关于民族区域自治的行政法规相抵触。

（5）部门规章

部门规章是由国务院各部委根据法律和行政法规制定的规范性文件，又称部门行政规章。它有两种形式：一是以部长令形式发布的部门规章；二是由国务院有关部委以联合部令或联合发文形式发布的部门规章。

（6）地方政府规章

地方政府规章是由省、自治区、直辖市的人民政府，省、自治区人民政府所在地的市的人民政府，国务院批准的较大市和经济特区所在地的市的人民政府，根据法律、行政法规、行政规章、地方性法规制定的规范性文件。地方规章只在本行政区域生效。

（7）国际条约

我国政府与外国签订或者我国批准加入的国际条约、协定，对我国国内的国家机关、企事业单位、社会团体和公民有约束力，因此也是我国法的渊源之一。

1.1.4　法的实施

法的实施是指法律规范在社会生活中的具体运用和实现，它包括执法、司法、守法和法律监督。法律的实施的实质，是将法律规范中设定的权利和义务关系转化为现实生活中的权利和义务关系，进而把法律规范落实到人们的行为上。

1．法的适用

法的适用，通常是指国家司法机关根据法定职权和法定程序，具体应用法律处理案件的专门活动。由于这种活动是以国家名义来行使，因此也称为"司法"，法的适用是实施法律的一种方式。

（1）我国社会主义法的适用的要求

1）准确。准确就是在适用法律时做到事实清楚，证据确实，案件定性要准确，制裁要得当。

2）合法。合法就是指司法机关在处理案件时要严格依照法定权限和法定程序办事。

3）及时。及时就是要求司法机关在准确、合法的前提下，提高办案效率，及时办案，及时结案。

4）公正。公正是指法律的运用要符合广大人民公平正义的观念，符合法律运用所追求的价值取向。

上述要求是统一的，不可分割的，不能片面强调某一个方面。

（2）我国社会主义法的主要适用原则

1）以事实为根据，以法律为准绳。

2）公民在法律面前一律平等。

3）司法机关依法独立行使职权。

4）实事求是，有错必纠。

2．法的遵守

（1）社会主义法的遵守概述

1）社会主义法的遵守概念。社会主义法的遵守是指一切国家机关、社会团体、企事业单位和全体公民严格遵守法律法规，依法办事。

2）社会主义法的遵守的构成要素。主要包括法的遵守主体、法的遵守范围、法的遵守内容和法的遵守状态等四方面内容。

①法的遵守的主体。法的遵守的主体是指一定的法的遵守行为的实施者，即要求谁守法、谁应该守法。根据宪法的规定，中国法的遵守的主体包括以下几类：一切国家机关、社会组织；中华人民共和国公民；在中国领域内的外国组织、外国人和无国籍人。

②法的遵守的范围。法的遵守的范围是指法的遵守的主体应当遵守的法律规范的种类，即由一定的国家机关制定或认可的，一切具有法律效力的文件。

③法的遵守的内容。法的遵守的内容是指法的遵守的主体依法进行活动的具体形态，包括：第一，行使法律的权利。这是指人们通过一定的行为，或者是要求他人实施或抑制一定的行为来保证自己合法权利得以实现；第二，履行法律的义务。这是指人们按照法律的要求作出或不作出一定的行为。履行法律的义务又可分为作为与不作为两种形式。

④法的遵守的状态。法的遵守的状态是指法的遵守主体的行为的合法程度。法的遵守的状态可以分为三个层次：第一，法的遵守的低级状态，即不违法犯罪，主要为履行法律规定的义务；第二，法的遵守的中间状态。即能做到依法办事，违法必究，不但能履行法律的义务，还能行使法律赋予的权利，不过尚未进入完全自觉的状态；第三，法的遵守的高级状态，即法的遵守的主体已完成了将法律的内化过程，其行为无论是从外在的表现还是内在的动机都符合法律的精神和要求。

（2）违法

违法是指公民、法人或其他社会组织违反国家现行法律、法规的规定，造成某种危害社会的有过错的行为。

根据违法的性质及其对社会危害的程度的不同，违法行为可分为以下几种：

1）刑事违法行为。即通常所说的犯罪，它是指触犯刑事法律规范依法应受刑法处罚的行为。刑事违法对社会造成的危害性最大，是违法行为中最严重的一种。

2）民事违法行为。它是指违反了民事法律规范，应当追究其民事责任的行为。民事违法属于一般违法，这种违法行为的主体比较广泛，除公民外，还包括国家机关、企事业单位、各社会组织等。

3）行政违法行为。它是指违反国家行政管理法规的行为。行政违法行为包括公民和法人违反行政管理法规的行为和国家公职人员在执行职务时的违法行为。行政违法和民事违法行为都是一般违法行为。

4）违宪行为。它是指国家机关及其领导者的活动违反或破坏宪法原则的行为。如相应国家机关制定的法律和法规、作出的决议、决定或命令同宪法的内容和原则相抵触；国家机关、社会组织及其领导人实施了违反宪法内容和原则的行为，均属违宪行为。是否违宪一般由宪法法院判定。

违法行为必须承担一定的法律责任。法律责任是同违法行为联系在一起的，二者之间是一种因果关系。

（3）法律责任

法律责任是指人们对违法行为所应承担的带有强制性的法律上的责任。

根据违法行为的不同，法律责任相应地有以下几种：刑事法律责任、民事法律责任、行政法律责任。对违法行为也有不同的制裁，分别有：刑事制裁、民事制裁和行政制裁三种。

3. 法的监督

为了保证法的统一实施，我国还有法的监督制度。

法的监督通常有狭义和广义两种涵义。从狭义上讲，是指专门国家机关依照法定权限和法定程序对法的实施的合法性所进行的监督；从广义上讲，是指包括一切国家机关、社会组织和公民对法的实施的合法性所进行的监督。它包括国家机关的监督和社会力量的监督，构成法的实施的监督体系。一般法的监督是指广义而言。

根据我国的具体情况，我国的法的监督主要有以下几种：

（1）权力机关的监督，包括各级人大特别是最高国家权力机关的监督。国家权力机关的监督主要是通过全国人大及其常委会对宪法和法律实施的监督，以及对政府、检察、审判工作的监督。国家权力机关有权对立法、执法、司法活动进行监督。

（2）行政机关的监督，即行政监督，是指上级行政机关对下级行政机关、政府各部门之间以及行政机关对企事业单位和公民执行和遵守行政法律、法规的监督。

（3）司法机关的监督，包括审判机关的监督和检察机关的监督两种。我国审判机关的监督表现在二审程序、审判监督程序、死刑复核程序三个方面。我国检察机关的监督包括对国家机关及其工作人员守法、公安人员侦查活动的合法、监狱看守和劳改机关活动的合法及审判工作的合法等方面的监督。

（4）社会监督，是指广大人民群众以多种形式、手段和途径广泛参与对法的实施的监督。根据我国宪法和法律的规定，社会监督包括群众监督、社会团体监督和舆论监督三个方面。

1.2 房地产概述

1.2.1 房地产概念和特征

1. 房地产概念

房地产是指能满足于人们从事生产、生活等活动，能在市场上依法进行交易的房屋和土

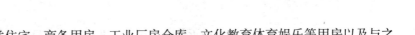

地的综合体。包括各类住宅、商务用房、工业厂房仓库、文化教育体育娱乐等用房以及与之相配套的地面道路和地上地下基础设施等建筑物及构筑物。

根据房地产基本概念，对房地产概念的把握应当包括以下几方面：

（1）房地产应当是房屋和土地的综合体。也就是说房地产包括两个基本要素，即房屋和土地。两者在物质形态上紧密联系，房依地建，地为房载；他们的经济内容和运行过程也具有内在联系，离开其中一个要素，就很难成为完整的房地产。

（2）房地产的基本作用应是满足于人们生存和发展需要。房地产的生产和流通等环节，应围绕人们从事生产、生活和社会交流等活动而进行，它是以社会民生为主导的一种经济，是人类赖以生存和生活的基本条件，是一切经济活动的载体和基础。

（3）从产业划分角度理解，能够成为房地产的房和地，应是符合法律规定的，能在市场上进行正常交易的房和地的综合体。房地产不仅具有实物性，它还具有法律意义上的物权属性。它的设立、变更和消灭均需按法律规定的程序进行。

2. 房地产的特性

房地产作为一种商品，它与一般商品一样，都具有商品的二重性，即商品价值和使用价值。

从商品价值角度，房地产从项目开发、建造到经营、销售都凝结了人的无差别的一般劳动，蕴含着人们的劳动价值；从商品使用价值角度，房地产这一商品能够满足于人的不同使用要求。就居住房地产而言，它能满足于人的基本生存条件："衣、食、住、行"中的"住"的需要，同时"衣、食、行"等基本条件也要借助于"住"的空间才能进行。与一般商品相比，房地产还有着自身的特性，这些特性主要有：

（1）产品的有限性

在房地产中，土地是自然生成物，不可能通过人的劳动而获得，具有不可再生性，属于不可再生资源。尽管在某些特定情形下，土地经过人的努力是可能扩大的，如人们可以填海造田而形成新的土地，可以对未利用地进行开发利用等。同时，土地也会因自然的力量而增加，如河流入海口每年会因泥沙的淤积而形成新的土地。但就总体而言，土地依然是有限的，人们不可能从根本上改变土地给付有限性这一限制人类发展的属性。正是由于土地的有限性，从而决定了房地产供给的有限性，即房地产的供给无法完全满足人类对房地产的需求，随着社会经济的发展和人类生活水平的提高，房地产的供给与需求的矛盾将日益突出。

（2）产品的位置固定性

房地产包括房产和地产两部分，而两者的基础都是土地。土地在地域上是不可移动的，其开发、使用和转让都是在固定的地域上进行和完成的。因此，土地及固定于其上的房屋不能像其他商品一样，通过产品移动去满足异地需要。虽然房地产可以进入市场进行流转，房地产的权利主体会不断发生变化，但房地产本身的空间位置却不会移动，这就决定了在房地产投资中，空间位置的选择十分重要。

（3）产品具有永久性

房地产具有永久性，是指房地产及其使用价值不会因其利用被消耗掉，而是能够长期存在。就地产而言，土地具有不可毁灭的永久性，一些自然灾害虽然可能会给土地造成一定的毁坏，但只能破坏它的特定用途，土地仍然可修复或改为其他用途。

就房产而言，房屋虽然会自然灭失，但一经建造即可以使用几十年甚至上百年。如上海外滩的雄伟建筑群、北京故宫等。因而，同其他商品比起来，房地产产品的寿命比较长。

（4）产品价值量大

房地产相对于一般商品来说价值很大，表现之一是单位价值高，如一平方米土地或一平方米建筑面积房屋的价格少则几千元，多则上万元，甚至更高；表现之二是总体价值更大。对于普通居民来说，购买一套商品房常常要倾其一生的积蓄。由于房地产价值量大，因此，房地产交易双方尤其是购买者在决策上都持小心谨慎的态度。购买房地产商品不仅需要金融机构的支持，同时也需要房地产经纪人、房地产估价师、律师等专业人士提供专业的服务与帮助。

（5）产品易受到政策调控和限制

由于房地产具有不可移动、相互影响的特性，世界上任何国家和地区对房地产的使用和支配都有一些限制，甚至是严格控制的。如我国政府为了增进公众安全、健康、道德和利益，可以直接对房地产的开发建设和转让作出限制，如通过城市规划对建筑高度、建筑密度和容积率、绿化率等作出规定，限制在居住区内建设某些工业或商业设施等，还可通过立法对某些房地产权利转让作出限制；政府为了调节房地产市场和提高财政收入，可以对房地产征税、提高或减少房地产税收；政府为了公共利益的需要，如修公路、建学校等，可以依法征收公民和法人的房地产，但要对被征收的公民和法人给予公正合理的补偿；政府还可以在房地产业主死亡或消失而且无继承人的情况下，无偿收回房地产。

（6）产品价值具有差异性

房地产价值的差异性，是指不同地区的房地产在价值上存在着很大的差别。就地产而言，土地因其位置固定不变，其价值受自然环境、社会条件的影响相当大，不同地理位置的土地在价值上会有很大差别。例如，在不同的城市，在同一城市的不同地段，区位好的土地与区位差的土地在价值上会明显不同。同时，不同用途的土地，其价值也会存在很大差别。例如，建设用地与农业用地、商业用地与公共用地、已开发利用的土地与未开发利用的土地等，在价值上都会存在很大不同。就房产而言，即使是外形、年代、风格、建筑标准完全相同的数幢建筑物，建筑在不同的位置，处在不同的环境，其价值也是不同的，甚至同一幢建筑物中不同的单元由于所处的楼层、朝向的不同，价值也不相同。

1.2.2 房地产业概述

房地产业在我国是一个新兴行业，是第三产业的重要组成部分，随着城镇国有土地有偿有期限使用和住房商品化的推进，房地产业对国民经济的发展起着举足轻重的作用。

1. 房地产业概念

房地产业是指从事房地产投资、开发、经营、管理和服务的行业。其中房地产投资和开发是基础，房地产经营是投资和开发的产品得以实现的手段，而房地产管理和服务是开发和经营顺利进行的保证。房地产开发经营同社会生产与生活密不可分，住宅业、工业、商业、文教与卫生等行业都需要有房屋与开发完成的可使用土地作为基本活动场所，是城乡经济发展离不开的基本载体。特别是在人群聚居的城市区域，需要开发新城区，改造旧城区，房地产开发不仅是社会生产、生活的基础性产业，而且成了推动国民经济各行业蓬勃发展的先导性产业。房地产业主要的经济活动领域包括：土地开发和再开发、地产经营、房屋开发、房产经营、房地产中介服务、物业管理服务、房地产金融服务等。

（1）房地产开发经营行业

房地产开发经营行业是指在依法取得国有土地使用权的土地上，进行基础设施、房屋建设，转让房地产开发项目或者销售、出租商品房等的企业的总称。所谓基础设施建设，是指给水、排水、供电、供热、通信和道路等设施建设和土地平整等活动。通过基础设施建设和土地平整将自然状态的土地变为可建造房屋和其他建筑物的土地，这一过程即土地开发。房屋建设即在完成基础设施的土地上建设房屋等建筑物的活动，包括住宅楼、工业厂房、商业楼宇、写字楼以及其他专门用房建设。房地产经营是指转让房地产开发项目或者销售、出租商品房等活动。房地产开发经营具有资金量大、回报率高、风险大、附加值高、产业关联性强等特点。目前我国房地产业中房地产开发经营业占主体地位。

（2）房地产中介服务行业

房地产中介服务行业是指围绕房地产产品而进行的一系列咨询、策划、租售、居间、代理、价格评估活动的服务性行业。我国《城市房地产管理法》规定了三类房地产中介服务，即房地产咨询、房地产价格评估和房地产经纪。房地产咨询是指为从事有关房地产活动的当事人提供法律法规、政策、信息、技术等方面服务的经营活动，例如接受当事人的委托进行房地产市场调查研究、房地产开发项目可行性研究、房地产开发项目策划等。房地产价格评估，简称房地产估价或房地产评估，是指对房地产进行测算，评定其经济价值和价格的活动。房地产经纪是指以收取佣金为目的，为促成他人房地产交易或合作而从事居间、代理等经纪业务的经济活动，例如，代理房地产的买卖、代理房地产的租赁等。在成熟的房地产市场中，房地产中介服务行业是房地产业的主体。

（3）物业管理行业

物业管理行业是指由业主选聘的，按照物业服务合同约定，对房屋及配套的设施设备和相关场地进行维修、养护、管理、维护相关区域环境卫生和公共秩序的企业的总称。

物业管理是一种与房地产综合开发现代化生产方式相配套的综合性管理；是随着住房制度改革的推进而出现的产权多元化格局相衔接的统一管理；是与建立社会主义市场经济体制的要求相适应的社会化、专业化、市场化的管理。物业管理的目的是为了保证和发挥物业的使用功能，使其保值增值，并为物业的所有人和使用人创造和保持整洁、文明、安全、舒适的生活和工作环境，最终实现社会、经济、环境三个效益的统一和同步增长，提高城市的现代文明程度。

2．房地产业作用

房地产业作为新兴的产业，对我国的经济发展起着举足轻重的作用，两者的相互影响也越来越强。一方面，以住宅建设为主的房地产业，在拉动经济增长、扩大就业等方面起到了积极的作用，有力促进国民经济的发展，使国民经济持续快速健康发展；另一方面，房地产业的快速发展，也得益于国民经济持续快速的增长，居民可支配收入的提高以及城镇化的加快。房地产业作为支柱产业，产业链长，关联度大，能直接或间接带动多个上下游产业的发展。其作用主要表现为：

（1）房地产业是社会经济活动的基本物质前提，是国民经济发展的基本保证。房地产是社会一切产业部门不可缺少的物质空间条件，更是构成各个产业部门不可或缺的基本要素。而且当今城市经济和城市现代化都是以房地产为基础，这些都显示出房地产基础产业的重要地位。

（2）房地产业的发展能带动其他相关产业的发展。房地产业链长、关联度大则直接或间接地引导和影响很多相关产业的发展。房地产业的感应系数和影响力系数在国民经济各产业部门中处于平均水平以上，可以带动建筑、建材、化工、轻工、电器等相关产业的发展，促进国民经济持续快速健康增长。

（3）房地产业的发展有利于提高城市居民的住房条件和生活环境。房地产业溢出的社会效益十分明显，正改变着我国国民的生存环境和生存方式。大力发展房地产业，大大有利于人们改善居住条件，创造安逸的生活环境和良好的学习环境，提供优美的文化娱乐场所。

（4）可以加快旧城改造和城市基础设施建设，改变落后的城市面貌。通过综合开发，避免分散建设的弊端，有利于城市规划的实施。

（5）可以扩大就业。房地产业所吸收的就业人口和房地产业所带动相关产业的就业人口是处在一种不断扩大的过程中；特别是房地产经纪业和物业管理业，属于服务型行业，需要的从业人员较多。

（6）房地产发展可以增加政府的财政收入。房地产税收在我国财政收入中的比重，也随着我国税制调整而逐步增大。

随着国民经济和房地产业的进一步发展，房地产业在国民经济中必将发挥更广泛、更重要的作用。

1.3　房地产法律概述

1.3.1　房地产法的概念及调整对象

1．房地产法的概念

房地产法是国家制定和认可的，调整房地产关系的法律规范的总称。房地产关系是指人们取得、开发、利用、经营和管理土地、房屋而形成的社会关系。受房地产法调整的社会关系中，有着极为广泛的法律关系的主体；在众多的法律关系的主体中，国家和有关国家机关处于特殊的地位，其他法律关系主体的活动，受国家的干预特别多；在各种具体的法律关系中，房地产权属关系处于基础性的地位，其他所有的法律关系的具体法律规定，均是对以权属为基础的房地产权利的限定、规范。房地产关系按其性质可分为民事性质的关系和行政管理性质的关系。民事性质的房地产关系，指的是平等主体之间基于土地、房屋而发生的所有、使用、转让、抵押、租赁等经济关系；行政管理性质的房地产关系，指的是不平等主体之间基于土地、房屋的征收、拆迁，土地用途管制，建设立项审批，房地产税征收以及行政调节有关纠纷等经济关系。

2．房地产法的调整对象

如前所述，房地产法是用来调整房地产开发、经营、管理和服务等活动中所发生的社会关系的法律规范的总称。这种社会关系及其广泛、复杂，按其性质可以分为三个大类：

（1）房地产民事法律关系。房地产民事法律关系是指平等主体之间发生的有关房地产的社会关系。具体包括：

1）房地产开发设计关系；

2）房屋拆迁关系；

3）基础设施建设与房屋建设关系；

4）房地产交易关系（包括房地产转让、抵押、租赁等关系）；

5）土地使用与经营关系；

6）房地产相邻关系；

7）与房地产有关的物权关系；

8）房地产融资关系；

9）物业管理与服务关系；

10）房地产中介服务关系；

11）其他与房地产有关的民事法律关系。

（2）房地产行政法律关系。房地产行政法律关系是指行政机关基于其行政职权与管理相对人发生的有关房地产的法律关系。具体包括：

1）土地利用规划和房屋建设规划关系；

2）土地使用和房地产开发建设审批关系；

3）土地征收关系；

4）房地产产权产籍管理关系；

5）房地产市场主体管理关系；

6）房地产市场秩序和市场规则管理关系；

7）其他与房地产有关的行政关系。

（3）双重性质的房地产法律关系。双重性质的房地产法律关系是指国家（或国家机关）基于国有房地产所有者的身份与法人或公民发生的有关房地产的社会关系。这是一种介乎于经济行政法律关系和民事法律关系之间的法律关系。具体包括：

1）国有土地使用权的出让和受让关系；

2）公有住房售卖或租赁关系；

3）国有资产（其中有关房地产部分）经营管理关系；

4）其他与房地产有关的双重性质的关系。

1.3.2 房地产法的基本原则

法的原则是指体现法的本质和内容的基本出发点和指导思想。房地产法的基本原则是指房地产立法力图贯彻的，在执行上具有普遍意义的法律准则。

1. 坚持社会主义土地公有制的原则

社会主义土地公有制是我国土地制度的核心。我国目前的土地所有形态表现为两种所有，即国家所有和集体所有。在土地所有权上的表现，也分为国家土地所有权和集体土地所有权。宪法规定了全民所有的财产和集体所有的财产神圣不可侵犯的原则，即任何组织或个人未经批准，不得侵占、买卖、出租或者以其他形式非法转让土地。

2. 坚持土地有偿、有期限使用的原则

在计划经济体制下，国家用行政手段无偿、无期限划拨、调剂土地，土地使用价值的商品化未能得到发挥，一方面影响政府收入，另一方面使得土地利用率低，使用效益差，土地浪费严重且非法占地和违章建筑、买卖土地、非法出租和变相买卖土地现象层出不穷。在我国建立和完善市场经济体制的过程中，借鉴国际经验，在坚持土地所有权属于国家的前提下，国家将土地使用权有偿、有期限出让给使用者，由土地使用者向国家支付土地使用权出让金，然后按照土地使用权出让合同的约定开发经营土地，而国家通过土地使用权的出让获得财政收入，用这部分收入去发展经济，进行城市基础设施建设或其他方面的建设，从而使国民经济得到飞速发展，最终达到改善提高人民生活水平的目标。

3. 合理节约用地和切实保护耕地的原则

我国《宪法》第十条明文规定："一切使用土地的组织和个人必须合理地利用土地。"土地是十分宝贵的资源和资产。我国耕地人均数量少，总体质量水平低，后备资源也不富裕。保护耕地就是保护我们的生命线。必须认真贯彻"十分珍惜和合理利用每一寸土地，切实保护耕地"的基本国策，必须采取治本之策，扭转在人口继续增长情况下耕地大量减少的失衡趋势，我国政府已把保护耕地、合理节约用地提到了前所未有的高度。

4. 符合城市规划的原则

房地产开发必须严格执行城市规划，按照经济效益、社会效益、环境效益相统一的原则，实行全面规划、合理布局、综合开发、配套建设。

城市规划是城市发展的纲领，也是房地产开发和城市各项建设的依据。我国法律规定，房地产开发必须严格执行城市规划，必须符合土地利用总体规划和城市总体规划，并纳入年度土地利用计划。城市规划、发展和建设原则是严格控制大城市的用地规模，特别要严格控制中等城市和小城市的用地。城市的建设和发展要严格按照经批准的城市总体规划，从实际出发，量力而行，分步实施。城市建设总体规划要与土地利用总体规划衔接，用地规模不得突破土地利用总体规划，要加强对用地的集中统一管理，不得下放规划管理权和用地审批权。

5. 坚持经济效益、社会效益和环境效益统一的原则

坚持经济效益、社会效益和环境效益统一的原则，是保持房地产业强大生命力的根本保证。经济效益是房地产业赖以生存和发展的必要条件，房地产业发展的特点就是要按照市场经济的客观要求，采用灵活多样的经营手段和经营方式，积累和融通建设资金，提高投资回报率，为投资者带来可观的经济效果。社会效益是房地产业得以持续发展的重要条件，房地产开发不单单解决住房问题，还要通过全面规划、合理布局、综合开发、配套建设，完善城市基础设施和公共服务设施，提高城市的综合服务功能。环境效益是房地产业能为城市建设作出贡献、造福人民、造福后代，恢复和保持城市的生态平衡，改善城市形象的重要途径。

坚持经济效益、社会效益、环境效益相统一的原则，作为房地产投资者必须树立全局观念、长远观念，服从全社会的整体利益，严格执行"全面规划、合理布局、综合开发、配套建设"的指导方针，自觉遵守城市规划的各项法规、技术规范；作为政府管理部门要通过一系列的法规去规范房地产投资者的行为，克服单纯追求经济效益的倾向。特别是当房地产开发经济效益与社会效益、环境效益有矛盾时，政府管理部门应该首先维护社会整体利益，并对此进行合理的引导，以求得房地产开发商的经济效益不损害社会效益和环境效益。

6. 维护房地产权利人合法权益的原则

随着我国住房制度改革、住房商品化和人民居住需求的日益增长，个人所有的房屋越来越多，维护房地产权利人的合法权益不受侵犯，应是房地产法的基本任务，也是房地产立法执法的出发点和最终归宿。房地产权利人的合法权益是其进行房地产交易和正常生产、生活的前提和基础。同时，保护房地产权利人的合法权益也是维护正常的房地产市场秩序，促进社会主义市场经济发展的必要条件。《物权法》规定："所有权人对自己的不动产或者动产，依法享有占有、使用、收益和处分的权利"。《城市房地产管理法》第五条规定："房地产权利人的合法权益受法律保护，任何单位和个人不得侵犯"。也就是说保障房地产权利人的合法权益是房地产立法的一项重要原则。另外，在《城市房地产管理法》和其他法律、法规中有许多保障房地产权利人合法权益的规定，从中也可以看出这一原则的重要性。

1.3.3 房地产法律体系

房地产法律体系是指各种不同层次的调整房地产法律关系的法律法规，按照一定的内在联系而组成的一个共同的有机整体。从立法层次上看，主要包括下列内容：

1.《宪法》

《宪法》是房地产立法和司法必须遵循的基本依据。对于房地产法，《宪法》作出了原则

性规定，如《宪法》第十条明确了土地的所有权权属关系："城市的土地属于国家所有。农村和城市郊区的土地，除由法律规定属于国家所有的以外，属于集体所有；宅基地和自留地、自留山，也属于集体所有。"该条也同时规定了关于土地的转让问题："任何组织或者个人不得侵占、买卖或者以其他形式非法转让土地。土地的使用权可以依照法律的规定转让。""一切使用土地的组织和个人必须合理地利用土地。"这两条规定为房地产立法提供了宪法依据。《宪法》的第十条还对土地征收或征用和利用作了原则性规定。

2．房地产法律

1995年1月1日起施行的《中华人民共和国城市房地产管理法》，是规范城市范围内取得房地产开发用地，从事房地产开发和交易，实施房地产管理的法律，它为城市房地产业的健康发展提供了基本的法律依据和法律保障。《中华人民共和国土地管理法》（全国人大常务委员会1986年通过，1998年8月29日、2004年8月28日修订）。此外《民法通则》、《中华人民共和国城乡规划法》、《中华人民共和国物权法》、《中华人民共和国合同法》、《中华人民共和国担保法》、《民事诉讼法》等法律中的有关规定，也是房地产法律的组成部分。

这些法律的地位和效力仅次于宪法，是房地产法律体系中的最重要的法律规定，都是制定有关房地产法规、规章的依据和基础。

3．房地产行政法规

房地产行政法规是由国务院根据宪法和法律制定的房地产管理方面的规范性文件，对于在全国范围内贯彻执行宪法和法律，完成国家基本任务和职能具有重要的作用。如《不动产登记暂行条例》、《不动产登记暂行条例实施细则》、《城市房地产开发经营管理条例》、《物业管理条例》、《中华人民共和国土地管理法实施条例》（以下简称《土地管理法实施条例》）、《外商投资开发经营成片土地暂行管理办法》、《土地利用总体规划管理办法》以及《住房公积金管理条例》等，是我国房地产法律体系的重要组成部分。

4．房地产地方性法规、民族自治条例和单行条例

房地产地方性法规、民族自治条例和单行条例是地方立法机关制定或认可的，调整本行政区域内房地产法律关系的规范性文件。如《上海市房地产登记条例》、《辽宁省城镇房地产交易管理条例》、《河南省城市房地产开发经营管理条例》、《湘西土家族苗族自治州国土资源开发保护条例》、《海北藏族自治州土地管理条例》、《延边朝鲜族自治州土地资产管理条例》等。

5．房地产部门规章

房地产方面的部门规章包括国务院各部委制定的规范性文件。主要是指原建设部制定的规章，如《商品房销售管理办法》、《房屋登记办法》、《城市房地产转让管理规定》、《房地产经纪管理办法》、《商品房屋租赁管理办法》等，原建设部制定的现行有效的房地产方面的部门规章有20多件。另外，国家发改委、原国土资源部也颁布了一些房地产方面的部门规章，如《关于印发〈经济适用住房价格管理办法〉的通知》、《物业服务收费明码标价规定》、《土地登记办法》、《不动产登记资料查询暂行办法》等。

6．房地产地方政府规章

根据各个地区的实际情况，地方政府颁布了一些关于房地产方面的规章，如上海市人民政府于2006年颁布的《上海市城市地下空间建设用地审批和房地产登记试行规定》、广东省广州市人民政府于2008年1月颁布的《广州市房屋租赁管理规定》、北京市人民政府于2003年颁布的《北京市城市房地产转让管理办法》等。

7．司法解释

最高人民法院和最高人民检察院在处理房地产案件中就司法实践中出现的问题做出的权威解释，也是房地产法的组成部分。如最高人民法院《关于审理商品房买卖合同纠纷案件适用法律若干问题的解释》、最高人民法院《关于审理建设工程施工合同纠纷案件适用法律问题的解释》等。

另外，有关房地产的技术规范及一些规范性文件，也可纳入广义的房地产法律体系的范畴。

在我国法律体系中，法律效力是分层次的。法律效力等级高的法称为上位法，法律效力等级较低的法称为下位法，法律效力等级相同的法称为同位法。根据《中华人民共和国立法法》（以下简称《立法法》）规定，若干法律法规处在同一等级，他们之间是属于同位法关系，具有同等法律关系；若干法律法规处在不同的上下等级位置，他们之间是属于上位法和下位法之间的关系，上位法的效力高于下位法的效力，下位法不得与上位法相抵触。《立法法》规定："法律的效力高于行政法规、地方性法规、规章。行政法规的效力高于地方性法规规章。""地方性法规的效力高于本级和下级地方政府规章。省、自治区的人民政府的规章的效力高于本行政区内的较大的市的人民政府的规章。""部门规章之间、部门规章与地方政府规章之间具有同等效力，在各自的权限范围内施行。""地方性法规与部门规章之间对同一事项的规定不一致，不能确定如何适用时，由国务院提出意见，国务院认为应当适用地方性法规的，应当决定在该地方适用地方性法规的规定；认为应当适用部门规章的，应当提请全国人民代表大会常务委员会裁决。"部门规章之间、部门规章与地方政府规章之间对同一事项的规定不一致时，由国务院裁决。根据授权制定的法规与法律规定不一致，不能确定如何适用时，由全国人民代表大会常务委员会裁决。

？ 法律依据及相关知识链接

1. 中华人民共和国宪法
2. 中华人民共和国立法法
3. 中华人民共和国城市房地产管理法
4. 中华人民共和国土地管理法
5. 中华人民共和国城乡规划法
6. 不动产登记暂行条例

练习与思考

单项选择题

1. 下列经济活动中，不属于房地产业的是（　　）。

   A. 房屋勘察设计　　　　　　　　　B. 房地产开发经营

   C. 物业管理　　　　　　　　　　　D. 房地产中介服务

2. 我国法律效力按高到低分别是（　　）。

   A. 宪法、行政法规、法律、地方性法规、行政规章

   B. 宪法、法律、行政法规、行政规章、地方性法规

   C. 宪法、法律、行政法规、地方性法规、行政规章

   D. 法律、宪法、行政法规、地方性法规、行政规章

3.《城市房地产开发经营管理条例》属于（　　）。

   A. 法律　　　　　B. 行政法规　　　　C. 部门规章　　　　D. 政府规章

4. 房地产开发经营必须坚持三个效益统一的原则，它是保持房地产业强大生命力的
   根本保证。下列选项中，（　　）不属于房地产开发坚持三个效益统一原则的内容
   之一。

   A. 管理效益　　　　B. 环境效益　　　　C. 社会效益　　　　D. 经济效益

多项选择题

1. 法是指由国家（　　）并以国家强制力保证实施的，以权利义务为主要内容的具有
   普遍约束力和严格程序的行为规范的总称。

   A. 审定　　　　　　B. 制定　　　　　　C. 认可

   D. 承认　　　　　　E. 规定

2. 法的规范职能是指法作为行为规则直接作用于人的行为所产生的影响。法律的规范
   职能除强制作用外，还主要包括（　　）等。

   A. 指引作用　　　　B. 评价作用　　　　C. 参考作用

   D. 预测作用　　　　E. 警示作用

3. 房地产法是用来调整房地产开发、经营、管理和服务等活动中所发生的社会关系的
   法律规范的总称。下列选项中，（　　）属于民事法律关系。

   A. 房地产交易关系　　　　　　　　B. 房地产中介服务关系

   C. 土地征收关系　　　　　　　　　D. 物业管理与服务关系

   E. 房地产市场秩序和市场规则管理关系

4. 中国房地产法律体系的构架由（　　）等构成。

   A. 房地产法律　　　　　　　　　　B. 房地产部门规章

   C. 有关房地产的技术规范及一些规范性文件

   D. 房地产行政条例　　　　　　　　E. 房地产行政法规

是非题

1. 广义的法律是指拥有立法权的国家机关依照立法程序制定的规范性文件。(　　)

2. 在国家权力范围内,任何人的合法行为都受到法律保护,任何人的违法行为都要受到法律制裁,这是指法具有规范性。(　　)

3. 根据宪法的规定,中国法的遵守的主体包括以下几类:一切国家机关、社会组织;中华人民共和国公民;在中国领域内的外国组织、外国人和无国籍的人。(　　)

4. 目前我国房地产业中房地产中介服务行业是房地产业的主体。(　　)

简答题

1. 什么是法?

2. 法有哪些特征和基本职能?

3. 简述我国现行法的渊源。

4. 法的实施包括哪些内容?

5. 什么是房地产? 房地产具有哪些特征?

6. 什么是房地产法? 房地产法调整的对象包括哪些关系?

7. 房地产法包括哪些基本原则?

8. 简述房地产法律体系。

建设用地基本制度 2

【学习目标】

1. 了解我国建设用地管理制度。

2. 掌握土地使用权的取得途径，国有土地使用权出让的概念、特征及出让方式，土地使用权划拨的概念和特征。

3. 熟悉我国现行土地制度，集体土地征收概念与特征。

4. 了解土地所有权概念和法律特征，征收集体土地补偿的范围和标准，土地使用权的出让年限，国有土地使用权划拨的范围。

5. 了解我国支持新产业、新业态发展的差别化用地政策。

　　建设用地管理是土地利用管理的重要内容，它是指国家调整建设用地关系，合理组织建设用地利用而采取的行政、法律、经济和工程的综合性措施。调整建设用地关系是指建设用地权属的确立与变更，以及理顺和协调在解决建设用地的分配和再分配过程中，所产生的各种关系。建设用地权属的确立与变更是指国有土地使用权和集体土地使用权的确立与变更，一般是通过土地征用、划拨、城镇国有土地使用权出让、转让以及集体土地使用权的转移来实现的。调整建设用地关系是指建设用地权属的确立与变更，以及理顺和协调在解决建设用地的分配和再分配过程中，所产生的各种关系。建设用地权属的确立与变更是指国有土地使用权和集体土地使用权的确立与变更，一般是通过土地征用、划拨、城镇国有土地使用权出让、转让以及集体土地使用权的转移来实现的。土地分配与再分配过程中所产生的各种关系是指建设用地与农业用地之间的关系、城镇与郊区之间的关系；建设单位与主管部门之间的关系；各部门之间的用地关系；征地单位与被征地单位之间的关系；建设用地与环境保护、生态平衡之间的关系等。所谓合理组织建设用地利用是指对建设用地进行组织、利用、控制、监督。建设用地的组织是指对建设项目的可行性研究、布局、选址、规划以及设计方案的实施，参与组织指导工作；建设用地的利用则是指国家对建设用地的开发以及再开发采取的引导和约束的措施；建设用地的控制是指对建设用地采用宏观调控和微观管理措施；建设用地的监督则是对建设用地的动态变化趋势的监测，以及对规划方案的实施和建设用地计划指标执行情况进行的监督，是国家对一切非农业用地的开发和再开发以及合理利用的控制、指导和监督。

2.1 供地政策和审批

2.1.1 新的供地政策

1．我国根据有关法律，决定供地方式

（1）划拨方式供地。

（2）有偿使用方式供地。有偿使用的形式包括：国有土地使用权出让、出租和作价出资或者入股。

（3）依法使用集体土地。可以使用集体土地的建设项目包括：

1）农民个人建房，但在两处建住宅是禁止的。

2）乡（镇）村公共设施、公益事业建设：可以使用本集体的或者使用其他集体经济组织所有的土地。

3）乡（镇）企业：主要有三种类型，一是乡（镇）企业使用本乡（镇）集体所有的土地；二是村办企业使用本集体所有的土地；三是农村集体经济组织使用本集体所有的土地与其他单位、个人以土地使用权入股、联营等形式共同举办乡（镇）企业。

2．根据规划，决定供地的具体位置

根据土地利用总体规划、城市规划、村庄和集镇规划，决定供地的具体位置。

3．根据年度计划，决定供地时间

根据建设时间和土地供应年度计划，决定供地时间

4．根据用地定额，决定供地数量

根据国家规定的具体建设用地定额指标，决定供地数量。

2.1.2 新的建设用地审批制度

1．实行建设用地预审

现行《中华人民共和国土地管理法》将建设用地的审查程序前置于建设用地项目立项审批阶段，因此，今后建设用地审批将首先取决于土地供应的可行性审查。

2．强化农用地转用审批

建设用地涉及农用地的，建设单位应申请办理农用地转用审批手续，并提出占用农用地的初步方案，占用耕地的，还应提出补充耕地初步方案，承担占用农用地、补充耕地的相应义务。

3．规范土地征用审批权

建设项目需要占用农村集体所有土地的，建设单位必须依法办理土地征用审批手续，同时提出征用土地的初步方案，承担补偿相关义务。

4．集中审批权限

现行《中华人民共和国土地管理法》将农用地转用及征地审批权上收至省级以上人民

政府，其中省会城市等部分城市的审批权全部上收至国务院。农村村民申请使用宅基地的，改为由乡（镇）人民政府审核，县级人民政府批准；宅基地使用涉及农用地的，也要办理农用地转用审批手续，审批权同样在省级以上人民政府。其中，部分城市的审批权在国务院。

5．完善报批手续

规划的"圈"内土地，必须先由县级人民政府按照土地利用总体规划分批次报省级以上人民政府办理农用地转用、土地征用审批手续后，方可统筹安排具体建设项目用地，即必须先"批发"后"零售"，而"圈"外建设用地，仍以项目为单位上报由省级以上人民政府审批。

6．实行项目用地审批

具体建设项目用地审批是建设项目落实到具体地块的最后审批环节。其中"圈"内用地在已批准的农用地转用范围内，由市、县人民政府在省政府规定的权限范围内具体确定；"圈"外具体建设项目用地审批一般由省级以上人民政府审批。

7．明确供地方式

依据《土地管理法》规定，根据项目性质的不同，实行土地出让等有偿使用、划拨使用等不同方式供地。

2.2　我国土地制度概述

2.2.1　土地所有权概述

1．土地所有权概念

土地所有权是土地所有关系在法律上的体现，是指土地所有者在法律范围内享有使用和处理土地的权利。土地所有权由占有权、使用权、收益权、处分权四项权能构成，是土地产权权利中最完全、最充分、最有支配地位的物权。土地占有权是指土地所有者利用自己所有的土地满足自己生产和生活需要的权利；土地使用权是指土地使用者依法或依约定，对国有土地或集体土地所享有的占有、使用、收益和有限处分的权利；土地收益权是指土地所有者从自己所有的土地上获取经济利益的权利；土地处分权是指土地所有者对土地依法进行处置的权利。其中土地处分权是土地所有权的核心和基本权利，它包括所有者对自己所有的土地的出让、转让、出租、抵押等权利。

在实践中，土地所有权的四项权能往往是可以分离的，但这种分离并不意味着土地所有者丧失土地所有权。如农村实行联产承包制，集体经济组织将自己的土地承包给农户使用，即是集体土地所有者实现土地处置权的形式，而不是分田到户和实行土地私有。所有权是对土地整体的支配、控制，不是四权的简单相加，这是由土地所有权弹性特点所决定的：一是从所有权中分离出去的权能最终能复归；二是分离出去的权能仍然是土地所有者行使所有权的表现。

2．土地所有权的法律特征

（1）土地所有权的权利主体是特定的，义务主体是不特定的（包括除权利主体以外的一切人）。

（2）土地所有权的权利不待他人的积极作为就能实现。

（3）土地所有权的内容是依法律规定取得土地的管理和一定的收益、支配权，并排除他人的非法侵犯。

（4）土地所有权有追及的效力，无论土地转由何人控制，所有人都可追及并主张权利。

（5）土地所有权的对象是土地，它属于不动产，具有不动产的一切特征。

3．我国土地所有权的种类

根据我国《宪法》和有关法律的规定，我国现有的土地所有权只有两种类型：即国家（全民）土地所有权和集体土地所有权。

（1）国家土地所有权

1）国家土地所有权的概念

国家土地所有权是指国家对其所有的土地享有占有、使用、收益、处分的权利。国务院代表国家行使该权利。

2）国家土地所有权的范围

我国《宪法》第九条第一款规定："矿藏、水流、森林、山岭、草原、荒地、滩涂等自然资源，都属于国家所有，即全民所有；由法律规定属于集体所有的森林和山岭、草原、荒地、滩涂除外。"《宪法》第十条第一款规定："城市的土地属于国家所有。"根据《土地管理法》等法律法规的有关规定，我国土地所有权的范围包括：

①城市市区的土地。

②农村和城市郊区中已经国家依法没收、征收、征购为国有的土地。

③国家依法征收的原集体所有的土地。

④依法不属于集体所有的林地、草地、荒地、滩涂及其他土地。

⑤农村集体经济组织全部成员转为城镇居民的原属于其成员集体所有的土地。

⑥因国家组织移民、自然灾害等原因，农民成建制地集体迁移后不再使用的原属于迁移农民集体所有的土地。

3）国家土地所有权的特征

国家土地所有权是土地公有制的法律表现之一。我国国家土地所有权的特征有以下几点：

①所有权主体的惟一性

只有国家才是土地所有权的主体，国家土地所有权，只能由代表全国人民利益的中华人民共和国及其授权的各级政府行使，其他任何机关、企事业单位都无权干涉。

②所有权客体的广泛性

国家土地范围的广泛性决定了国家土地所有权客体相当广泛。

③所有权与使用权的分离性

国家是国家土地所有权的惟一所有权主体，但由于国家的特性所决定，国家土地所有权主体代表不能亲自行使土地所有权的全部四项权能，而是依法授权给国家机关或企事业单位行使。国家则采取各种方法和手段对国有土地使用权的行使进行监督，而且国有土地所有者主体代表对土地持有最终的处分权。

（2）集体土地所有权

1）集体土地所有权的概念

集体土地所有权是指农村劳动群众集体经济组织对于依法属于自己所有的土地享有占有、使用、收益和处分的权利。集体所有的土地用作建设用地时，必须经过土地征收程序转为国家所有土地，再通过出让或划拨交付给使用人使用。

2）我国集体土地所有权的主体及其代表

①农民集体所有的土地依法属于村农民集体所有的，由村集体经济组织或者村民委员会作为所有者代表经营、管理。

②在一个村范围内存在两个以上农村集体经济组织，且农民集体所有的土地已经分别属于该两个以上组织的农民集体所有的，由村内各农村集体经济组织或者村民小组作为所有者代表经营、管理。

③农民集体所有的土地，已经属于乡（镇）农民集体所有的，由乡（镇）农村集体经济组织作为所有者代表经营、管理。

3）我国集体土地所有权的范围

根据《宪法》、《民法通则》、《土地管理法》等法律规定，集体土地所有权的范围是国家所有之外的所有土地，即农村乡、村、农工商联合企业、农牧业生产合作社等集体经济组织所有的一切土地，包括农民长期承包使用的山、田及宅基地等。

2.2.2　我国现行土地制度

土地制度是指人们在拥有、占有、使用、收益和处分土地方面所形成的社会关系的总和。而土地制度的核心是土地所有权。土地所有制是指土地这一重要的生产资料归谁占有、归谁支配的基本经济制度。全面理解和正确认识中国现行土地制度，应该着重把握以下方面的内容：

1. 国家实行土地的社会主义公有制。

2. 土地的社会主义公有制分为全民所有制和劳动群众集体所有制两种。全民所有制的土地被称为国家所有土地，简称国有土地。国有土地所有权由国家代表全体人民行使，具体由国务院代表国家行使。劳动群众集体所有制的土地具体采取的是农民集体所有制的形式，该种所有制的土地被称为农民集体所有土地，简称集体土地。农民集体所有的土地依法属于村农民集体所有的，由村集体经济组织或者村民委员会经营、管理；已经分别属于村内两个以上农村集体经济组织的农民集体所有的，由村内各该农村集体经济组织或者村民小组经营、管理；已经属于乡（镇）农民集体所有的，由乡（镇）农村集体经济组织经营、管理。

3．国家实行土地使用权有偿有限期使用制度。除了国家核准的划拨土地以外，凡新增土地和原使用的土地改变用途或使用条件、进行市场交易等，均实行有偿有限期使用。

4．国家实行土地用途管制制度。根据土地利用总体规划，将土地用途分为农用地、建设用地和未利用土地。土地用途管制的核心是不能随意改变农用地的用途。土地用途的变更须经有批准权的人民政府核准。

5．国家实行占用耕地补偿制度。非农业建设经批准占用耕地的，按照"占多少，垦多少"的原则，由占用耕地的单位负责开垦与所占用耕地的数量和质量相当的耕地；没有条件开垦或者开垦的耕地不符合要求的，应当按照有关规定缴纳耕地开垦费，专款用于开垦新的耕地。

6．国家实行基本农田保护制度。经国务院有关主管部门或者县级以上地方人民政府批准确定的粮、棉、油生产基地内的耕地；有良好的水利与水土保持设施的耕地，正在实施改造计划以及可以改造的中、低产田；蔬菜生产基地；农业科研、教学试验田；国务院规定应当划入基本农田保护区的其他耕地应当根据土地利用总体规划划入基本农田保护区，严格管理。

7．国家实行土地登记制度。县级以上人民政府对所管辖的土地进行登记造册。属于国有土地的，核发《国有土地使用证》；属于集体土地的，核发《集体土地所有证》；使用集体土地的，核发《集体土地使用证》；属于他项权利的，核发《土地他项权利证明书》。

8．取得国有土地使用权的途径。

按照国家有关规定，取得国有建设用地使用权的途径主要有以下4种：

（1）通过国家出让方式取得；

（2）通过行政划拨方式取得；

（3）通过房地产转让方式取得（如买卖、赠与或者其他合法方式）；

（4）通过土地或房地产租赁方式取得。

2.3　集体土地征收

2.3.1　集体土地征收概念和特征

1．集体土地征收的概念

集体土地征收是指国家为了社会公共利益的需要，依据法律规定的程序和批准权限批准，并依法给予农村集体经济组织及农民补偿后，将农民集体所有土地变为国有土地的行政行为。

在我国无论是房地产开发还是其他的建设项目，首先涉及的是土地使用问题，即房地产开发或建设项目首先要取得土地使用权。随着我国土地使用制度改革的不断深入，国有土地使用权取得的方式也由单一的"划拨"变为"出让"与"划拨"并存。

我国法律对集体土地征收作了如下规定：2004年3月，全国人大对《宪法》作了修改，将原《宪法》第十条修改为"国家为了公共利益的需要，可以依照法律规定对土地实行征收或者征用并给予补偿"。2004年8月《土地管理法》将第二条第四款修改为："国家为了公共利益的需要，可以依法对土地实行征收或者征用并给予补偿"。

2．集体土地征收的特征

土地征收作为一种行政行为，在法律关系上具有以下几个特征：

（1）征收集体土地的法律关系的主体双方是特定的，征收方只能是国家，被征收方只能是所征土地的所有者，即农民集体；

（2）征收集体土地具有一定的强制性，征地是国家的特有行为，被征地单位和农民必须服从国家的需要；

（3）征收集体土地要妥善安置被征地单位和农民的生产和生活，依法给予被征地单位和农民补偿；

（4）征收集体土地后被征收的土地所有权发生转移，即集体所有的土地变为国有土地。原征用土地只是土地使用权发生改变了，土地征收后其土地所有权仍属于农民集体，待使用土地结束后需要将土地还给农民集体。

2.3.2　集体土地征收的范围和权限

1．土地征收的范围

根据《土地管理法》、《物权法》等的有关规定，国家进行经济、文化、国防建设以及兴办社会公共事业和列入土地总体规划的土地，依照法律规定的权限、程序，经县以上人民政府批准后可以征收集体所有的土地，其土地所有权为国家所有，用地单位只有土地使用权。

2．土地征收的审批权限

我国《土地管理法》对国家建设征收土地的审批权限做了明确的规定，《土地管理法》第四十五条明确规定，因建设需要征收属于集体所有的土地的，必须按以下批准权限，由省级以上人民政府批准，并对两级政府的征地审批权限作了明确的划分：

（1）征收基本农田或基本农田以外的耕地超过35hm^{2}的，或其他土地超过70hm^{2}的，由国务院批准。

（2）征收基本农田以外的耕地在35hm^{2}以下的，或其他土地在70hm^{2}以下的，由省、自治区、直辖市人民政府批准，并报国务院备案。

（3）其他用地和已经批准农用地转用范围内的具体项目，由省级人民政府审批并报国务院备案。

3．土地征收的其他政策规定

（1）建设单位申请征地不得化整为零：一个建设项目需要征收的土地，应当根据总体设计一次申请批准。分期建设的项目，应当分期征地，不得先征待用。

（2）对被征地范围的农民进行安置、补偿和补助。

（3）临时用地必须办理报批手续。临时使用土地的期限，一般不超过2年，并不得改变批准的用途，不得从事生产性、营业性或其他经营性的活动，不得修建永久性建筑。

（4）征收集体土地的，必须依照法定程序批准后，由县级以上地方人民政府予以公告并组织实施。合理使用征地补偿费。

2.3.3　集体土地征收的程序

根据《土地管理法实施条例》和《建设用地审查报批管理办法》，征收土地一般按照下列工作程序办理。

1. 申请用地的建设单位持经批准的设计任务书或初步设计、年度基本建设计划以及地方政府规定需提交的相应材料、证明和图件，向土地所在地的县级以上地方人民政府土地管理部门申请建设用地，同时填写《建设用地申请表》，并附规定的相关材料。

2. 县级以上人民政府土地行政管理部门负责建设用地的申请、审查、报表工作，对应受理的建设项目，在规定时间内拟定农用地转用方案、补充耕地方案、征地方案和供地方案等，编制建设项目用地呈报说明书，经同级人民政府审核同意后报上一级土地管理部门审查。

3. 有批准权的人民政府土地行政管理部门，收到上报的土地审批文件，按规定征求有关部门意见后，进行审批用地。

4. 经批准的建设用地，由被征用土地所在地的市县人民政府组织实施。具体包括：征地公告、支付土地补偿费、地上附着物和青苗补偿费、安置农业人口、征收用地单位的税费、协调征地纠纷等。

5. 对有偿使用土地的，应签订土地使用合同；对以划拨方式使用土地的，向用地单位签发《国有土地划拨决定书》和《建设用地批准书》；用地单位持使用土地证书办理土地登记。

6. 建设用地批准后直至颁发土地使用权证书之前，应加强征地批准后的实施管理，进行跟踪管理。

7. 建设项目竣工验收后，用地单位向当地土地管理部门提出土地登记申请，经测绘部门测绘，核定用地面积、确认土地权属界限，地籍管理部门注册登记后，由土地所在地的人民政府颁发土地使用证，作为使用土地的法律凭证。

根据《土地管理法》的规定，国家实行用途管制制度。政府在行使征收土地审批权时，涉及农用地转为建设用地的，应当先行办理农用地转用审批手续。其中，经国务院批准农用地转用的，同时办理征地审批手续，不再另行办理征地审批；经省、自治区、直辖市人民政府在征地批准权限内批准农用地转用的，也同时办理征地审批手续，不再另行办理征地审批，但超过征地批准权限的，应当另行办理征地审批，即报国务院批准。

2.3.4　征收集体土地补偿的范围和标准

1. 征收集体土地补偿的范围

国家征收土地的，依照法定程序批准后，由县级以上地方人民政府予以公告并组织实施。被征收土地的所有权人、使用权人应当在公告规定期限内，持土地权属证书到当地人民政府土地行政管理部门办理征地补偿登记，按照被征收土地的原用途给予补偿。

《土地管理法》第四十七条第二款明确规定了土地补偿费的范围：征用耕地的土地补偿费用包括土地补偿费、安置补助费以及地上附着物和青苗的补偿费。此外，法律特别规定当支付土地补偿费和安置补助费，尚不能使需要安置的农民保持原有生活水平的，经省、自治区、直辖市人民政府批准，可以增加安置补助费。

《物权法》在现行《土地管理法》的基础上，按照国家有关征收土地制度改革的政策措施，对土地征收和被征地农民的补偿作了进一步的完善：

（1）《物权法》第四十二条第一款规定："征收集体所有的土地，应当依法足额支付土地补偿费、安置补助费、地上附着物和青苗的补偿等费用，安排被征地农民的社会保障费用，保障被征地农民的生活，维护被征地农民的合法权益。"

（2）《物权法》第一百三十二条规定："承包地被征收的，土地承包经营权人有权依照规定获得相应的补偿。"

2．征收集体土地的补偿的标准

土地的补偿范围和补偿、补助标准的确定，是征地工作的主要内容，也是一项难度较大的工作，涉及国家、集体、个人的利益，不能高不能低，高了将加大建设项目的投资，直接影响到国家建设的发展；低了会影响被征地单位和农民的生产和生活水平。根据现行《土地管理法》的规定，征收耕地的补偿费用包括土地补偿费、安置补助费以及地上附着物和青苗的补偿费等费用。

（1）土地补偿费

土地补偿费是征地费的主要部分，它是由用地单位支付的。其土地补偿费的标准为：

1）征收耕地的土地补偿费，为该耕地被征收前3年平均年产值的6~10倍。

2）征收其他土地补偿费标准由省、自治区、直辖市参照征收耕地的补偿费标准规定。

（2）安置补助费

用地单位除支付土地补偿费外，还应当支付安置补助费。它是为安置因征地造成的农村剩余劳动力的补助费。安置补偿费的标准为：

安置补偿费是按照需要安置的农业人口数计算。需要安置的农业人口数，一般按照被征收的耕地数量除以征地前被征地单位平均每人占有耕地的数量计算。每一个需要安置的农业人口的安置补助费标准，为该耕地被征收前3年平均年产值的4~6倍。但是，每公顷被征收耕地的安置补偿费，最高不得超过被征收前3年平均年产值的15倍。

按此标准支付的土地补偿费和安置补助费，尚不能使需要安置的农民保持原有生活水平的，经省、自治区、直辖市人民政府批准，可以增加安置补助费。但土地补偿和安置补助费之和不得超过该土地被征收前3年平均年产值的30倍。

（3）地上附着物和青苗的补偿费等费用

地上附着物是指依附于土地上的各类地上、地下建筑物和构筑物，如房屋、水井、地上（下）管线等。青苗是指被征收土地上正处于生长阶段的农作物。被征收土地上的附着物和青苗的补偿标准，由省、自治区、直辖市规定。

（4）临时用地补偿

临时用地是指建设过程中或勘查勘测过程中一些暂设工程和临时设施所需临时使用城市内的空间、农用地和未利用地，不包括因使用原有的建筑物、构筑物而引起的使用土地。这里所指的临时用地是指临时使用集体土地。经批准的临时用地，须同农村集体经济组织签订临时用地协议，并按该土地前3年平均年产值逐年给予补偿。但临时用地逐年累计的补偿费最高不得超过按征收该土地标准计算的土地补偿费和安置补助费的总和。

2.4　国有土地使用权出让

2.4.1　国有土地使用权出让概念和特点

1．国有土地使用权出让的概念

国有土地使用权出让（以下称土地使用权出让）是指国家将国有土地使用权在一定年限内出让给土地使用者，由土地使用者向国家支付土地使用权出让金的行为。土地使用权出让，是国家作为国有土地所有权人将其所有权权能中的使用权分离出来，让与土地使用者的一种权利转移方式，其实质是国家行使对国有土地财产的处分权。

2．我国的土地使用权出让的法律特征

根据法律规定，土地使用权出让，具有以下特征：

（1）两权分离

土地使用权的出让是以土地所有权与土地使用权的分离为基础的。土地使用权出让事实一经发生，即实现了国有土地所有权与使用权的分离。在土地使用权存续期间，土地使用者在设定的权利范围内，不仅享有对土地的实际占有权，而且还享有对土地的使用权、转让权、抵押权等民事权利，其他任何人不得非法干预。土地使用权出让的发生，一般以出让方与受让方签订土地使用权出让合同并产生法律效力为发生根据。

（2）期限规定

土地使用权出让是有年限的。作为受让人的土地使用者享有权利的期限以出让年限为限。最高出让年限由国家法律根据土地的不同用途而定，实际出让年限则由土地使用权出让合同约定。合同约定的出让年限，不得超过法律限定的最高年限。合同约定的土地使用年限届满，除土地使用者申请续期使用的以外，国家将无偿收回土地使用权。

（3）有偿出让

土地使用权出让是有偿的。土地使用者取得一定年限内的土地使用权须向土地所有者（国家）支付土地使用权出让金为代价。出让金的本质是土地所有者（国家）凭借土地所有权取得的经济利益，表现为一定年限内的地租，一般以土地使用者向土地所有者（国家）支付一定数额的货币为表现形式。土地使用者只有支付了全部土地使用权出让金后，才能领取土地使用权证书，土地使用者才能享有受让的土地使用权。在实践中，土地使用权出让金的

构成除一定年限内的地租外，还包括土地出让前国家对土地开发成本以及有关的征地拆迁补偿安置等费用。

（4）权力限制

土地使用者获取土地使用权后，并不意味着对该幅地块下的各类自然资源、矿产、埋藏物、隐藏物和市政公共设施等拥有权利，即土地使用者享有权利的效力不及于地下之物，土地使用者对地下的资源及市政公共设施等，不因其享有土地的使用权而同时对其享有权利。土地使用权出让制度的建立，既从经济意义和法律意义上保证了国家对城市土地的所有权，又确定了土地这一生产要素在经济活动中具有的商品属性和必要地位，这对于促进完整、统一的房地产市场发育，推动住房制度改革具有十分重要的作用，反映了社会主义市场经济发展的必然要求。

2.4.2　国有土地使用权出让的条件和年限

1. 国有土地使用权出让的条件

按照有关法律、行政法规的规定，我国的土地使用权出让必须符合一定的条件。

（1）土地使用权出让必须是国有土地。《土地管理法》第四十三条规定，任何单位和个人进行建设需要土地的，必须申请使用国有土地。《物权法》还规定，国家严格限制农用地转为建设用地。城市规划区内的集体所有的土地须依法征收转为国有土地后，方可出让。即城市规划区内的集体所有的土地在未经依法征收转为国有土地之前，不得出让。农村集体经济组织不得利用集体所有土地直接开发经营房地产。

（2）土地使用权出让必须符合土地利用的总体规划、城市规划和年度建设用地计划。土地利用总体规划是指国家关于土地利用的全面的、长远的、宏观指导和战略性的计划。城市规划是指国家为了达到一定发展时期内城市的经济和社会发展的目标，确定城市性质、规模和发展方向，合理利用土地，协调城市空间布局和各项建设的综合部署和具体安排。年度建设用地计划是指为了保证土地利用总体规划的落实而编制的一年内具体用地计划。《城市房地产管理法》规定土地使用权出让必须符合上述规划或者计划，是为了保证国有土地合理、有计划地使用。

（3）土地使用权用于房地产开发必须经过批准。这一项条件的具体内容是指县级以上地方人民政府出让土地使用权用于房地产开发的，须根据省级人民政府下达的控制指标拟订年度出让国有土地使用权总面积方案，即年度建设用地计划，按照国务院的规定，报有批准权的人民政府批准。

（4）出让每幅地块、用途、年限等必须符合政府批准的条件。按照《城市房地产管理法》规定，出让每一幅地块、用途和其他条件，由市、县人民政府土地管理部门会同城市规划、建设、房产管理部门共同拟订方案，按照国务院的规定，报经有批准权的人民政府批准后，由市、县人民政府土地管理部门实施。直辖市的县人民政府及有关部门行使上述规定的权限，由直辖市人民政府决定。

2．土地使用权的出让年限

（1）国有土地使用权出让的最高年限

国有土地使用权出让的期限应在法律规定的年限内确定。我国《城镇国有土地使用权出让和转让暂行条例》规定了出让最高年限如下：居住用地70年；工业用地50年；教育、科技、文化卫生、体育用地50年；商业、旅游、娱乐用地40年；综合或其他用地50年。根据我国《物权法》规定，居住用地70年使用期限届满之后可以自动续期。

（2）国有土地使用权出让合同约定的出让年限

国有土地使用权出让合同约定的出让年限是指出让方与受让方在出让合同中具体约定的受让方得以使用土地的期限。合同约定的土地使用权出让年限不得超过法律规定的土地使用权出让的最高年限，在法律规定的土地使用权出让的最高年限内，出让方和受让方可自由约定土地使用权出让的年限。

（3）土地使用权出让年限的计算

一般而言，土地使用权出让年限，以领取土地使用证之日为期间的起算点；划拨土地使用权补办出让合同的出让年限，按出让合同双方当事人约定的时间计算；通过转让方式取得的土地使用权，其使用年限为土地使用权出让合同约定的使用年限减去原土地使用者已使用年限后的剩余年限。

（4）土地使用权出让年限届满与续展

土地使用权出让是一种附终期的民事法律行为，在期限未届满前，其效果效力不终止，而期限届满时则效果效力终止。

土地使用权的续展是指土地使用权出让年限的延续。《城市房地产管理法》规定：土地使用权出让合同约定的使用年限届满，土地使用者需要继续使用土地的，应当至迟于届满前一年申请续期，除根据社会公共利益需要收回该幅土地的，应当予以批准。经批准准予续期的，应当重新签订土地使用权出让合同，依照规定支付土地使用权出让金。

2.4.3　国有土地使用权出让方式

土地使用权出让可以采取拍卖、挂牌、招标或者双方协议的方式。根据《招标拍卖挂牌出让国有建设用地所有权规定》（国土资源部令第39号），商业、旅游、娱乐和商品住宅用地，必须采取拍卖、招标或者挂牌方式出让。

1．招标出让方式

以招标方式出让土地使用权，是指由市、县土地管理部门向符合规定条件的单位发出招标邀请书或者向社会发布招标公告，邀请特定或不特定的自然人、法人和其他组织参加土地使用权投标，通过合法的程序择优确定中标者，向其出让土地使用权的行为。招标方式一般有两种：包括邀请招标和公开招标。招标出让方式的特点是有利于公平竞争，它主要适用于一些大型或关键性的发展计划与投资项目，或需要优化土地布局、重大工程的较大地块的出让。

2．拍卖出让方式

以拍卖出让国有土地使用权，是指出让人（市、县土地管理部门或其委托的拍卖机构）发布拍卖公告，由竞买人在指定时间、地点进行公开竞价，以出价最高者为受让人出让土地使用权的行为。拍卖出让方式引进了竞争机制，排除了人为干扰，政府也可获得最高收益，较大幅度地增加财政收入。这种方式的特点是有利于公平竞争，主要适用于投资环境好、盈利大、竞争性强的商业、金融业、旅游业和娱乐业用地，特别是大中城市的黄金地段。

3．挂牌出让方式

以挂牌方式出让土地使用权是指市、县人民政府土地管理部门或者其委托的中介机构就国有土地使用权发出挂牌公告，按公告规定的期限将拟出让宗地的交易条件在指定土地交易场所挂牌公布，接受竞买人的报价申请并更新挂牌价格，根据挂牌期限截止时的出价结果确定土地使用者的行为。挂牌出让方式的特点是方式简便，费用低廉，但仍具有很强的公开性，特别适用于那些地块较小，起价较低，参加竞买者较少的项目。

4．协议出让方式

以协议方式出让土地使用权是指由市、县人民政府土地管理部门根据土地用途、建设规划要求、土地开发程度等情况，与受让申请人协商用地条件和土地使用权出让金的行为，双方经过协商达成协议后，受让方便依据协议取得土地使用权。协议出让方式的特点是自由度大，不利于公平竞争。这种方式适用于公共福利事业和非盈利性的社会团体、机关单位用地和某些特殊用地。

协议、招标、拍卖、挂牌是法定的四种使用权的出让方式。在具体实施土地使用权出让时，由国有土地代表根据法律规定，并根据实际情况决定采用哪种方式，一般对地理位置优越、投资环境好、预计投资回报率高的地块，应当采用招标或拍卖方式；反之，可适当采用协议方式。

2.4.4　国有土地使用权出让合同的管理

1．土地使用权出让合同的主要内容

土地使用权出让，应当签订书面出让合同。土地使用权出让合同由市、县人民政府土地管理部门（代表土地所有者——国家）与土地使用者签订。土地使用权出让合同一般包括：成片土地使用权出让合同，项目用地（宗地）土地使用权出让合同，划拨土地使用权和地上建筑物、其他附着物所有权因转让、出租、抵押而补办的土地使用权出让合同三类。

土地使用权出让合同主要包括下列三个部分：

（1）合同的正本与副本。其主要包括：签订合同双方当事人；出让地块的地理位置、面积、界线等自然情况；地价款数额、定金、支付方式和期限；土地使用权使用期限；动工及开发期限；取得土地使用权的方式及违约责任等。

（2）土地使用权出让合同附件。其主要包括：地块四至平面图、界桩定点、土地利用要

求、城市建设管理要求、建设要求、建筑面积、容积率、绿化率、建筑比例等。

（3）补充合同。其主要包括：签订合同双方当事人在其出让合同中尚未包括的未尽事宜，以及合同文本需要变换的事项等。

2．土地使用权出让合同当事人的权利和义务

土地使用权出让合同的当事人是土地管理部门和土地使用者。双方当事人签订土地使用权出让合同后，彼此间就形成一定的权利和义务关系。

（1）出让方的的权利和义务

1）出让方的权利一般包括：

①要求受让方按法律规定或出让合同约定交付出让金，否则出让方有权解除合同，并要求对方承担违约责任；

②监督受让人行使权利的行为和对土地进行开发、利用及经营的活动；

③在土地使用权出让期限届满时，收回土地使用权及其地上建筑物。

2）出让方的义务一般包括：

①按出让合同规定向受让方提供土地使用权，并按程序颁发土地使用权证书；

②在遇到不可抗力导致出让合同不能履行或不能完全履行时，应及时通知受让人；

③保证受让人对出让土地的正常使用。

（2）受让方的权利和义务

1）受让方的权利一般包括：

①要求出让方按合同的约定，按时提供土地使用权。出让方不能按合同约定时间提供土地使用权的，可以要求其承担违约责任；

②受让人对土地的开发利用达到法定要求后，有权对土地使用权及地上建筑物进行转让、出租和抵押；

③在土地使用权出让合同期限届满之前，遇特殊情况，国家提前收回土地使用权时，受让方有权要求给予适当的损失补偿；

④在土地使用权出让合同期限届满时，受让方需要继续使用土地的，可以申请续期。

2）受让方的义务一般包括：

①按照出让合同约定的时间和方式交付土地使用权出让金；

②按出让合同确定的用途和要求使用土地，确需改变土地用途的，必须报经出让方和市、县人民政府城市规划行政主管部门同意，经原批准机关批准，签订出让合同变更协议或重新签订出让合同，并依法调整出让金；

③在土地使用权出让合同期限届满时，应无偿地将土地使用权连同地上建筑物，交还土地使用权出让方。

特别注意的是，以出让方式取得土地使用权进行房地产开发的，必须按照土地使用权出让合同约定的土地用途、动工开发期限开发土地。超过出让合同约定的动工开发日期满一年未动工开发的，可以征收相当于土地使用权出让金20%以下的土地闲置费；满两年未动工开发的，可以无偿收回土地使用权；因不可抗力或者政府、政府有关部门的行为或者动工开发必需的前期工作造成动工开发延迟的除外。

3．土地使用权出让合同的解除

（1）在签订出让合同后，土地使用者应缴纳定金并按约定期限支付土地使用权出让金，未按出让合同支付出让金的，土地管理部门有权解除合同，并可以要求土地使用者违约赔偿。

（2）土地管理部门未按出让合同约定的时间提供土地的，土地使用者有权解除合同，由土地管理部门返还土地使用权出让金，并可以请求违约赔偿。

2.4.5 国有土地使用权的收回和终止

1．国有土地使用权的收回

国家收回土地使用权有多种原因，如提前收回、使用期限届满、没收等。

（1）社会公共利益的需要。《物权法》第一百四十八条规定："建设用地使用权期间届满前，因公共利益需要提前收回该土地的，应当依照本法第四十二条的规定对该土地上的房屋及其他不动产给予补偿，并退还相应的出让金。"

（2）建设用地使用权届满。《物权法》第一百四十九条规定："住宅建设用地使用权期间届满的，自动续期。非住宅建设用地使用权期间届满后的续期，依照法律规定办理。该土地上的房屋及其他不动产的归属，有约定的，按照约定；没有约定或者约定不明确的，依照法律、行政法规的规定办理。"由于住宅建设用地使用权届满自动续期，所以建设用地使用权届满收回是对非住宅建设用地而言的。《城市房地产管理法》第二十二条规定："土地使用权出让合同约定的使用年限届满，土地使用者未申请续期或虽申请续期但依照前款规定未获批准的，土地使用权由国家无偿收回。"

（3）各级司法部门没收其财产而收回的建设用地使用权。因土地使用者触犯国家法律法规，不能继续履行合同或司法机关决定没收其全部财产，收回土地使用权。

（4）以出让方式取得建设用地使用权进行房地产开发，满2年未动工开发的，可以无偿收回建设用地使用权；但是，因不可抗力或者政府有关部门的行为或者动工开发必需的前期工作造成动工开发迟延的除外。

2．国有建设用地使用权终止

（1）因土地灭失而终止

土地灭失主要是指由于非人力和自然力量，如地震等，造成原土地性质的彻底改变或原土地面貌的彻底改变。由于土地使用权应以土地的存在或土地能满足某种需要为前提，因土地灭失而导致使用人实际上不能继续享用土地，使用权自然终止。

（2）由于土地使用者抛弃而终止

由于政治、经济、行政等原因，土地使用者抛弃使用的土地，致使土地使用合同失去意义或无法履行，也造成土地使用权的终止。

3．国有建设用地使用权收回和终止的法律后果

自建设用地使用权收回或终止之日起，土地使用者即丧失了该幅建设用地使用权。建设用地使用权终止产生下列方面的法律后果：

（1）土地使用者不再享有该幅土地的使用权，建设用地使用权受让人与土地所有者或者其代表之间关于在该幅土地上的权利和义务随之解除。

（2）地上建筑物和其他附着物随建设用地使用权的终止而由国家无偿取得。

（3）出让合同规定必须拆除的设备等，土地使用者必须在规定的期限内拆除。

2.5　国有土地使用权划拨

2.5.1　土地使用权划拨的概念和特征

1．土地使用权划拨的概念

划拨土地使用权是指经县级以上人民政府依法批准，在土地使用者缴纳补偿、安置等费用后，取得的国有土地使用权，或者经县级以上人民政府依法批准后无偿取得的国有土地使用权。由此可见，划拨土地使用权有两种基本形式：

（1）经县级以上人民政府依法批准，土地使用者缴纳补偿、安置等费用后取得的国有土地使用权。

（2）经县级以上人民政府依法批准后，土地使用者无偿取得的土地使用权。

2．土地使用权划拨的主要特征

划拨土地使用权与出让土地使用权相比，具有以下主要特征：

（1）土地使用权划拨不发生土地所有权的改变

在我国，城市规划区内的国有土地属国家所有，除此之外的任何人都不得拥有国有土地的所有权。土地使用权划拨即是国家将土地确定给他人使用的一种方式。土地使用权划拨后，土地的使用权由土地使用者行使，但并不影响国家对土地的所有权，经划拨取得土地使用权的人，并没有取得土地所有权，土地所有权仍然属于国家。因此，土地使用权划拨不发生土地所有权人的改变。

（2）土地使用权划拨是一种行政行为

土地使用权划拨是经县级以上人民政府依法批准后，由法定的部门将土地直接交付给土地使用者使用的行为，因此，土地使用权划拨是一种行政行为，而不属于民事行为。土地使用权划拨无需划拨双方协商一致，也无需事先获得被划拨土地上的原土地使用者的同意。土地使用者只要经过法定的程序，即可获得土地使用权。

（3）土地使用权划拨必须依法经批准

由于土地使用权划拨是一种行政行为，所以，土地使用权划拨必须依法经批准，即只有县级以上人民政府根据国家法律的规定，在其权限范围内，批准某幅土地使用权的划拨，该幅土地使用权才能划拨。未经县级以上人民政府批准的，任何政府部门都不得划拨土地使用权，任何人也不能以划拨的方式取得土地使用权。

（4）土地使用权划拨具有无偿性

由于土地使用权划拨是一种行政行为，不是平等主体之间进行的商品交换行为，所以，土地使用权划拨与土地使用权出让不同，具有无偿性，即土地使用权划拨无需因使用土地而向国家交纳费用。县级以上人民政府批准了土地使用权划拨后，土地使用者就有权依法获得该幅土地的使用权，便可以在该幅土地上进行开发建设活动。

（5）土地使用者对原土地使用者所受的损失的依法补偿

土地使用权划拨具有无偿性，是针对土地使用者与国家的关系而言的，它并不意味着土地使用者在任何情况下无需缴纳任何费用。因为国有土地虽然属于国家所有，但在国有土地上，存在着已经有土地使用者和尚未有土地使用者两种情况。如果划拨而给原土地使用者造成损失的，土地使用者应当予以补偿。如果所划拨的土地上尚未有土地使用者，那么，土地使用权的划拨不会给任何人造成损失，也就不存在需要补偿的情况。这时，只要将国有土地使用权无偿交付给土地使用者使用即可。一般而言，土地使用者补偿的范围包括土地补偿费（包括工程建筑物的投资和青苗补偿等）、安置费等具体补偿标准见本章第3节相关内容。

（6）土地使用权划拨没有期限的限制

与土地使用权出让不同，土地使用权划拨没有期限的限制。也就是说，土地使用者经划拨取得土地使用权以后，即可长期使用该幅土地，无需在一定的年限以后，将该幅土地的使用权交归国家，国家在一定的年限以后，也不将该幅土地的使用权收回。

土地使用权划拨没有期限的限制不是绝对的，如果法律、行政法规规定某一种类或者某幅土地使用权的划拨有一定的期限，那么，土地使用权划拨后，超过该期限，国家就无偿收回该幅土地。

2.5.2　国有土地使用权划拨范围

《城市房地产管理法》第二十四条规定，下列建设用地使用权可以由县级以上人民政府依法批准划拨：①国家机关用地和军事用地；②城市基础设施用地和公益事业用地；③国家重点扶持的能源、交通、水利等项目用地；④法律、行政法规规定的其他用地。根据这一规定，我们可以将建设用地使用权划拨的范围细化为以下几种：

1. 国家机关用地。包括国家权力机关用地、国家行政机关用地、国家审判机关用地、国家检察机关用地、国家军事机关等用地。

2. 军事用地。指军事机关和军事设施用地，包括军用机场、港口、码头、营区、训练场、试验场、军用公路、铁路专用线等用地。

3. 城市基础设施用地。指城市供水、排水、污水处理、供电、通信、煤气、热力、道路、桥涵、市内公共交通、园林绿化、环境卫生以及消防、路标、路灯等设施用地。

4. 城市公益事业用地。指城市内各种学校、医院、体育场馆、图书馆、文化馆、幼儿

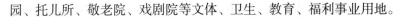

园、托儿所、敬老院、戏剧院等文体、卫生、教育、福利事业用地。

5. 国家重点扶持的能源、交通、水利等基础设施用地。

此外根据修订后的《经济适用住房管理办法》第七条规定："经济适用住房建设用地以划拨方式供应。经济适用住房建设用地应纳入当地年度土地供应计划，在申报年度用地指标时单独列出，确保优先供应。"

2.5.3 划拨土地的管理

根据《城市房地产管理法》、《城镇国有土地使用权出让和转让暂行条例》等法律法规，对划拨土地使用的管理有以下规定。

1. 划拨土地的转让。划拨土地的转让有两种规定：一是报有批准权的人民政府审批准予转让的，应当由受让方办理土地使用权出让手续，并依照国家有关规定缴纳土地使用权出让金；二是可不办理出让手续，但转让方应将所获得收益中的土地收益部分上缴国家。

2. 划拨土地使用权的出租

（1）房产所有权人以营利为目的，将划拨土地使用权的地上建筑物出租的，应当将租金中所含土地收益上缴国家。

（2）用地单位因发生转让、出租、企业改制和改变土地用途等不宜办理土地出让的，可实行租赁。

（3）租赁时间超过6个月的，租赁双方应签订租赁合同，合同期限不得超过出让年限。

3. 划拨土地使用权的抵押。划拨土地使用权抵押时，其抵押的金额不应包括土地价格，因抵押划拨土地使用权造成土地使用权转移的，应办理土地出让手续并向国家缴纳土地使用权出让金才能变更土地权属。

4. 对未经批准擅自转让、出租、抵押划拨土地使用权的单位和个人，县级以上人民政府土地管理部门应当没收其非法收入，并根据情节处以罚款。

5. 国有企业改制中的划拨土地。对国有企业改革中涉及的划拨土地使用权，可分别采取国有土地出让、租赁、作价出资（入股）和保留划拨土地使用权等方式予以处置。

6. 划拨土地使用权的收回

划拨土地使用权的收回。有下列情形之一的，由有关人民政府行政主管部门报经原批准用地的人民政府或者有批准权的人民政府批准，可以收回划拨土地使用权。

（1）使用者因迁移、解散、撤销、破产或其他原因而停止使用土地的；

（2）国家根据城市建设发展的需要和城市规划的要求收回土地使用权的；

（3）为公益利益而需要收回使用土地的；

（4）土地使用者自动放弃土地使用权的；

（5）未经原批准机关同意，连续2年未使用的土地；

（6）不按批准用途使用土地的；

（7）铁路、公路、机场、矿场等核准报废的土地；

（8）土地使用合同约定的使用期限届满，土地使用者未申请续期或者申请续期未获批准的；

（9）各级司法部门没收其所有财产而收回土地使用权的。

国家无偿收回划拨土地使用权时，对其地上建筑物、其他附着物，市、县人民政府应当根据实际情况应给原土地使用者适当补偿。

2.6　差别化用地政策支持新产业、新业态

建设用地将根据国家的产业政策，决定是否供地。

依据国家有关规定，对于不同类别的项目，有不同的供地政策。一般分为以下三类：

（1）国家鼓励类项目——可以供地，甚至要积极供地。

（2）国家限制类项目——限制供地。

凡列入《限制供地项目目录》，属于在全国范围内统一规划布点、生产能力过剩需总量控制和涉及国防安全、重要国家利益的建设项目，地方人民政府批准提供建设用地前，须先取得自然资源部许可证，再履行批准手续。

凡列入《限制供地项目目录》，属于大量损毁土地资源或以土壤为生产料的，需要低于国家规定地价出让、出租土地的，按照法律法规限制的其他建设项目，各省、自治区、直辖市人民政府土地行政主管部门应采取有效措施，对其供地进行严格的监督管理和指导。

对限制供地项目用地，必须根据建设用地标准和设计规范进行严格审查，对超过用地标准，违反集约用地原则的，要坚决予以核减用地面积。由于限制供地项目多为竞争性项目，要尽量采取招标、拍卖方式提供建设用地。

对未经自然资源部许可或不符合省、自治区、直辖市土地行政主管部门有关规定向限制供地项目提供建设用地的，自然资源部可责成地方政府收回批准文件；省、自治区、直辖市土地行政主管部门也可根据有关限制供地条件作出相应规定。

（3）国家禁止类项目——禁止供地。

按照《禁止供地项目目录》，禁止提供建设用地的是：危害国家安全或者损害社会公共利益的，国家产业政策明令淘汰的生产方式、产品和工艺所涉及的，国家产业政策规定禁止投资的，按照法律法规规定禁止的其他建设项目。

凡列入《禁止供地项目目录》的建设用地，在禁止期限内，土地行政主管部门不得受理其建设项目用地报件，各级人民政府不得批准提供建设用地。自然资源部和商务部将根据经济技术进步、社会发展、集约用地和保护环境的要求，按照国家产业政策和建设用地状况，不定期组织编制、发布和调整《限制供地项目目录》和《禁止供地项目目录》。

由于我国的特殊国情，决定了要对建设用地实行严格控制的管理方法，实行统一管理的原则。然而为了适应经济发展新形势，推进大众创业、万众创新，支持新产业、新业态，由前国土资源部联合国家发改委、科技部、工信部、住房城乡建设部、商务部下发的《关于支

持新产业新业态发展促进大众创业万众创新用地的意见》(以下简称《意见》),从加大新供用地保障力度、鼓励盘活利用现有用地、引导新产业集聚发展、完善新产业用地监管等几个方面采取措施,集中释放用地政策红利。《意见》依据国家《战略性新兴产业重点产品和相关服务指导目录》《中国制造2025》等,明确新产业、新业态用地类型;"先存量、后增量"优先安排用地,新产业发展快、用地集约且需求大的地区,可适度增加年度新增建设用地指标;运用多种方式供应新产业用地,推行先租后让、租让结合;采取差别化用地政策支持新业态发展。

在鼓励盘活利用现有用地方面,《意见》提出对制造业迈向中高端的企业用地,生产性、科技及高技术服务业发展用地,建设创业创新平台用地,"互联网+"行动计划实施用地实行过渡期政策,5年内继续按原用途和土地权利类型使用土地;期满或涉及转让的,按新用途、新权利类型、市场价办理用地手续。

? 法律依据及相关知识链接

1. 中华人民共和国土地管理法
2. 中华人民共和国城镇国有土地使用权出让和转让暂行条例
3. 城市国有土地使用权出让转让规划管理办法
4. 协议出让国有土地使用权规定
5. 招标拍卖挂牌出让国有建设用地使用权规定

🎓 案例分析与解答

【案情】

某市某国有企业,随着企业产业结构调整,该企业把产品生产线迁到郊区的工业园区内,致使市区的厂址闲置。企业领导将原厂区的闲置土地转让给房地产开发企业,以获取可观的经济收益。于是与某房地产开发企业签订了一份转让协议。然后房地产开发企业按照房地产开发程序进行勘察、设计等一系列活动。

【问题】

1. 该企业能否将闲置土地转让给房地产开发企业?
2. 如果某房地产开发企业要进行房地产开发,最需要做的工作是什么?

【参考答案】

1. 该企业不能随意将闲置土地进行转让。该企业为国有企业,其土地使用权是通过划拨方式取得的。划拨土地的转让有两种规定：一是报有批准权的人民政府审批准予转让的，应当由受让方办理土地使用权出让手续，并依照国家有关规定缴纳土地使用权出让金；二是可不办理出让手续，但转让方应将所获得收益中的土地收益部分上缴国家。因此划拨土地的转让必须经过有批准权的人民政府审核批准。

2. 该企业的土地原为工业用地，现要变为商业用地，则需要改变土地使用性质。因此在办理土地使用权出让手续过程中，如要改变土地使用性质必须报经出让方和市、县人民政府城市规划行政主管部门同意，经原批准机关批准，签订土地使用权出让合同，并依法调整土地使用权出让金，并办理登记。

练习与思考

单项选择题

1. 商业用地不能采取（　　）方式出让。

   A. 招标　　　　　　　　　　　　B. 拍卖

   C. 挂牌　　　　　　　　　　　　D. 协议

2. 甲公司以出让方式按法定最高年限取得了某度假村土地使用权，3年后建成开业，则开业时度假村的土地使用权的剩余使用年限为（　　）年。

   A. 37　　　　　　　　　　　　　B. 40

   C. 47　　　　　　　　　　　　　D. 50

3. 国有土地租赁期限在（　　）个月以上的，应当由市、县土地行政主管部门与土地使用者签订租赁合同。

   A. 3　　　　　　　　　　　　　　B. 6

   C. 9　　　　　　　　　　　　　　D. 12

4. 某项用地超过出让合同约定的动工开发日期满一年未动工开发，总投资5000万元，地价款2000万元，土地使用权出让金800万元，可以对该项目征收的土地闲置费最高为（　　）万元。

   A. 160　　　　　　　　　　　　　B. 400

   C. 600　　　　　　　　　　　　　D. 1000

5. 根据《中华人民共和国城镇国有土地使用权出让和转让暂行条例》的规定，划拨土地使用权依法转让需办理出让手续的，土地使用权出让金由（　　）。

   A. 转让方缴纳　　　　　　　　　　B. 受让方缴纳

   C. 转让方和受让方各缴纳一半　　　D. 转让方与受让方协商缴纳

多项选择题

1. 征收耕地的补偿费用包括（　　　）。

   A. 农民失业保险　　　　　　　　　B. 土地补偿费

   C. 安置补助费　　　　　　　　　　D. 地上附着物补偿费

   E. 青苗补偿费

2. 下列关于我国土地制度的表述中，正确的有（　　　）。

   A. 全部土地都为社会主义公有

   B. 大部分土地为社会主义公有，少部分土地为私有

   C. 城市市区的土地属于国家所有

   D. 农村和城市郊区的土地一般属于农村集体经济组织所有

   E. 农村宅基地、自留地、自留山可以属于农民（农户）私有

3. 关于划拨土地使用权的说法，错误的是（　　　）。

   A. 以划拨方式取得土地使用权无须交纳土地出让金

   B. 划拨土地使用权除法律法规另有约定外，没有使用期限的限制

   C. 国家无偿收回划拨土地使用权时，对其地上建筑物不予补偿

   D. 无地上建筑物的划拨土地使用权未经许可不得转让

   E. 无地上建筑物的划拨土地使用权出租无须批准

4. 下列土地中，属于国有土地的有（　　　）。

   A. 城市市区的土地　　　　　　　　B. 已被国家依法征收的土地

   C. 依法不属于集体所有的林地　　　D. 宅基地

   E. 经济适用住房占用的土地

5. 下列用地可以采用划拨方式取得的有（　　　）。

   A. 县医院　　　　　　　　　　　　B. 造纸厂

   C. 高速公路　　　　　　　　　　　D. 部队训练场

   E. 私立学校

是非题

1. 土地所有权的权利主体是特定的，义务主体也是特定的。（　　　）

2. 土地使用权转让后，土地所有权所有的占有、使用、收益、处分等四项权能也随之转让。（　　　）

3. 征收的集体土地，其所有权属于城市人民政府。（　　　）

4. 土地使用者只有向国家支付了全部土地使用权出让金后才能领取土地使用权证书。（　　　）

5. 按照《城市房地产管理法》规定，出让每一幅地块、用途和其他条件，由市、县人民政府房地产管理部门拟订方案，报经有批准权的人民政府批准后，由市、县人民政府房地产管理部门实施。（　　　）

简答题

1. 简述我国现行土地制度。

2. 土地使用权的取得有哪些途径？

3. 什么是集体土地征收？集体土地征收有哪些特征？

4. 简述征收集体土地补偿的范围和标准。

5. 什么是国有土地使用权出让？国有土地使用权出让有何特征？

6. 我国法律对土地使用权的出让年限有哪些规定？

7. 国有土地使用权出让有哪些方式？简述各种方式的特点。

8. 什么是土地使用权划拨？国有土地使用权划拨有何特征？

城乡规划管理制度 3

【学习目标】

1. 掌握城乡规划基本概念，选址意见书、规划用地许可证和规划工程许可证的内容。

2. 熟悉城乡规划的基本内容。

3. 了解城乡规划的审批与修改，一书两证的审批程序。

城乡规划是作为城乡开发、城乡建设和城乡管理的主要依据，是保证城乡土地合理利用和房地产开发等经营性活动协调进行的前提和基础，是实现城乡经济和社会发展目标的重要手段。根据《城市房地产管理法》规定，房地产开发必须严格执行城市规划。按照经济效益、社会效益、环境效益相统一的原则，实行全面规划、合理布局、综合开发、配套建设。实践证明，城乡规划与房地产开发有着非常密切的关系，城乡规划特别是城市规划是城市建设的龙头，可以指导房地产业的发展。

3.1 城乡规划基本概念及城乡规划基本内容

《中华人民共和国城乡规划法》（简称《城乡规划法》）自2008年1月1日起施行。该法制定的目的主要是为了加强城乡规划管理，协调城乡空间布局，改善人居环境，促进城乡经济社会全面协调可持续发展。该法的出台，将城市和乡村作为一个整体来规划，其规划编制必将从"重城轻乡"到"城乡统筹"，从关注中心城区到城乡统筹。相对于城市规划，当前，乡村规划管理非常薄弱，现有的一些规划未能体现农村特点，难以满足农民生产和生活的需要，农村无序建设和浪费土地严重。《城乡规划法》对乡规划和村庄规划的制定、实施、修改做出了明确规定，乡村规划管理有望得到加强。

3.1.1 城乡规划的基本概念

1. 城乡规划

城乡规划是以促进城乡经济社会全面协调可持续发展为根本任务、促进土地科学使用为基础、促进人居环境根本改善为目的，涵盖城乡居民点的空间布局规划；是各级政府统筹安排城乡发展建设空间布局，保护生态和自然环境，合理利用自然资源，维护社会公正与公平的重要依据，具有重要公共政策的属性。城乡规划是一项全局性、综合性、战略性的工作，涉及政治、经济、文化和社会生活等各个领域。制定好城乡规划，要按照现代化建设的总体要求，立足当前，面向未来，统筹兼顾，综合布局。通过加强和改进城乡规划工作，促进城乡健康发展，为人民群众创造良好的工作和生活环境。

2．城乡规划与规划区

城乡规划，包括城镇体系规划、城市规划、镇规划、乡规划和村庄规划。城市规划、镇规划分为总体规划和详细规划。详细规划分为控制性详细规划和修建性详细规划。控制性详细规划是城市、镇人民政府城乡规划主管部门根据城市、镇总体规划的要求，用以控制建设用地性质、使用强度和空间环境的规划。控制性详细规划是城乡规划主管部门作出规划行政许可、实施规划管理的依据，并指导修建性详细规划的编制。修建性详细规划是以城市总体规划、分区规划或控制性详细规划为依据，用以指导各项建筑和工程设施的设计和施工的规划。

城乡规划区是指城市、镇和村庄的建成区以及因城乡建设和发展需要，必须实行规划控制的区域。规划区的具体范围由有关人民政府在组织编制的城市总体规划、镇总体规划、乡规划和村庄规划中，根据城乡经济社会发展水平和统筹城乡发展的需要划定。

3．城市规划

城市规划是指为了实现一定时期内城市的经济和社会发展目标，确定城市性质、规模和发展方向，合理利用土地，协调城市空间布局和各项建设的综合部署和具体安排；它是按照法定程序编制并依法批准，具有法律效力，表现形式为图纸和文本，对城市发展和建设进行引导和管理。

城市规划研究城市的未来发展、城市的合理布局和安排城市各项工程建设的综合部署，是一定时期内城市发展的蓝图，是城市建设和管理的依据。要建设好城市，必须有一个统一、科学的城市规划，并严格按照规划来进行建设。城市规划是一项政策性、科学性、区域性和综合性很强的工作。它要预见并合理地确定城市的发展方向、规模和布局，做好环境预测和评价，协调各方面在发展中的关系，统筹安排各项建设，使整个城市的建设和发展，达到技术先进、经济合理、"骨肉"协调、环境优美的综合效果，为城市人民的居住、劳动、学习、交通、休息以及各种社会活动创造良好的条件。城市规划是保证城市土地合理开发利用和房地产开发经营等活动协调进行的重要前提和基础。城市规划经法定程序审批确立后，就具有技术法规效力，城市规划区各项土地利用和建设活动，都必须遵照执行；城市规划是确定城市房地产是否合法的核心依据。

城市规划通常包括总体规划和详细规划两个阶段。一些大中城市，在总体规划和详细规划之间增加城市分区规划。

城市规划区是指城市行政区域（包括城市市区、近郊区和其他行政区域）内因城市建设和发展需要实行规划控制的区域；具体范围由城市人民政府在编制城市总体规划中确定。

3.1.2　城乡规划基本内容

1．城镇体系规划的内容

根据《城乡规划法》第十三条的规定，省域城镇体系规划的内容应当包括：城镇空间布局和规模控制，重大基础设施的布局，为保护生态环境、资源等需要严格控制的区域。

全国城镇体系规划用于指导省域城镇体系规划、城市总体规划的编制。

2．城市、镇总体规划的内容

城市总体规划、镇总体规划的内容应当包括：城市、镇的发展布局，功能分区，用地布局，综合交通体系，禁止、限制和适宜建设的地域范围，各类专项规划等。规划区范围、规划区内建设用地规模、基础设施和公共服务设施用地、水源地和水系、基本农田和绿化用地、环境保护、自然与历史文化遗产保护以及防灾减灾等内容，应当作为城市总体规划、镇总体规划的强制性内容。

城市总体规划应当综合研究和确定城市的性质、规模和空间发展形态，统筹安排城市建设用地，合理配置城市基础设施，并保证城市不同发展阶段的发展目标、发展措施的优化和布局结构的科学性，引导城市的合理发展。城市、镇总体规划一般包括下列内容。

（1）城市、镇的发展布局，禁止、限制和适宜建设的地域范围，各类专项规划等。划定规划区范围，确定城市性质和发展方向；确定旧区改建、用地调整原则、方法和步骤，提出改善旧城区生产、生活环境的要求和措施。

（2）城市、镇的功能分区，用地布局。提出规划期内城市人口及用地发展规模，确定城市建设与发展用地的空间布局、功能分区以及市中心、区中心位置。

（3）城市、镇综合交通体系。确定对外交通系统布局以及车站、铁路枢纽、路口、机场等主要交通设施规模、位置，确定城市主、次干道系统走向、断面、主要交叉口形式，确定主要广场、停车场位置、容量。

（4）规划区内建设用地规模、基础设施和公共服务设施用地。综合协调并确定城市供水、排水、防洪、供电、通信、燃气、供热、消防、环卫等设施的发展目标和总体布局。

（5）规划区范围水源地和水系规划。河湖水系治理目标和总体布局，分配沿海、沿江岸线。

（6）规划区范围绿化用地规划。确定城市园林绿地系统发展目标及总体布局。

（7）规划区范围环境保护规划。确定城市环境保护目标，提出防治污染措施。

（8）规划区范围防灾减灾规划。根据城市防灾要求，提出人防建设、抗震防灾规划目标和总体布局。

（9）规划区范围自然与历史文化遗产保护规划。确定需要保护的风景名胜、文物古迹、传统街区，划定保护和控制范围，提出保护措施。历史文化名城要编制专门的保护规划。

（10）规划区范围基本农田规划。综合协调市区与近郊区村庄、集镇的各项建设，统筹安排近郊区村庄、集镇的居住用地、公共服务设施、乡镇企业、基础设施和菜地、园地、牧草地、副食品基地，划定需要保留和控制的绿色空间。

（11）进行综合技术经济论证，提出规划实施步骤、措施与方法的建议。

（12）编制近期建设规划，确定近期建设目标、内容与实施部署。

3．城市详细规划的内容

城市详细规划是以总体规划和分区规划为依据，详细规定建设用地的各项控制指标和规划管理要求，或直接对建设项目做出具体的安排和规划设计。城市详细规划可分为控制性详细规划和修建性详细规划，而城市规划行政管理的重点是控制性详细规划。

4．乡规划、村庄规划的内容

乡规划、村庄规划应当从农村实际出发，尊重村民意愿，体现地方和农村特色。乡规划、村庄规划的内容应当包括：规划区范围住宅、道路、供水、排水、供电、垃圾收集、畜禽养殖场所等农村生产、生活服务设施、公益事业等各项建设的用地布局、建设要求以及对耕地等自然资源和历史文化遗产保护、防灾减灾等的具体安排。乡规划还应当包括本行政区域内的村庄发展布局。

3.2　城乡规划的编制与审批

3.2.1　城乡规划的编制

1．城乡规划编制基本要求

城乡规划组织编制机关应当委托具有相应资质等级的单位承担城乡规划的具体编制工作。

从事城乡规划编制工作应当具备下列条件，并经国务院城乡规划主管部门或者省、自治区、直辖市人民政府城乡规划主管部门依法审查合格，取得相应等级的资质证书后，方可在资质等级许可的范围内从事城乡规划编制工作：

（1）有法人资格；

（2）有规定数量的经国务院城乡规划主管部门注册的规划师；

（3）有规定数量的相关专业技术人员；

（4）有相应的技术装备；

（5）有健全的技术、质量、财务管理制度。

规划师执业资格管理办法，由国务院城乡规划主管部门会同国务院人事行政部门制定。

编制城乡规划必须遵守国家有关标准。

2．城镇体系规划的编制

国务院城乡规划主管部门会同国务院有关部门组织编制全国城镇体系规划，用于指导省域城镇体系规划、城市总体规划的编制。

省、自治区、直辖市人民政府组织编制省域城镇体系规划，报国务院审批。

3．城镇总体规划的编制

城市人民政府组织编制城市总体规划。

县人民政府组织编制县人民政府所在地镇的总体规划；其他镇的总体规划由镇人民政府组织编制。

城市总体规划、镇总体规划的规划期限一般为20年。城市总体规划还应当对城市更长远的发展做出预测性安排。

4．城市详细规划的编制

根据《城乡规划法》规定，城市人民政府城乡规划主管部门根据城市总体规划的要求，组织编制城市的控制性详细规划；镇人民政府根据镇总体规划的要求，组织编制镇的控制性详细规划；城市、县人民政府城乡规划主管部门和镇人民政府可以组织编制重要地块的修建性详细规划。修建性详细规划应当符合控制性详细规划。

5．乡规划、村庄规划的编制

乡、镇人民政府组织编制乡规划、村庄规划。

6．编制城乡规划应具备的基础资料

编制城乡规划，应当具备国家规定的勘察、测绘、气象、地震、水文、环境等基础资料。县级以上地方人民政府有关主管部门应当根据编制城乡规划的需要，及时提供有关基础资料。

一般编制城乡规划应具备的基础资料主要包括以下内容：①城市勘察资料。包括城市测量资料，气象资料，水文资料等。②城市历史资料。包括经济与社会发展资料，城市人口资料，区域自然资源资料，城市土地利用资料，工矿企事业单位的现状及规划资料，交通运输资料，各类仓储资料，城市行政、经济、社会、科技、文教、卫生、商业、金融、涉外机构以及人民团体的现状和规划资料，建筑物现状资料，工程设施资料，城市园林、绿地、风景区、文物古迹、优秀近代建筑物等资料，城市环境资料，发生自然地质灾害的历史资料等。

另外国家重点风景名胜区规划由风景名胜区所在地的县级以上地方人民政府组织编制。省、自治区、直辖市内跨行政区的国家重点风景名胜区规划，由其共同的上一级人民政府组织编制；跨省、自治区、直辖市的国家重点风景名胜区规划，由住房城乡建设部组织有关省、自治区、直辖市编制。

3.2.2 城乡规划的审批

城乡规划实行分级审批制度。

1．城镇体系规划的审批

全国城镇体系规划由国务院城乡规划主管部门报国务院审批。

省、自治区人民政府组织编制省域城镇体系规划，报国务院审批。

2．城镇总体规划的审批

直辖市的城市总体规划由直辖市人民政府报国务院审批。省、自治区人民政府所在地的城市以及国务院确定的城市的总体规划，由省、自治区人民政府审查同意后，报国务院审批。其他城市的总体规划，由城市人民政府报省、自治区人民政府审批。

县人民政府所在地镇的总体规划，由县人民政府报上一级人民政府审批；其他镇的总体规划由镇人民政府报上一级人民政府审批。

省域城镇体系规划在由省、自治区人民政府报上一级人民政府审批前，城市、县人民政

府组织编制的总体规划，报上一级人民政府审批前，应当先经本级人民代表大会常务委员会审议，常务委员会组成人员的审议意见交由本级人民政府研究处理。其他镇总体规划在镇人民政府报上一级人民政府审批前，应当先经镇人民代表大会审议，代表的审议意见交由本级人民政府研究处理。规划的组织编制机关报送审批省域城镇体系规划、城市总体规划或者镇总体规划，应当将本级人民代表大会常务委员会组成人员或者镇人民代表大会代表的审议意见和根据审议意见修改规划的情况一并报送。

3．城镇控制性详细规划的审批

城市的控制性详细规划经本级人民政府批准后，由城市人民政府城乡规划主管部门报本级人民代表大会常务委员会和上一级人民政府备案。

一般镇的控制性详细规划，由镇人民政府报上一级人民政府审批。县人民政府所在地镇的控制性详细规划，经县人民政府批准后，由县人民政府城乡规划主管部门报本级人民代表大会常务委员会和上一级人民政府备案。

4．乡规划、村庄规划的审批

乡规划、村庄规划经村民会议或者村民代表会议讨论同意后，由乡、镇人民政府报上一级人民政府审批。

城乡规划报送审批前，组织编制机关应当依法将城乡规划草案予以公告，并采取论证会、听证会或者其他方式征求专家和公众的意见。公告的时间不得少于30日。组织编制机关应当充分考虑专家和公众的意见，并在报送审批的材料中附具意见采纳情况及理由。省域城镇体系规划、城市总体规划、镇总体规划批准前，审批机关应当组织专家和有关部门进行审查。另外，一般国家重点风景名胜区总体规划由省、自治区、直辖市人民政府报国务院审批。国家重点风景名胜区的重点保护区、重要景区的详细规划，由省、自治区、直辖市建设（规划）行政主管部门初审，报住建部审批；其他地区的详细规划，由省、自治区、直辖市建设（规划）行政主管部门审批。

3.3　城乡规划的实施

3.3.1　城乡规划实施的"一书两证"

1．选址意见书

按照国家规定需要有关部门批准或者核准的建设项目，以划拨方式提供国有土地使用权的，建设单位在报送有关部门批准或者核准前，应当向城乡规划主管部门申请核发选址意见书。前款规定以外的建设项目不需要申请选址意见书。

（1）选址意见书概念

选址意见书是指建设项目（主要指新建大、中型工业与民用项目）在立项过程中，城乡规划行政主管部门对提出的关于建设项目选建具体用地地址的批复意见等具有法律效力的文件。国家对建设项目，特别是大、中型项目的宏观管理，在可行性研究阶段，主要是通过计划管理和规划管理来实现。规定选址意见书制度，是为了保证建设项目有计划、按规划的程序进行建设。

（2）选址意见书的内容

建设项目选址意见书一般包括以下方面的内容：

1）建设项目的基本情况。它主要指建设项目的名称、性质、建设规模、市场需求预测、水源及其他能源的需求量，原材料及产品的运输方式与运输量，生产配套设施，以及废水、废气、废渣的排放及处理方案。

2）建设项目选址的依据。建设项目选址的主要依据有：经批准的项目建议书，建设项目所在城市总体规划、分区规划，建设项目所在城市的交通、通信、能源、市政、防灾规划，建设项目所在城市生活居住及公共设施规划，建设项目所在城市的环境保护规划和风景名胜、文物古迹管理规划等。

（3）建设项目选址意见书的核发权限

建设项目选址意见书，按建设项目计划审批权限实行分级规划管理。

县级人民政府计划行政主管部门审批的建设项目，由县人民政府城乡规划行政主管部门核发选址意见书。

地级、县级市人民政府计划行政主管部门审批的建设项目，由该市人民政府城乡规划行政主管部门核发选址意见书。

直辖市、计划单列市人民政府计划行政主管部门审批的建设项目，由直辖市、计划单列市人民政府城乡规划行政主管部门核发选址意见书。

省、自治区人民政府计划行政主管部门审批的建设项目，由项目所在地县、市人民政府城乡规划行政主管部门提出审查意见，报省、自治区人民政府城市规划行政主管部门核发选址意见书。

中央各部门、公司审批的小型和限额以下的建设项目，由项目所在地县、市人民政府城乡规划行政主管部门核发选址意见书。

国家审批的大中型和限额以上的建设项目，由项目所在地县、市人民政府城乡规划行政主管部门提出审查意见，报省、自治区、直辖市、计划单列市人民政府城乡规划行政主管部门核发选址意见书，并报国务院城乡规划行政主管部门备案。

2．建设用地规划许可证

（1）建设用地规划许可证概念

建设用地规划许可证是由建设单位或个人向土地管理部门提出建设用地申请，城乡规划行政主管部门审查批准的建设用地位置、面积、界限的法定凭证，是建设单位用地的法律凭证。

在城市、镇规划区内以划拨方式提供国有土地使用权的建设项目，经有关部门批准、核准、备案后，建设单位应当向城市、县人民政府城乡规划主管部门提出建设用地规划许可申请，由城市、县人民政府城乡规划主管部门依据控制性详细规划核定建设用地的位置、面积、允许建设的范围，核发建设用地规划许可证。

建设单位在取得建设用地规划许可证后，方可向县级以上地方人民政府土地主管部门申请用地，经县级以上人民政府审批后，由土地主管部门划拨土地。

在城市、镇规划区内以出让方式提供国有土地使用权的，在国有土地使用权出让前，城市、县人民政府城乡规划主管部门应当依据控制性详细规划，提出出让地块的位置、使用性质、开发强度等规划条件，作为国有土地使用权出让合同的组成部分。未确定规划条件的地块，不得出让国有土地使用权。

以出让方式取得国有土地使用权的建设项目，在签订国有土地使用权出让合同后，建设单位应当持建设项目的批准、核准、备案文件和国有土地使用权出让合同，向城市、县人民政府城乡规划主管部门领取建设用地规划许可证。

城市、县人民政府城乡规划主管部门不得在建设用地规划许可证中，擅自改变作为国有土地使用权出让合同组成部分的规划条件。

（2）建设用地规划许可证制度的内容

1）建设用地的一般审批程序

①现场踏勘。城乡规划主管部门受理了建设单位用地申请后，应与建设单位会同有关部门到选址地点进行现场调查和踏勘。这是一项直观的感性的审查工作，可以及时发现问题，避免纸上谈兵可能带来的弊端。

②征求意见。在城市规划区安排建设项目，占用土地一般会涉及许多单位和部门。城乡规划主管部门在审批建设用地前，应征求占用土地单位和部门以及环境保护、消防安全、文物保护、土地管理等部门的意见。

③提供设计条件。城乡规划主管部门初审通过后，应向建设单位提供建设用地地址与范围的红线图，红线图上应当标明现状和规划道路，并提出用地规划设计条件和要求。建设单位可以依据城乡规划主管部门下达的红线图委托项目规划方案设计。

④审查总平面图及用地面积。建设单位根据城乡规划主管部门提供的设计条件完成项目规划设计后，应将总平面图及其相关文件报送城市规划主管部门进行审查批准，并根据城市规划设计用地定额指标和该地块具体情况，审核用地面积。

⑤核发建设用地规划许可证。经审查合格后，城乡规划行政主管部门即向建设单位或个人核发建设用地规划许可证。建设用地规划许可证是建设单位在向土地管理主管部门申请征收、划拨前，经城市规划主管部门确认建设项目位置和范围的法律凭证。核发建设用地规划许可证的目的在于确保土地利用符合城市规划，维护建设单位按照规划使用土地的合法权益，同时也为土地管理部门在城市规划区内行使权属管理职能提供必要的法律依据。土地管理部门在办理征收、划拨土地过程中，若确需改变建设用地规划许可证核定的位置和界限，必须与城乡规划主管部门协商并取得一致意见，以保证修改后的位置和范围符合相应规划的要求。

2）建设用地审批后的管理。建设用地批准后，城乡规划行政主管部门应当加强监督、检查工作。监督、检查的内容包括：建设项目征收土地的复核和用地情况监督检查。用地范围复核主要是指城乡规划行政主管部门对征收、划拨的土地地界进行验核，杜绝违章占地情况的发生。用地性质检验主要是指城乡规划行政主管部门根据城市规划的要求，对征收土地的用途进行监督检查，纠正随意改变征地用途等违法行为。

3．建设工程规划许可证

（1）建设工程规划许可证概念

建设工程规划许可证是由城乡规划行政主管部门核发，用于确认建设工程是否符合城市规划要求的法律凭证。

在城市、镇规划区内进行建筑物、构筑物、道路、管线和其他工程建设的，建设单位或者个人应当向城市、县人民政府城乡规划主管部门或者省、自治区、直辖市人民政府确定的镇人民政府申请办理建设工程规划许可证。

申请办理建设工程规划许可证，应当提交规定的有关证明文件及相关等材料。需要建设单位编制修建性详细规划的建设项目，还应当提交修建性详细规划。对符合控制性详细规划和规划条件的，由城市、县人民政府城乡规划主管部门或者省、自治区、直辖市人民政府确定的镇人民政府核发建设工程规划许可证。

城市、县人民政府城乡规划主管部门或者省、自治区、直辖市人民政府确定的镇人民政府应当依法将经审定的修建性详细规划、建设工程设计方案的总平面图予以公布。

（2）建设工程规划许可证的作用

1）确认建设单位和个人有关建设活动的合法地位；

2）作为建设活动过程中接受监督检查时的法律依据；

3）作为城市建设活动的重要历史资料和城市建设档案的重要内容。

（3）建设工程规划许可证制度的内容

1）建设工程规划许可证的审批程序

①申请。建设单位应当持设计任务书、建设用地规划许可证和土地使用证等有关批准文件向城乡规划主管部门提出建设工程规划许可证核发申请。城乡规划主管部门对申请进行审查，确定建设工程的性质、规模等是否符合城市规划的布局和发展要求。对于建设工程涉及相关主管部门的，则应根据实际情况和需要，征求有关行政主管部门的意见，进行综合协调。

②初步审查。城乡规划主管部门受理申请后，应对建设工程的性质、规模、建设地点等是否符合城市规划要求进行审查，并应征求环境保护、环境卫生、交通、通信等相关部门的意见，以便使规划更合理、完善。

③核发规划设计要点意见书。城乡规划主管部门根据对申请的审查结果和工程所在地段详细规划的要求，向建设单位或个人核发规划设计要点意见书，提出建设高度限制、城市规划红线的边界限制、与四周已有工程的关系限制等规划设计要求。建设单位按照规划设计要

点意见书的要求，委托设计部门进行方案设计工作。

④方案审查。建设单位或个人根据规划设计要点意见书完成方案设计后，应将设计方案（应不少于2个）的有关图纸、模型、文件报送城乡规划行政主管部门。城乡规划主管部门对各个方案的总平面布置、工程周围环境关系和个体设计体量、层次、造型等进行审查比较后，核发设计方案通知书，并提出规划修改意见。建设单位据此委托设计单位进行施工图设计。

⑤核发建设工程规划许可证。建设单位或个人按照设计方案通知书的要求完成施工图设计后，将注明勘察设计证号的初步设计文件（总平面图、个体建筑设计的平面图、立面图、剖面图、基础图、地下室平面图及其剖面图等施工图及相关设计说明）报城乡规划行政主管部门审查。经审查批准后，核发建设工程规划许可证。

2）建设工程审批后的管理

①验线。建设单位应当按照建设工程规划许可证的要求放线并经城乡规划行政主管部门验线后方可施工。对临近城市规划红线的工程，应首先请城乡规划勘测部门确定红线位置及定位坐标，然后再进行个体工程的放线。

②现场检查。它是指城乡规划管理工作人员进入有关施工现场，了解建设工程的位置、施工等情况是否符合规划设计条件。工程定位、建筑面积、建筑功能及建筑外观是重要的检查内容。

③竣工验收。它是工程项目建设程序中的最后一项。规划部门参加竣工验收，是对建设工程是否符合规划设计条件进行的最后把关，以保证城市规划区内各项建设符合城市规划。

4. 违规的处罚

（1）未取得建设工程规划许可证或者未按照建设工程规划许可证的规定进行建设的，由县级以上地方人民政府城乡规划主管部门责令停止建设；尚可采取改正措施消除对规划实施的影响的，限期改正，处建设工程造价5%以上、10%以下的罚款；无法采取改正措施消除影响的，限期拆除，不能拆除的，没收实物或者违法收入，可以并处建设工程造价10%以下的罚款。

（2）在乡、村庄规划区内未依法取得乡村建设规划许可证或者未按照乡村建设规划许可证的规定进行建设的，由乡、镇人民政府责令停止建设、限期改正；逾期不改正的，可以拆除。

（3）城乡规划主管部门做出责令停止建设或者限期拆除的决定后，当事人不停止建设或者逾期不拆除的，建设工程所在地县级以上地方人民政府可以责成有关部门采取查封施工现场、强制拆除等措施。

3.3.2 城乡规划的公布与修改

1. 城乡规划的公布

城乡规划组织编制机关应当及时公布经依法批准的城乡规划。但是，法律、行政法规规定不得公开的内容除外。

（1）城乡规划公布的概念与目的

经法定程序批准生效后的城乡规划，即具有法律效力，需要及时向全社会公布，进行宣传。城乡规划公布一般是指城市人民政府将批准的城乡规划采用适当的方式向全社会公布。在公布规划过程中，涉及某些保密单位或地区，或者影响到拆迁当事人的补偿、安排等问题的，可以通过采取相应的行政措施加以解决。

在工程建设的不同阶段，建设单位必须向城市规划管理部门申领选址意见书、建设用地规划许可证、建设工程规划许可证等文件，之后方可制定有关建设活动的计划。城乡规划管理部门对实施过程进行严格管理，以保证和促进城乡建设按照规划实施。公布城乡规划的目的主要有两个方面：一是使建设单位和个人了解城乡规划，了解城乡规划建设的方针政策、目标内容和具体要求，以便自觉遵守，并服从城乡规划管理，自觉按照城乡规划的要求进行建设活动；二是有利于对擅自改变规划、违反规划的行为进行检举、控告、监督和处罚。

（2）城乡规划公布的意义

1）便于群众了解和参与城乡规划与建设。特别是将批准后的城市规划公布之后，城市中各行各业和广大群众就可以了解城市性质、发展规模和发展方向，城市用地的部署，阶段建设的具体安排等，有利于把城市整体的建设与其自身的发展结合起来，从而提高人们参与城市规划实施的积极性和主动性。这样广大人民群众也就能自觉配合城乡规划行政主管部门，按照城市规划的要求进行建设活动，自觉维护城乡规划的权威。

2）便于群众监督。实行城乡规划公布制度，使群众在了解、参与城乡规划建设活动的过程中，能够及时发现各种违法占地和违法建设行为，并对其进行举报，以便城乡规划行政主管部门及时制止和处理。

2. 城乡规划的修改

长期以来，规划在实施中走样的现象时常受到人们的质问，其严肃性和稳定性一度受到质疑。个别地方政府领导随意干预和变更规划，甚至"换一届领导换一个规划"，造成了很大的损失和浪费。为维护城乡规划的严肃性和稳定性，《城乡规划法》对城乡规划的修改列出了专门章节，并进一步强化了法律责任，禁止任何单位和个人随意干预和变更规划。

（1）省域城镇体系规划与城、镇总体规划的修改

根据《城乡规划法》规定，省域城镇体系规划、城市总体规划、镇总体规划的组织编制机关，应当组织有关部门和专家定期对规划实施情况进行评估，并采取论证会、听证会或者其他方式征求公众意见。组织编制机关应当向本级人民代表大会常务委员会、镇人民代表大会和原审批机关提出评估报告并附具征求意见的情况。

有下列5种情形之一的，方可修改省域城镇体系规划、城市总体规划、镇总体规划：

1）上级人民政府制定的城乡规划发生变更，提出修改规划要求的；

2）行政区划调整确需修改规划的；

3）因国务院批准重大建设工程确需修改规划的；

4）经评估确需修改规划的；

5）城乡规划的审批机关认为应当修改规划的其他情形。

修改省域城镇体系规划、城市总体规划、镇总体规划前，组织编制机关应当对原规划的实施情况进行总结，并向原审批机关报告；修改涉及城市总体规划、镇总体规划强制性内容的，应当先向原审批机关提出专题报告，经同意后，方可编制修改方案。

修改乡规划、村庄规划的，也要按照法律规定的审批程序报批。

（2）详细规划、规划许可证的修改

修改控制性详细规划的，组织编制机关应当对修改的必要性进行论证，征求规划地段内利害关系人的意见，并向原审批机关提出专题报告，经原审批机关同意后，方可编制修改方案。修改后的控制性详细规划，应当根据规定的审批程序报批。控制性详细规划修改涉及城市总体规划、镇总体规划的强制性内容的，应当先修改总体规划。

在选址意见书、建设用地规划许可证、建设工程规划许可证或者乡村建设规划许可证发放后，因依法修改城乡规划给被许可人合法权益造成损失的，应当依法给予补偿。

经依法审定的修建性详细规划、建设工程设计方案的总平面图不得随意修改；确需修改的，城乡规划主管部门应当采取听证会等形式，听取利害关系人的意见；因修改给利害关系人合法权益造成损失的，应当依法给予补偿。这一条充分保障了建设单位和个人的城乡规划建设利益。

在乡、村庄规划区内进行乡镇企业、乡村公共设施和公益事业建设的，建设单位或者个人应当向乡、镇人民政府提出申请，由乡、镇人民政府报城市、县人民政府城乡规划主管部门核发乡村建设规划许可证。

在乡、村庄规划区内使用原有宅基地进行农村村民住宅建设的规划管理办法，由省、自治区、直辖市制定。

在乡、村庄规划区内进行乡镇企业、乡村公共设施和公益事业建设以及农村村民住宅建设，不得占用农用地；确需占用农用地的，应当依照《土地管理法》有关规定办理农用地转用审批手续后，由城市、县人民政府城乡规划主管部门核发乡村建设规划许可证。建设单位或者个人在取得乡村建设规划许可证后，方可办理用地审批手续。

❓ 法律依据及相关知识链接

1. 中华人民共和国城乡规划法

2. 中华人民共和国土地管理法

3. 中华人民共和国城市房地产管理法

案例分析与解答

【案情】

2007年××市某大型娱乐公司（原告）不服该市城市规划局做出的对其违法建筑拆除的决定，向市中级人民法院提起行政诉讼。

原告将修建计划报送被告城市规划局审批。原告在被告尚未审批，没有取得建设工程规划许可证的情况下，于1月28日擅自动工修建儿童乐园大楼。同年2月9日，被告会同相关部门的有关负责人到施工现场，责令原告立即停工，并写出书面检查。原告于当日向被告做出书面检查，表示愿意停止施工，接受处理。但是原告并未停止施工。

同年6月20日，被告根据《城乡规划法》及相关法规的规定，做出违法建筑拆除决定书，限令原告在7月8日前自行拆除未完工的违法修建的儿童乐园大楼。原告不服，向省城乡建设环境保护厅申请复议。省城乡建设环境保护厅做出维护城市规划局的违法建筑拆除决定。在复议期间，原告仍继续施工，使得建筑面积为1730m²的6层大楼主体工程基本完工。

上述事实，经庭审调查核实，原、被告双方均无争议。

市中级人民法院依照《中华人民共和国行政诉讼法》（以下简称《行政诉讼法》）、《城乡规划法》等相关法律、法规的规定，做出维持城市规划局做出的违法建筑拆除决定的判决。

【问题】

1. 该大型娱乐公司在儿童乐园大楼的建造过程中有哪些违法行为？

2. 该违法修建的儿童乐园大楼是否会被依法全部拆除？

【参考答案】

1. 根据《城乡规划法》第六十四条的规定，未取得建设工程规划许可证或者未按照建设工程规划许可证的规定进行建设的，由县级以上地方人民政府城乡规划主管部门责令停止建设；尚可采取改正措施消除对规划实施的影响的，限期改正，处建设工程造价5%以上、10%以下的罚款；无法采取改正措施消除影响的，限期拆除，不能拆除的，没收实物或者违法收入，可以并处建设工程造价10%以下的罚款。

2. 根据《城乡规划法》第六十五条的规定，在乡、村庄规划区内未依法取得乡村建设规划许可证或者未按照乡村建设规划许可证的规定进行建设的，由乡、镇人民政府责令停止建设、限期改正；逾期不改正的，可以拆除。

根据《城乡规划法》第六十八条的规定，城乡规划主管部门做出责令停止建设或者限期拆除的决定后，当事人不停止建设或者逾期不拆除的，建设工程所在地县级以上地方人民政府可以责成有关部门采取查封施工现场、强制拆除等措施。

练习与思考

单项选择题

1. 规划区的具体范围，应（　　　）来划定。

　A. 由上一级政府在审批城乡总体规划中

　B. 由有关人民政府在编制的城乡总体规划中

　C. 由当地城乡规划行政主管部门

　D. 由城乡规划设计单位受委托编制城乡总体规划时

2. 城市人民政府城乡规划主管部门根据（　　　）的要求，组织编制城市的控制性详细规划，经本级人民政府批准后，报本级人民代表大会常务委员会和上一级人民政府备案。

　A. 城市总体规划　　　　　　　　　B. 城市分区规划

　C. 城市发展计划　　　　　　　　　D. 城市修建性详细规划

3. 城市总体规划、镇总体规划的规划期限一般为（　　　）年。

　A. 10　　　　　　B. 15　　　　　　C. 20　　　　　　D. 10

4. 制定和实施城乡规划，应当遵循城乡统筹、合理布局、节约土地、集约发展和（　　　）的原则。

　A. 先城市后乡村　　　　　　　　　B. 先建设后规划

　C. 边建设边规划　　　　　　　　　D. 先规划后建设

5. 城市人民政府城乡规划部门根据城市总体规划的要求，组织编制城市的控制性详细规划，经本级人民政府批准后，报本级人民代表大会常务委员会和上一级人民政府（　　　）。

　A. 审查　　　　　B. 核准　　　　　C. 备案　　　　　D. 同意

多项选择题

1. 城市总体规划、镇总体规划的内容应当包括（　　　）各类专项规划等。

　A. 城市、镇的发展布局　　　　　　B. 功能分区，用地布局

　C. 综合交通体系　　　　　　　　　D. 经济发展指标

　E. 禁止、限制和适宜建设的地域范围

2. 《中华人民共和国城乡规划法》规定，全国城镇体系规划由国务院城乡规划主管部门报国务院审批。同时由国务院审批的城市规划主要包括（　　　）。

　A. 直辖市的城市总体规划

　B. 省、自治区人民政府所在地的城市总体规划

　C. 城市人口在100万以上的城市总体规划

　D. 国务院确定的城市的总体规划

　E. 一般城市的总体规划

3. 城乡规划实施管理的基本法律凭证是"一书两证"，统称规划许可制度。它是指（　　　）。

A．建设用地规划许可证   B．国有土地使用证

C．建设工程施工许可证   D．建设项目选址意见书

E．建设工程规划许可证

4．控制性详细规划在于控制建设用地的性质、使用强度和空间环境，作为城市规划管理的依据，并指导修建性详细规划的编制。控制性详细规划编制的直接依据是（   ）。

A．城市近期规划   B．修建性详细规划

C．城市分区规划   D．城市总体规划

E．城镇体系规划

5．根据《城乡规划法》的规定，按照国家规定需要有关部门批准或者核准的建设项目，以划拨方式提供国有土地使用权的，建设单位在报送有关部门批准或者核准前，应当向城乡规划主管部门申请核发选址意见书。建设项目选址意见书应当包括的内容有（   ）。

A．建设项目的基本情况

B．建设项目规划选址的主要依据

C．在规划选址中遇到的若干重要问题的认证

D．建设项目选址意见书的核发权限

E．对建设项目的实施提出原则性意见

是非题

1．经依法批准的城乡规划，是城乡建设和规划管理的依据，未经法定程序不得修改。（   ）

2．城市规划的组织编制机关认为应当修改城市总体规划的，该机关可以按照法定的权限和程序修改城市总体规划。（   ）

3．凡未经核实或经核实但不符合规划条件的建设工程，建设单位不得组织竣工验收。（   ）

4．控制性详细规划修改涉及城市总体规划中的强制性内容的，应当先修改总体规划。（   ）

5．根据规定，城市总体规划由城市人民政府城乡规划主管部门组织编制。（   ）

简答题

1．什么是城乡规划？

2．城乡规划编制的基本内容有哪些？

3．城乡规划的审批权限是如何规定的？

4．什么是建设工程规划许可证？

5．获得建设用地规划许可证需要经过哪些程序？

6．什么是"一书两证"？具体说明。

国有土地上房屋
征收与补偿制度

4

【学习目标】

1. 明确国有土地上房屋征收与补偿的原则和法律依据。
2. 了解国有土地上房屋征收决定和补偿原则。
3. 了解国有土地上房屋征收步骤。

为规范国有土地上房屋征收与补偿活动，维护公共利益，保障被征收房屋所有权人的合法权益，我国制定了《国有土地上房屋征收与补偿条例》。在我国，土地实行公有制，房屋实行多元化所有制。然而，房屋与土地无法分离。某些时候，国家为了维护公共利益，需要基于公权力，并依据相关法律法规和法定程序，对国有土地上的房屋进行征收并予以相应补偿。国有土地上房屋征收与补偿活动，既要维护公共利益，也要保障被征收房屋的所有权人合法权益。

4.1 国有土地上房屋征收与补偿概述

4.1.1 国有土地上房屋征收与补偿的概念

国有土地上房屋征收与补偿是指基于公共利益的需要，房屋征收部门征收国有土地上单位、个人的房屋，并对被征收人给予公平补偿的行为。

房屋征收部门是指市、县级人民政府确定的房屋征收部门。该部门组织实施本行政区域的房屋征收与补偿工作。

被征收人是被征收房屋所有权人。

4.1.2 国有土地上房屋征收与补偿的立法依据和宗旨

根据《中华人民共和国物权法》（以下简称《物权法》）和《全国人民代表大会常务委员会关于修改〈中华人民共和国城市房地产管理法〉的决定》，2011年1月21日，国务院总理温家宝签署国务院令，公布《国有土地上房屋征收与补偿条例》（以下简称《条例》）。该条例规定了自公布之日起施行。2001年6月13日国务院公布的《城市房屋拆迁管理条例》（以下简称《拆迁条例》）同时废止。制定新条例的依据也包括《立法法》的相关规定。考虑到立法时一般不引用《立法法》的惯例，故可不引用《立法法》的相关规定。另外，由于征收房屋的前提条件之一是规划的调整，而《城乡规划法》统一了城乡规划，虽然本条例暂不考虑集体土地的征收搬迁，但由于"条例和土地管理法在公共利益的界定和对被征收人给予公平补偿，保证其利益不受损害并有所改善，不使为公共利益做出贡献的被征收人比自愿在市场上进行房屋交易的人吃亏等原则应当是一致的。"故城乡的征收搬迁制度今后也应当统一，从立法技术角度看，对此应予留空间，即不必拘泥于《城市房地产管理法》的授权。

《条例》一是将《拆迁条例》第一条中"加强对城市房屋拆迁的管理"改为"规范国有土地上房屋征收与补偿活动"，从强化行政管理到规范行政行为，充分体现了立法者执政理念的重大转变，同时表明"拆迁"将逐步淡出。二是《条例》增加了"维护公共利益"，这与《物权法》的相关规定是一致的，说明只有为了维护公共利益，才能进行征收。三是将《拆迁条例》第一条中的"拆迁当事人"修改为"被征收房屋所有权人"，说明征收的当事人只有政府及房屋所有权人双方，房屋承租人不再被列为征收当事人，对其合法权益保护的问题，不属于本条例解决的范围。四是删除了《拆迁条例》第一条中的"保障建设项目顺利进行"的表述，将征收房屋与征收后的建设分开，更加突出房屋征收，有利于缓和与化解矛盾。

1．立法目的

（1）规范国有土地上房屋征收与补偿活动

国有土地上房屋征收，是城市发展建设过程中的重要环节，既与城市发展密切相关，又与广大人民群众的切身利益息息相关，同时也是一个影响社会稳定的不可忽视的问题，属于社会广泛关注的重要问题。为了强化物权保护，2007年颁布了《物权法》，该法第四十二条规定："为了公共利益的需要，依照法律规定的权限和程序可以征收集体所有的土地和单位、个人的房屋及其他不动产。"2007年8月30日，第十届全国人大常委会第二十九次会议审议并通过了《全国人民代表大会常务委员会关于修改〈中华人民共和国城市房地产管理法〉的决定》，授权国务院就征收国有土地上单位、个人的房屋与拆迁补偿制定行政法规。据此，国务院法制办经过三年多的研究并先后两次向全社会公布征求意见稿，在广泛征求意见的基础上，2011年1月21日国务院发布第590号令，颁布施行《国有土地上房屋征收与补偿条例》。

房屋征收是政府的行为，与一般的行政行为不同，对被征收人的基本权利产生极大影响，涉及社会稳定、城市发展和人民群众的重大切身利益。国家对房屋征收活动通过立法予以规范和制约非常必要。

（2）维护公共利益

《中华人民共和国宪法》（以下简称《宪法》）第十条规定："国家为了公共利益的需要，可以依照法律规定对土地实行征收或者征用并给予补偿。"第十三条规定："国家为了公共利益的需要，可以依照法律规定对公民的私有财产实行征收或者征用并给予补偿。"第五十一条规定："中华人民共和国公民在行使自由和权利的时候，不得损害国家的、社会的、集体的利益和其他公民的合法的自由和权利。"《中华人民共和国土地管理法》（以下简称《土地管理法》）第二条第四款规定："国家为了公共利益的需要，可以依法对土地实行征收或征用并给予补偿。"

"公共利益的需要"是国有土地上房屋征收合法存在的必要前提和唯一理由。我国现行法律虽然并未明文规定公共利益高于公民个人利益，但蕴含着"舍小家顾大家"的道理，即当公民利益与公共利益发生冲突时，应当以公共利益为重点。

国防设施建设，国家重点扶持的能源、交通、水利等事业发展，科技、教育、文化、卫生、体育、环境和资源保护、文物保护、防灾减灾、市政公用等事业发展，廉租住房、经济适用住房等为改善低收入家庭居住条件实施的保障性住房建设，棚户区改造、城中村改造、危旧房改造，国家机关办公用房建设，学校、幼儿园、医院、敬老院等公益及福利事业建设等需要征收房屋的确会给被征收人的利益造成损害，但上述事项属于公共利益，应当确保其目的得以实现。

（3）保障被征收人的合法权益

《条例》对于被征收人权利保障的规定主要表现在：一是补偿的方式可以实行货币补偿，也可以实行房屋产权调换，或者实行货币补偿与房屋产权调换相结合的形式。被征收人可以选择补偿方式。二是货币补偿的金额，由房地产价格评估机构以房地产市场评估价格确定，但不得低于房屋征收决定生效之日类似房地产的市场交易价格。房地产价格评估机构由被征收人多数人决定或者由征收部门抽签决定。三是房屋征收部门负责组织对被征收房屋进行调查登记，拟定补偿方案，并征求被征收人的意见，经修改完善，报有关政府批准后公告；其中危旧房改造补偿方案在批准前如果存在二分之一以上被征收人反对的，不得征收。四是房屋征收部门按照补偿方案与被征收人订立补偿协议。五是补偿协议订立后，一方当事人未履行补偿协议的，另一方当事人可以依法向人民法院提起诉讼。六是政府应当为征收个人住宅的被征收人提供适当的房源，符合住房保障条件的，应当为其提供保障性住房。

2．适用范围

《条例》一是进一步强调了为公共利益需要方可征收，即非公共利益需要，不得征收单位及个人的房屋。

二是将适用的区域范围明确为国有土地上的房屋，而《拆迁条例》的适用范围是城市规划区内国有土地上的房屋，对城市规划区外国有土地上实施房屋拆迁，是参照《拆迁条例》执行的，这就导致了同为国有土地上的房屋的拆迁安置补偿制度存在较大差异。此次将城市规划区外的国有土地上的房屋的征收一并纳入了新条例的范围，从制度上解决了这一问题。三是明确了补偿的基本要求，即公平补偿原则。这充分体现了在市场经济体系下对财产权等合法权益的尊重和保护。

《条例》只针对国有土地上房屋征收与补偿活动，对非公共利益拆迁和集体土地上房屋征收没有规定。

4.1.3　国有土地上房屋征收当事人

征收当事人包括政府和被征收房屋所有权人，不包括房屋承租人。

《条例》第四条规定："市、县级人民政府负责本行政区域的房屋征收与补偿工作。市、县级人民政府确定的房屋征收部门（以下称房屋征收部门）组织实施本行政区域内的房屋征收与补偿工作。市、县级人民政府有关部门应当依照本条例的规定和本级人民政府规定的职责分工，互相配合，保障房屋征收与补偿工作的顺利进行。"

《条例》第五条规定："房屋征收部门可以委托房屋征收实施单位，承担房屋征收与补偿的具体工作。房屋征收实施单位不得以营利为目的。房屋征收部门对房屋征收实施单位在委托范围内实施的房屋征收与补偿行为负责监督，并对其行为后果承担法律责任。"由此可见，房屋征收主体只能是政府。

4.1.4 国有土地上房屋征收与补偿的原则

房屋征收与补偿应当遵循决策民主、程序正当、结果公开的原则是民主法治国家的重要体现。按照什么样的指导原则、遵循何种思路、按照何种程序作出征收决定、补偿安置方案的基本价值取向，维系政府、征收安置部门和被征收人等行政相对人及被征收房屋抵押权人、承租人等利害关系人的关系，具有十分重大意义。根据《条例》，房屋征收与补偿应遵循决策民主、程序正当、结果公开的原则。从操作层面上看，乱决策、暗箱操作、结果不公开等正是引发拆迁之乱的主要根源，新条例规定了此三项原则，有利于从源头上控制搬迁之乱。

1．决策民主原则

决策民主是指决策的形成必须经过民主程序，保障人民充分参与决策过程，听取人民群众的意见，体现和反映人民群众的意义和要求，代表他们的根本利益。要发挥集体智慧的作用，避免个人独断专行，使决策具有正确性和可行性的统一，以确保决策的质量。

房屋征收决定应当向社会公告，征求公众意见，并组织专家论证，举行听证。公告应当载明征收目的、征收范围、实施时间等事项。组织专家论证，选择的专家应当具有代表性、广泛性，并与建设项目没有利害关系。举行听证7日前公告听证的时间、地点。为了危旧房改造、文物保护、地方特色保护及传统文化保护需要征收房屋的，在作出房屋征收决定前，还应当提交同级人大审议。为了国防、防灾减灾、市政公用事业需要征收房屋的，可以不经过上述程序，由县级以上地方人民政府直接作出房屋征收决定，并同时收回国有土地使用权。

2．程序正当原则

法律通过把规则程序化可以使国家及其权利行使机关的行为合法化，从而有效地进行社会控制。在我国房屋征收中引入正当程序是非常必要的。首先，应当确立房屋征收程序中的正当程序观念；其次，在房屋征收立法中确立正当程序法律制度。最后，明确违反正当法律程序应当承担的责任。

我国房屋征收补偿的正当程序应当包括如下内容：

（1）预公告和公告；

（2）相关行政机关协助配合；

（3）征求公众和专家意见；

（4）征收部门组织对被征收房屋及相关国有土地使用权等财产损失进行评估；

（5）向被征收人送达评估报告并发出补偿价金的要约邀请，被征收人提出要约；

（6）被征收人对政府的征收提出质疑，可以申请行政复议，也可以提出行政诉讼，畅通监督救济渠道，监督纠正政府错误的征收决定；

（7）征收部门和被征收人在补偿数额上无法达成协议，征收部门申请政府作出补偿决定。为了不影响公共利益，房屋征收补偿部门可以先行给付补偿，然后由政府申请人民法院强制执行；

（8）达成协议后反悔的，征收部门向人民法院提起诉讼，将由法院按照"公平、合理、等价有偿"的原则进行判决；

（9）判决生效后，法院依法强制执行生效判决。

3．结果公开原则

作为依法行政的基本要求，补偿安置方案公开、评估结果公开、补偿安置结果公开是条例的重要内容，它可以打消许多被征收人的顾虑、防止暗箱操作、确保公平、赢得被征收人的支持。

在上海等地进行的公开试点，让动迁居民及直接利益相关人通过电脑触摸屏、公示专栏等，了解基地内所有动迁居民的货币补偿、安置房源、补偿费用等结果。根据试点的成功经验，在房屋征收中应公开以下三个方面内容：一是各种依据公开，包括被征收房屋的权证、建筑面积、评估价格、违章建筑认定、居住困难认定等；二是操作过程公开，包括被征收房屋权属、人口调查，建筑面积、居住困难认定的程序；价格评估、签约、补偿安置决定等环节；三是签约内容公开，包括货币补偿总额、安置房源（套数、地址、面积、价格）及其他补偿费用。政府必须在房屋征收方案中，增加实施依据公开、程序公开、结果公开的条款。同时，在被征收房屋所在地设立"房屋征收公开"专栏或建立公开查询系统，实时反映征收搬迁补偿安置动态。此外，为了确保房屋征收"阳光到底"和推广"征询制"等创新机制，必须对"房屋征收公开"建立有效监督机制。

4.2 国有土地上房屋征收决定

4.2.1 征收决定概述

市、县级人民政府确定的房屋征收部门（以下称房屋征收部门）组织实施本行政区域的房屋征收与补偿工作。市、县级人民政府有关部门应当依照本条例的规定和本级人民政府规定的职责分工，互相配合，保障房屋征收与补偿工作的顺利进行。一是征收补偿的工作主体为市、县级人民政府，将《拆迁条例》中赋予房屋拆迁管理部门的行政管理权上收到市、县级人民政府，为新条例第三条所确定的各项原则的实施提供了制度保障。同时，新条例在文字表述上更为规范，统一使用了"市、县级人民政府"的表述方法，而在《拆迁条例》中既使用了"县级以上人民政府"一词，又使用了"市、县人民政府"一词，以致在实践中，对区人民政府（县级）的主体资格及权限产生了较大争议。二是征收补偿的实施主体为房屋征收部门。由于各地的机构设置并不完全相同，承担的职责有较大差异，所以新条例授权市、县级人民政府自行确定承担该职责的部门。三是配合部门的职责。由于房屋征收与补偿涉及多个部门，只有这些部门紧密配合，才能保障征收补偿工作的顺利开展。（所涉及的部门：公安、规划、城管、国土资源、工商、税务等）

《条例》规定，为了保障国家安全、促进国民经济和社会发展等公共利益的需要，有下列情形之一，确需征收房屋的，由市、县级人民政府作出房屋征收决定：

（1）国防和外交的需要；

（2）由政府组织实施的能源、交通、水利等基础设施建设的需要；

（3）由政府组织实施的科技、教育、文化、卫生、体育、环境和资源保护、防灾减灾、文物保护、社会福利、市政公用等公共事业的需要；

（4）由政府组织实施的保障性安居工程建设的需要；

（5）由政府依照城乡规划法有关规定组织实施的对危房集中、基础设施落后等地段进行旧城区改建的需要；

（6）法律、行政法规规定的其他公共利益的需要。

4.2.2 作出征收决定的条件

征收房屋除符合公共利益的需要外，还应具备以下条件：

1. 符合国民经济和社会发展规划

国民经济和社会发展规划是全国或某一地区经济、社会发展的总体纲要，是具有战略意义的指导性文件。国民经济和社会发展规划统筹安排和指导全国或某一地区的社会、经济、文化建设工作。

房屋征收的直接目的是为了实施建设项目而取得土地使用权，房屋征收权在市、县级人民政府，该建设项目应当符合市、县区域及以上辖区区域的国民经济和社会发展五年规划。

2. 符合土地利用总体规划

土地利用总体规划是在一定区域内，根据国家社会经济可持续发展的要求和当地自然、经济、社会条件，对土地的开发、利用、治理、保护在空间上、时间上所作的总体安排和布局，是国家实行土地用途管制的基础。它是从全局的和长远的利益出发，以区域内全部土地为对象，对土地利用、开发、整治、保护等方面所作的统筹安排。

土地资源是稀有资源，通过土地利用总体规划，国家将土地资源在各产业部门进行合理配置，首先是在农业和非农业之间进行配置，其次在农业与非农业内部进行配置。

《土地管理法》明确规定：国家编制土地利用总体规划，规定土地用途，将土地分为农用地、建设用地和未利用地。严格限制农用地转为建设用地，控制建设用地总量，对耕地实行特殊保护。因此，使用土地的单位和个人必须严格按照土地利用总体规划确定的土地用途使用土地。土地利用总体规划属于宏观土地利用规划，是各级人民政府依法组织对辖区内全部土地的利用以及土地开发、整治、保护所作的综合部署和统筹安排。

根据我国行政区划，规划分为全国、省（自治区、直辖市）、市（地）、县（市）和乡（镇）五级，即五个层次。上下级规划必须紧密衔接，上一级规划是下级规划的依据，并指导下一级规划，下级规划是上级规划的基础和落实。

土地利用的总体规划的成果包括规划文件、规划图件及相应的附件。土地利用总体规划实行分级审批制度，征收房屋需要实现土地使用权流转，土地流转应当符合征收的市、县的土地利用总体规划。

3. 符合城乡规划

城乡规划是指研究城乡的未来发展、城乡的合理布局和综合安排城乡各项工程建设的综合部署，是一定时期内城乡发展的蓝图，是城乡管理的重要组成部分，是城乡建设和管理的依据，它和城乡建设、城乡运行成为城乡管理的"三驾马车"。

城乡规划的原则是正确处理城乡与国家、地区、其他城乡的关系，城乡建设与经济建设的关系，城乡建设的内部关系等。在城乡规划编制过程中，应遵循和坚持整合原则、经济原则、安全原则、美学原则和社会原则等。

4. 符合专项规划

专项规划是指国务院有关部门、设区的市级以上地方人民政府及其有关部门，对其组织编制的工业、农业、畜牧业、林业、能源、水利、交通、城市建设、旅游、教育、文化、自然资源开发的有关专项规划。房屋征收的建设项目必须符合专项规划。

5. 应当广泛征求社会公众意见

征收强调了公众参与。公众参与是指社会群众、社会组织、单位或个人作为主体，在其权利义务范围内有目的的社会行为。公众参与可以从三个方面表达：

（1）它是一个连续的双向交换意见的过程，以增进公众了解政府机构、单位集体和私人公司所负责调查和拟解决问题的做法与过程；

（2）将项目、征收方案、征收进度、征收政策制定及房屋评估中的有关情况随时完整地向公众通报；

（3）积极的征求全体有关公民对以下方面的意见和感觉：设计项目决策和资源利用，比选方案及管理对策的酝酿和形成，信息的交换和推进公众参与的各种手段与目标。

"公众参与"是一种有计划的行动，他通过政府部门和开发行动负责单位与公众之间双向交流，使公民们能参与决策过程并防止和化解公民和政府机构与开发单位之间、公民与公民之间的冲突。

6. 科学论证

做好建设项目，切实提高建设项目水平，说到底是一句话八个字，这就是"正确选项、科学论证"。正确选项与科学论证两者之间是相辅相成、相互促进。要正确选项，必须科学论证，科学论证为的是正确选项。正确选项是科学论证的根本出发点和落脚点。正确选项、科学论证的过程，就是全面搜集各方相关信息，系统而深入研究其相互联系及其相互影响，反复比较各种方案和预期效果，最后确定最佳方案的科学决策的过程。正确选项、科学论证，要求我们善于总结实践经验；要求我们加强调查研究，全面准确地掌握相关情况和信息，从而正确地分析和把握形势；要求我们在项目建设工作过程中认真贯彻和坚持民主决策和科学决策的原则。

征收之前必须进行真正的科学论证，反对"伪科学论证"。为了防止"科学论证"流于形式，甚至演变成为"伪科学论证"，应当建立责任追究制度，完善干部考核制度，建立论证司法审查制度。

4.2.3　征收决定合理合法性保障

的确需征收房屋的各项建设活动，应当符合国民经济和社会发展规划、土地利用总体规划、城乡规划和专项规划。保障性安居工程建设、旧城区改建，应当纳入市、县级国民经济和社会发展年度计划。制定国民经济和社会发展规划、土地利用总体规划、城乡规划和专项规划，应当广泛征求社会公众意见，经过科学论证。本规定旨在阐明征收与规划的关系及规划的制定方式。规划特别是城市详细规划不透明、朝令夕改是拆迁之乱的源头，要治拆迁之乱，当从规划之乱治起。政府及政府部门应将国民经济和社会发展规划、土地利用总体规划、城乡规划和专项规划等作为公开行政的重点领域，把公众参与、专家论证作为制定详细规划的必经程序。地方人大在审议相关规划时，也应严格审查，切实履行人大的监督职责。

房屋征收部门拟定征收补偿方案（方案内容包括：补偿单位、奖励与补助、安置房源、实施期限），应当报市、县级人民政府。市、县级人民政府应当组织有关部门对征收补偿方案进行论证并予以公布，征求公众意见。征求意见期限不得少于30日。以利于群众充分表达意见的机会，征求意见的形式，各地可因地制宜，采用座谈会等形式进行。市、县级人民政府应当将征求意见情况和根据公众意见修改的情况及时公布。因旧城区改建需要征收房屋，多数被征收人认为征收补偿方案不符合本条例规定的，市、县级人民政府应当组织由被征收人和公众代表参加的听证会，并根据听证会情况修改方案。关于征求意见的处理，包括两个方面：一是要公布征求意见的情况，二是要公布对公众意见采纳的情况。关于旧城改造应注意两个问题：一是如何理解多数人的概念，这里的多数人应理解为过半数以上的人，即简单多数。二是根据听证会情况修改后的方案是否要再次公布，如市、县级人民政府认为确有必要的，还可以再次公布征求意见。市、县级人民政府作出房屋征收决定前，应当按照有关规定进行社会稳定风险评估；房屋征收决定涉及被征收人数量较多的，应当经政府常务会议讨论决定。作出房屋征收决定前，征收补偿费用应当足额到位、专户存储、专款专用。

综上所述，房屋征收的决定程序及相关条件包括五个要件：

1）属于因公共利益需要而实施的项目；

2）符合各项规划；

3）经过公开征求意见（听证）的征收补偿方案；

4）有风险评估报告；

5）专户存储、专款专用、足额到位的补偿资金证明。

只有当征收项目同时具备上述五个条件时，才能进入审查决定程序，缺少其中任何一项的，均不得作出房屋征收决定。作出决定的方式有两种，一种行政机关负责人决定，二是集体讨论决定。但这里"被征收人数量较多"是一个难以把握的问题，可由市、县级人民政府根据实际情况确定，但应形成一种制度，不得临时调整。市、县级人民政府作出房屋征收决定后应当及时公告。公告应当载明征收补偿方案和行政复议、行政诉讼权利等事项。市、县级人民政府及房屋征收部门应当做好房屋征收与补偿的宣传、解释工作。房屋被依法征收的，国有土地使用权同时收回。

4.3 国有土地上房屋征收实施与监督

4.3.1 房屋征收实施

房屋征收部门可以委托房屋征收实施单位，承担房屋征收与补偿的具体工作。房屋征收实施单位不得以营利为目的。房屋征收部门对房屋征收实施单位在委托范围内实施的房屋征收与补偿行为负责监督，并对其行为后果承担法律责任。不以营利为目的单位除了国家机关外主要表现为事业单位及民办非企业法人，房屋征收实施单位究竟是属于事业单位还是民办非企业法人，抑或两者兼而有之，有待配套制度进一步明确。但可以确定的是，如果拆迁公司领取的是企业法人营业执照，是以营利为目的的单位，不符合新条例所规定的条件。可见房屋征收部门可以委托房屋征收实施单位承担具体工作，也可以自行承担征收补偿的具体工作。有关房屋征收实施单位行为后果的法律责任承担界定，若房屋征收实施单位在委托的范围内实施的行为，其法律责任的承担没有争议，若房屋征收实施单位超越委托范围实施的行为，按民法原理，其法律责任应由房屋征收实施单位承担。

4.3.2 房屋征收与补偿工作监督

上级人民政府应当加强对下级人民政府房屋征收与补偿工作的监督。国务院住房城乡建设主管部门和省、自治区、直辖市人民政府住房城乡建设主管部门应当会同同级财政、国土资源、发展改革等有关部门，加强对房屋征收与补偿实施工作的指导。由于市、县级人民政府既是征收补偿的主体，又是征收补偿活动的管理者，因此应当加大对其监督力度，行政机关内部的层级监督是最为有效措施之一，同时明确行业主管部门的指导职责，有利于条块结合，为市、县级人民政府正确履行征收补偿职责提供制度保障。任何组织和个人对违反本条例规定的行为，都有权向有关人民政府、房屋征收部门和其他有关部门举报。接到举报的有关人民政府、房屋征收部门和其他有关部门对举报应当及时核实、处理。监察机关应当加强对参与房屋征收与补偿工作的政府和有关部门或者单位及其工作人员的监察。由于房屋征收补偿事关群众的根本利益，必须加强社会监督和专门行政监督。对群众的匿名举报，行政机关也应当及时核实、处理。行政监察的对象为参与房屋征收补偿的政府机关、部门及相关单位，即房屋征收实施单位及其工作人员也是行政监察的对象。

4.4　国有土地上房屋征收补偿

4.4.1　补偿安置方式

政府征收导致被征收人损失，根据损益相补原则，政府应当对这些损失进行补偿。被征收人可以选择货币补偿，也可以选择房屋产权调换。被征收人选择房屋产权调换的，市、县级人民政府应当提供用于产权调换的房屋，并与被征收人计算、结清被征收房屋价值与用于产权调换房屋价值的差价。因旧城区改建征收个人住宅，被征收人选择在改建地段进行房屋产权调换的，作出房屋征收决定的市、县级人民政府应当提供改建地段或者就近地段的房屋。

4.4.2　补偿的项目

根据《条例》《物权法》《中华人民共和国民法通则》的规定，作出房屋征收决定的市、县级人民政府对被征收人给予的补偿内容有以下几种。

1．被征收房屋价值的补偿

对被征收房屋价值的补偿，不得低于房屋征收决定公告之日被征收房屋类似房地产的市场价格。

被征收房屋的价值，是具有相应资质的房地产价格评估机构按照房屋征收评估办法评估确定。被征收人可以协商选定评估机构。《条例》第二十条第一款规定："房地产价格评估机构由被征收人协商选定；协商不成的，通过多数决定、随机选定等方式确定，具体办法由省、自治区、直辖市制定。"对评估确定的被征收房屋价值有异议的，可以向房地产价格评估机构申请复核评估。对复核结果有异议的，可以向房地产价格评估专家委员会申请鉴定。

2．因征收房屋造成的搬迁、临时安置的补偿

因征收房屋造成搬迁的，房屋征收部门应当向被征收人支付搬迁费；选择房屋产权调换的，产权调换房屋交付前，房屋征收部门应当向征收人支付临时安置费或者提供周转用房。

3．因征收房屋造成的停产停业损失的补偿

对因征收房屋造成停产停业损失的补偿，根据房屋被征收前的效益、停产停业期限等因素决定。具体办法由省、自治区、直辖市制定。

4.4.3　补偿协议

房屋征收部门与被征收人依照《条例》的规定，就补偿方式、补偿金额和支付期限、用于产权调换房屋的地点和面积、搬迁费、临时安置费或者周转用房、停产停业损失、搬迁期限、过渡方式和过渡期限等事项，订立补偿协议。补偿协议订立后，一方当事人不履行补偿协议约定的义务的，另一方当事人可以依法提起诉讼。

4.4.4　搬迁

1．先补偿、后搬迁

《城市房屋拆迁管理条例》没有规定补偿的先后顺序，拆迁中先斩后奏的事情时有发生，被拆迁人往往处于弱势地位。《国有土地上房屋征收与补偿条例》规定实施房屋征收应当先补偿、后搬迁，被征收人将增加谈判筹码和选择余地。

在现实中，达不成协议进行补偿决定的，被征收人拒绝接受补偿及安置的，征收部门可以将补偿金提存，可以留好安置房。作出房屋征收决定的市、县级人民政府对被征收人给予补偿后，被征收人应当在补偿协议约定或者补偿决定确定的搬迁期限内完成搬迁。

《条例》取消了行政强拆，除法院可以依法进行强拆外，任何单位和个人不得采取暴力、威胁或者违反规定中断供水、供热、供气、供电和道路通行等方式迫使被征收人搬迁，禁止建设单位参与搬迁活动。通过上述行为对人身实施侵害，构成故意伤害罪或者故意杀人罪；造成房屋被拆除的，构成故意毁坏财物罪。

2．强制执行

市、县人民政府作出的征收补偿决定包含两项基本内容：一是补偿多少钱，二是什么时间搬迁。当被征收人在三个月内既没有申请行政复议，又没有提起行政诉讼，也没有主动搬迁的，该补偿决定已经"稳定"，即发生法律效力。

作出房屋征收决定的市、县级人民政府应当在具体行政行为确定的履行义务届满之日起180天内，依法向被征收房屋所在地的基层人民法院申请强制执行。

法院受理后，及时向被执行人发出强制执行通知书，被执行人拒不执行的，法院应当在30日内作出是否准予执行裁定书，被执行人在准予执行裁定书送达后15天内没有搬迁的，人民法院强制执行。

关于申请司法行政强制执行，与《拆迁条例》亦有重大变化，其体现在三个方面：一是申请的时点变化。《拆迁条例》中想法院申请强制拆迁的时点是当事人在裁决规定的搬迁期限内未搬迁的，即可申请。而新条例明确为在补偿决定规定的期限不搬迁，且在法定期限内不申请行政复议或者不提起行政诉讼的，方可申请强制执行，即在补偿决定生效三个月后方可申请强制执行。若被征收人申请行政复议或（并）提起行政诉讼的，则应在复议诉讼程序终结后，方可申请强制执行，此时点通常是在补偿决定生效半年后。二是申请人的主体发生了变化，有房屋拆迁管理部门提升为市、县级人民政府。三是明确了申请强制执行的相关材料。新条例明确了强制执行申请书应当附具补偿金额和专户存储账号、产权调换房屋和周转用房的地点和面积等材料。

3．补偿结果的公开和审计监督

《条例》规定，房屋征收部门应当依法建立房屋征收补偿档案，并将分户补偿情况在房屋征收范围内向被征收人公布。旨在解决征收补偿过程中通过公开解决公平、廉政问题。向具有利害关系的被征收人公开，形成知情人监督、当事人监督和社会监督的有效监督体系，消除被征收人的疑虑，增强公信力，促进征收工作良性运行。

在征收补偿之后，审计机关介入进行事后审计，形成专业人士监督的监督机制，重点加强对征收补偿费用管理和使用情况的审计监督，并将审计结果向被征收人公布。

4.5 房屋所有者面对征收的合法应对

4.5.1 征收决定阶段

房屋所有者维护自身合法权益必须尊重法律法规，应当明确以下几条：

（1）房屋征收的主体是否合法。《条例》第四条规定，市、县级人民政府负责本行政区域的房屋征收与补偿工作；由其确定的房屋征收部门组织实施本行政区域的房屋征收与补偿工作；其他政府有关部门配合完成这些工作。其第五条进一步规定，房屋征收实施单位可以受委托承担其中的具体工作，但不承担其中的责任。也就是说，能担责的通常是两类主体：房屋征收部门（住建局、征收管理办公室等）和市县级政府。实践中，"协议拆迁"在一些地方大行其道，其突出特点就是整个程序都由村委会或者某开发公司牵头实施、负责，这是没有任何法律依据的。对于这种主体不适格的情形，广大被征收人有权拒绝与其协商、签约，并及时采取法律手段进行维权。

（2）房屋征收范围确定。根据《条例》第十六条之规定，确定征收范围的公告将叫停实施新建、扩建、改建和改变房屋用途、迁户分户等不当增加补偿费用的行为，暂停期限最长不得超过1年。这一步骤通常是被征收人所能见到的第一份公告。此时要着重了解自己房屋的所在位置，弄清是否在房屋征收范围之内，避免被浑水摸鱼。

（3）征收的"决定前程序"是否严丝合缝、不打折扣。这些程序包括但不限于："四规划一计划"（第九条）；"拟定征收补偿方案并征求公众意见"（第十条）；"旧城区改建（含棚户区改造、危旧房改造、城中村整治等）类项目的听证程序"（第十一条）；"社会稳定风险评估"（第十二条第一款）；"征收补偿费用足额到位"（第十二条第二款），这些步骤没有不行，广大被征收人可以通过申请政府信息公开的途径来逐一获取相关文件，同时积极参与意见征询及听证程序，及时表达自己对补偿安置的合理诉求。而一旦被征收人不了解程序，这些步骤就会"过了这个村没这个店"，对被征收人的维权当然是不利的。

（4）征收调查登记重点看面积和用途。房屋征收部门应当对房屋征收范围内房屋的权属、区位、用途、建筑面积等情况组织调查登记，被征收人应当予以配合。调查结果应当在房屋征收范围内向被征收人公布。这些调查结果无疑将直接影响到被征收房屋的补偿，故被征收人需要特别重视。这里要注意：①要让征收部门人员进门，而不能闭门不见或干脆躲出去。消极逃避不会妨碍征收方向前推进征收程序，反而会直接导致自己的补偿权益减损；②是要提供真实的面积、用途证明材料，不可故意作假，更不可在征收方上门人员的诱导下搞什么"心照不宣"，否则可能面临承担沉重的刑事法律责任；③要重点关注房屋面积和用途这两个问题。前者的重要性不必多言，后者则直接关系到涉案房屋是按营业性用房补偿还是按普通住宅补偿，这两者间的差异是不小的。如果被征收人对调查的结论有异议，可以在此环节直接通过法律程序进行反对。越往后拖延，改变这一阶段结论的可能性就会越小。

4.5.2　补偿阶段

在征收补偿阶段，房屋所有者应注意：

（1）早搬早签奖励金慎重拿。根据《条例》第十七条和实践中的情况，奖励金几乎已经成为了城市房屋征收项目中的必经程序，你不可能遇不到它。尤其是在一些棚户区改造类的特殊项目中，奖励金在预签约阶段是极其吸引眼球和谈资的事情。前提是补偿安置公平、合理。离开了这一前提，奖励金就成了无本之木，完全丧失了其对被征收人的奖励意义，只剩下了"奖励"征收方早日完成搬迁任务的价值了。选择拿奖金之前，要算清总账，究竟有没有因小失大。

（2）集中精力关注评估环节。《条例》第十九、二十条是规定房屋价值评估环节的，这是确定被征收房屋补偿数额的重要依据。被征收人须注意以下4件事：

1）是否参与了评估机构的选择，无论是协商确定还是抽签摇号，总之是要参与；

2）是否见到了上门评估的评估机构人员，如果没见到那么评估环节肯定不合法；

3）评估报告是否进行了合法有效的送达，内容是否大致合法。如果存在估价师签字造假、评估报告只有几页纸等情形，违法几乎板上钉钉；

4）如果对评估结果不满，是否及时行使了申请复核评估、申请专家委员会鉴定、针对违法评估行为申请查处等救济权利。如果被征收人在穷尽上述途径后仍对评估报告有异议，则可以考虑自行委托一家资历较深的评估机构对涉案房屋进行重新评估，进而将新的评估报告作为证据提交到起诉征收补偿决定的法庭上去。当然，自行委托评估是要付出较大成本的，实践中通常需要3万元以上。

（3）选择好补偿安置方式。《条例》第二十一条赋予了被征收人自主选择补偿安置方式的权利，即要么选择要房，要么选择拿钱。这二者各有各的优势，也各有各的弊端和风险，以往我们分析过很多，这里不再赘述。需要强调的就是旧城区改建类项目，被征收人有权选择在改建地段进行房屋产权调换，征收方必须予以满足。这是维护所有人权利的关键。

（4）补偿协议审慎签订。《条例》第二十五条规定了征收补偿协议的法定内容和履行时的救济渠道。广大被征收人需要明晰一点：补偿协议是对双方具有法律约束力的行政协议，同时兼具民事合同的很多特性，故一旦把自己的名字签上去了，想反悔是极为困难的。实践中，被征收人往往在签约这一"动作"上过于随意，在没有看清、理解透摆在面前的协议文本的情况下就贸然签字画押，甚至去签一些所谓的"空白协议"。协议就分两种情况：签了和没签。签了就意味着补偿工作结束。

（5）征收补偿决定是维权的最后机会。《条例》第二十六条、第二十八条的规定反映了征收补偿决定"一锤定音"的重大意义。一旦被征收人不同意签约，征收方作出征收补偿决定，被征收者必须收集有利证据并在6个月内对补偿决定提起诉讼，否则就面临强制执行。

（6）注意"违建不补"，要把证明自己房屋合法的手续、证件保管好，随时备用备查。

法律依据及相关知识链接

1. 中华人民共和国宪法
2. 中华人民共和国土地管理法
3. 中华人民共和国物权法
4. 国有土地上房屋征收与补偿条例
5. 城市房屋拆迁管理条例（现已废止）
6. 全国人民代表大会常务委员会关于修改《中华人民共和国城市房地产管理法》的决定

案例分析与解答

【案情】

2017年3月，某市小学因改扩建，市政府作出房屋征收决定，需要拆迁周边的居民楼。征收双方签订了补偿协议。在拿到补偿款后，被拆迁户甲某在法定期限内既不申请行政复议又不提起行政诉讼，在补偿决定规定的期限内也不搬迁。

【问题】

1. 因某市小学改扩建，市政府可否作出房屋征收决定？
2. 学校可否进行拆迁？
3. 市政府可否自行进行强制拆迁？

【参考答案】

1. 根据《国有土地上房屋征收与补偿条例》的规定，由政府组织实施的科技、教育、文化、卫生、体育、环境和资源保护、防灾减灾、文物保护、社会福利、市政公用等公共事业的需要确需征收房屋的，由市、县级人民政府作出房屋征收决定。某市小学改扩建属于因公共利益而实施的项目，市政府作出房屋征收决定并没有不妥。

2. 学校不可出面进行拆迁。依据《国有土地上房屋征收与补偿条例》的规定，禁止建设单位参与搬迁活动。房屋征收当事人只有政府和被征收房屋所有权人两方。比起被废止的《城市房屋拆迁管理条例》而言，这样的规定有助于化解长期以来因建设单位作为拆迁主题所引发的各种社会矛盾，有助于社会稳定。

3. 市政府不可自行强制拆迁。本案中遵循了先补偿后拆迁的原则。依据《国有土地上房地征收与补偿条例》的规定，作出房屋征收决定的市、县级人民政府对被征收人给予补偿后，被征收人应当在补偿协议约定或者补偿决定确定的搬迁期限内完成搬迁。尽管本案中被拆迁户甲某属于无理取闹的"钉子户"，市政府也不可自行强拆。依据《国有土地上房屋征收与补偿条例》的规定，被征收人在法定期限内不申请行政复议或者不提起行政诉讼，在补偿决定规定的期限内又不搬迁的，由作出房屋征收决定的市、县级人民政府依法申请人民法院强制执行。

练习与思考

单项选择题

1. 国有土地上房屋的征收当事人不包括（　　）。
   A. 被征收房屋所有人　　　　　　B. 房屋承租人
   C. 开发商　　　　　　　　　　　D. B和C

2. 征收国有土地上房屋的步骤不包括（　　）。
   A. 申请拆迁许可证　　　　　　　B. 征收决定
   C. 补偿　　　　　　　　　　　　D. 搬迁

3. 征收国有土地房屋的补偿对象是被拆除房屋的（　　）。
   A. 承租人　　　　　　　　　　　B. 使用人
   C. 所有人　　　　　　　　　　　D. 抵押权人

4. 在我国现行法律制度下，对征收国有土地上房屋的补偿形式（　　）。
   A. 一概实行货币补偿　　　　　　B. 当事人可以选择
   C. 当事人原则上不可以选择　　　D. 主要实行产权置换

多项选择题

1. 房屋征收与补偿应遵循（　　）的原则。
   A. 决策民主　　　　　　　　　　B. 独立自主
   C. 程序正当　　　　　　　　　　D. 结果公开
   E. 有偿分配

2. 作出房屋征收决定的市、县级人民政府对被征收人给予的补偿内容有（　　）
   A. 被征收房屋价值的补偿
   B. 因征收房屋造成的停产停业损失的补偿
   C. 因征收房屋造成的搬迁、临时安置的补偿
   D. 被征收土地价值的补偿
   E. 被征收人的精神补偿

3. 下列情况中，市、县级人民政府可以作出房屋征收决定的有（　　）

A. 国防和外交的需要

B. 由政府组织实施的能源、交通、水利等基础设施建设的需要

C. 由政府组织实施的科技、教育、文化、卫生、体育、环境和资源保护、防灾减灾、文物保护、社会福利、市政公用等公共事业的需要

D. 由政府组织实施的保障性安居工程建设的需要

E. 由政府依照城乡规划法有关规定组织实施的对危房集中、基础设施落后等地段进行旧城区改建的需要

是非题

1. 国有土地上房屋征收与补偿是指由于公共利益的需要，房屋征收部门征收国有土地上单位、个人的房屋，不必对被征收人给予公平补偿的行为。（   ）

2.《国有土地上房屋征收与补偿条例》规定实施房屋征收应当先搬迁、后补偿。（   ）

3. 补偿协议订立后，一方当事人不履行补偿协议约定的义务的，另一方当事人可以依法提起诉讼。（   ）

简答题

1. 什么是国有土地上房屋征收与补偿？

2. 国有土地上房屋征收与补偿有哪些原则？

3. 征收房屋除符合公共利益的需要外，还应具备哪些条件？

房地产项目建设制度 5

【学习目标】

　　1. 掌握工程报建的范围和施工许可证申领的条件；工程建设招标投标的概念，招标投标的程序。

　　2. 熟悉工程建设招标投标的原则与管理；工程建设监理的主要内容。

　　3. 了解从事建筑活动的企业或单位应符合的条件；建筑安全生产的方针；建筑工程质量监督管理制度的几项具体规定。

　　房地产业与建筑业既有区别又有联系。房地产业兼有生产（开发）、经营、服务和管理等多种性质，属于第三产业；建筑业属于制造业，它生产的产品就是建筑物，属于第二产业。这两个产业又有着非常密切的关系，因为它们的业务对象都是房地产，房地产业中的房产建设是由建筑业来完成的。显而易见，建筑业和房地产业有着一种相互依存的关系。根据《中华人民共和国建筑法》（以下简称《建筑法》）第二条的规定，建筑活动是指各类房屋建筑及其附属设施的建造和与其配套的线路、管道、设备的安装活动。房地产开发项目一般包括勘察设计、建筑工程发包与承包、项目报建、建筑施工与安装、竣工验收等阶段。涉及建设单位、勘察设计单位、施工单位、建设监理单位、建材和设备供应等单位；涉及建筑安全生产、建筑工程质量等重大问题。由于本教材的篇幅限制，只能简要介绍工程报建与施工许可、工程建设招标投标、工程建设监理、建筑安全生产与工程质量管理等相关内容。

5.1　工程报建与施工许可

　　在计划经济条件下，国家对基本建设的管理，主要是依靠政府计划和行政命令。在市场经济条件下，行业的规范发展，主要依赖于行业自律、行政监管及行政许可等手段。

　　国家为了控制和规范竞争，必须加强调控，建筑许可制度就是政府对建筑市场实施宏观管理的一个重要组成部分。建筑工程许可制度是市场经济的产物。它的实施既有利于规范建筑市场，维护社会经济秩序，保证建筑工程质量和生产的安全；也有利于保护建设法律关系当事人依法从事相关建筑活动的合法权益。

5.1.1　工程报建与施工许可的基本概念

1. 工程报建

　　工程报建制度是指建设单位工程建设项目通过立项、可行性研究、项目评估等前期筹备工作后，向建设行政主管部门报告前期工作结束，申请转入工程建设实施阶段，建设行政主管部门依法进行审查，对符合发包条件的，准许其进行发包的制度。

（1）报建的范围。凡在我国境内投资兴建的房地产开发项目，包括外国投资、合资、合作的工程项目，都必须实行报建制度，接受当地建设行政主管部门或其授权的机构的监督管理。凡未报建的工程建设项目，不得办理招标投标手续和发放施工许可证，设计、施工单位不得承接该项工程的设计和施工任务。

（2）报建的时间。建筑工程报建应当在工程建设项目的可行性研究报告或其他立项文件批准后、建筑工程发包前进行。由建设单位或其代理机构，向工程所在地建设行政主管部门或其授权的机构进行报建。

（3）报建的内容。建筑工程项目报建的内容主要有：工程名称、建设地点、投资规模、资金来源、当年投资额、工程规模、开工和竣工日期、发包方式及筹建情况等。

（4）报建的程序。①开发项目立项批准列入年度投资计划后，须向当地建设行政主管部门或其授权机构进行报建，交验工程项目立项的批准文件，领取《工程建设项目报建表》；②报建单位如实、认真填写《工程建设项目报建表》后，向建设行政主管部门或其授权机构报送《工程建设项目报建表》；③报建单位按要求进行招标准备。

2．施工许可

施工许可是指建设行政主管部门或其他行政主管部门根据建设单位和从事建筑活动的单位、个人的申请，依法准许公民、法人和其他组织从事建筑活动的具体行政行为。

施工许可包括三种法律制度：施工许可证制度，从事建筑活动单位资质管理制度，从事建筑活动个人资格管理制度。建筑许可是国家对工程建设行为予以认可的法律规定，也是世界各国普遍采用的法律制度。

（1）施工许可证的申领范围

根据《建筑工程施工许可管理办法》规定：凡在中华人民共和国境内从事各类房屋建筑及其附属设施的建造、装修装饰和与其配套的线路、管道、设备的安装，以及城镇市政基础设施工程的施工，建设单位在开工前应当依照本办法的规定，向工程所在地的县级以上人民政府建设行政主管部门（以下简称发证机关）申请领取施工许可证。

其中工程投资额在30万元以下或者建筑面积在300m²以下的建筑工程，可以不申请办理施工许可证。省、自治区、直辖市人民政府建设行政主管部门可以根据当地的实际情况，对限额进行调整，并报国务院建设行政主管部门备案。按照国务院规定的权限和程序批准开工报告的建筑工程，不再领取施工许可证。

依照法律、法规规定必须申请领取施工许可证的建筑工程未取得施工许可证的，一律不得开工。

任何单位和个人不得将应该申请领取施工许可证的工程项目分解为若干限额以下的工程项目，规避申请领取施工许可证。

（2）施工许可证的申领条件

根据规定，建设单位申请领取施工许可证，应当具备下列条件，并提交相应的证明文件：

1）已经办理建筑工程用地批准手续，即获得有效的建设用地使用权证书；

2）在规划区进行建设的建筑工程，已经取得建设工程规划许可证和建设工程用地规划许可证；

3）需要拆迁的，其拆迁进度要符合施工要求；

4）已经确定建筑施工企业；

5）有满足工程施工需要的施工图纸及技术资料，且施工图设计文件已经按照规定通过审查；

6）有保证工程质量和安全的具体措施；

7）建设资金已经落实；

8）按照规定应该委托工程监理的建设工程已委托工程监理；

9）法律、法规规定的其他条件。

建设工期不足一年的，到位资金原则上不得少于工程合同价的50%，建设工期超过一年的，到位资金原则上不得少于工程合同价的30%。建设单位应当提供银行出具的到位资金证明，有条件的可以实行银行付款保函或者其他第三方担保。

（3）施工许可证的管理。申请办理施工许可证，应当按照下列程序进行。

1）建设单位向发证机关领取《建筑工程施工许可证申请表》。

2）建设单位持加盖单位及法定代表人印鉴的《建筑工程施工许可证申请表》，并附相关证明文件，向发证机关提出申请。

3）发证机关在收到建设单位报送的《建筑工程施工许可证申请表》和所附证明文件后，对于符合条件的，应当自收到申请之日起15日内颁发施工许可证；对于证明文件不齐全或者失效的，应当限期要求建设单位补正，审批时间可以自证明文件补正齐全后做相应顺延；对于不符合条件的，应当自收到申请之日起15日内书面通知建设单位，并说明理由。

建筑工程在施工过程中，建设单位或者施工单位发生变更的，应当重新申请领取施工许可证。

4）建设单位申请领取施工许可证的工程名称、地点、规模，应当与依法签订的施工承包合同一致。施工许可证应当放置在施工现场备查。

5）建设单位应当自领取建设施工许可证之日起3个月内开工。领证之日为建设行政主管部门签发交付建设单位建设工程施工许可证之日。建设单位因故不能按期开工的，可以向发证机关申请延期。申请延期的时间应是领取施工许可证规定的开工时限到期之前。申请延期的理由，应是指不可抗力或难以补救的现象。如自然灾害、场地建设未按期完工、建筑材料、构件以及必要的施工设备等未按原计划进厂等情况出现时，建设单位可以申请延期开工。延期申请以2次为限，每次不得超过3个月。既不开工又不申请延期或者超过延期次数的许可证自行作废。

5.1.2　从业单位资质许可

1．从业单位的条件

根据《建筑法》规定，从事建筑活动的建筑施工企业、勘察单位、设计单位和工程监理单位应符合以下4个方面的条件。

（1）有符合国家规定的注册资本。注册资本是判断企业经济实力和责任能力的主要依据，它对建筑活动中债权人的利益有重要的保障作用。建筑施工企业、勘察单位、设计单位和工程监理单位的注册资本根据相关法律、法规的规定，必须与其所从事的建筑活动相适应。

（2）有与其从事的建筑活动相适应的具有法定执业资格的专业技术人员。建筑活动具有很强的专业性和技术性。因此，从事建筑活动的建筑施工企业、勘察单位、设计单位和工程监理单位必须有足够的、具有法定执业资格的专业技术人员（如经济、会计、统计等管理技术人员，建筑师、工程师等专业技术人员）。

（3）有从事相关建筑活动所应有的技术装备。建筑活动的专业性和技术性，决定了从事建筑活动的单位如果没有相应的技术装备，就无法进行建筑活动。因此，从事建筑活动的建筑施工企业、勘察单位、设计单位和工程监理单位必须有从事建筑活动所应具有的技术装备。

（4）法律、行政法规规定的其他条件。建筑施工企业、勘察单位、设计单位和工程监理单位从事建筑活动除了以上3个方面的条件外，根据《中华人民共和国公司法》的规定，还必须具备从事经营活动所应具备的其他条件。

2．从业单位的资质

从业单位资质制度是指建设行政主管部门对从事建筑活动的建筑施工企业、勘察单位、设计单位和工程监理单位拥有的注册资本、专业技术人员、技术装备和已完成的建筑工程业绩、管理水平等进行审查，以此确定其承担业务的范围，发给相应的资质证书，并允许其在资质等级许可的范围内从事建筑活动的一种制度。企业资质主要是为了界定、查验、衡量企业具备或拥有的人力、物力和财力情况，它是企业实力和规模的标志。

（1）建筑施工企业的资质管理

建筑施工企业资质分为施工总承包、专业承包和劳务分包3个序列。

获得施工总承包资质的企业，可以对工程实行施工总承包或者对主体工程实行施工承包。承担施工总承包的企业可以对所承接的工程全部自行施工，也可以将非主体工程或者劳务作业分包给具有相应专业承包资质或者劳务分包资质的其他建筑业企业。

获得专业承包资质的企业，可以承接施工总承包企业分包的专业工程或者建设单位按照规定发包的专业工程。专业承包企业可以对所承接的工程全部自行施工，也可以将劳务作业分包给具有相应劳务分包资质的劳务分包企业。

获得劳务分包资质的企业，可以承接施工总承包企业或者专业承包企业分包的劳务作业。

施工总承包资质、专业承包资质、劳务分包资质序列按照工程性质和技术特点分别划分为若干资质类别。各资质类别按照规定的条件又划分为若干等级。

（2）勘察、设计单位的资质规定

建设工程勘察、设计资质分为工程勘察资质、工程设计资质。工程勘察资质分为工程勘察综合资质、工程勘察专业资质、工程勘察劳务资质。工程勘察综合资质只设甲级；工程勘察专业资质根据工程性质和技术特点设立类别和级别，原则上设甲、乙两个级别；工程勘察劳务资质不分级别。取得工程勘察综合资质的企业，承接工程勘察业务范围不受限制；取得工程勘察专业资质的企业，可以承接同级别相应专业的工程勘察业务；取得工程勘察劳务资质的企业，可以承接岩土工程治理、工程钻探、凿井工程勘察劳务工作。

工程设计资质分为工程设计综合资质、工程设计行业资质、工程设计专项资质。工程设计综合资质只设甲级，工程设计行业资质设甲、乙、丙3个级别，工程设计专项资质根据工程性质和技术特点设立类别和级别。取得工程设计综合资质的企业，其承接工程设计业务范围不受限制；取得工程设计行业资质的企业，可以承接同级别相应行业的工程设计业务；取得工程设计专项资质的企业，可以承接同级别相应的专项工程设计业务。取得工程设计行业资质的企业，可以承接本行业范围内同级别的相应专项工程设计业务，不需再单独领取工程设计专项资质。

5.1.3　从业人员执业资格许可

从业人员执业资格审查制度是指具有一定专业学历、资历的从事建筑活动的专业技术人员，通过国家相关考试和注册确定其执业的技术资格，获得相应的建筑工程文件签字权的一种制度。从事建筑活动的专业技术人员，应当依法取得相应的执业资格证书，并在执业资格证书许可的范围内从事建筑活动。目前，我国建筑领域的专业技术人员执业资格制度主要有以下6种类型：注册建筑师、注册监理工程师、注册结构工程师、注册城市规划师、注册造价工程师和注册建造师。下面我们将主要介绍注册建筑师、注册结构工程师和注册建造师。

1．注册建筑师

注册建筑师是指依法取得注册建筑师证书，并从事房屋建筑设计及相关业务的专业技术人员。我国注册建筑师分为一级注册建筑师和二级注册建筑师。

注册建筑师的执业范围包括建筑设计、建筑设计技术咨询、建筑物调查与鉴定、对本人主持设计的项目进行指导和监督、国务院建设行政主管部门规定的其他业务。

注册建筑师在取得合法的执业资格证书之后，依法享有一定的权利和承担一定的义务，并负有相应的责任。其享有的权利有几个方面：①有权以注册建筑师的名义执行注册建筑师业务，二级注册建筑师不得以一级注册建筑师的名义执行业务，也不得超越国家规定的二级注册建筑师的执业范围执行业务；②注册建筑师对国家规定的一定跨度、跨径和高度以上的房屋建筑主持设计时，要在设计文件上签字；③任何单位和个人未征得注册建筑师的同意，不得修改注册建筑师的设计图纸，但因特殊情况不能征得该注册建筑师同意的除外。其承担的义务有几个方面：①遵守法律法规和职业道德，维护社会公共利益，保证建筑设计的质量，并在其负责设计的图纸上签字；②保守在执业中知悉的单位和个人的秘密；③不得同时受聘于两个以上的建筑工程设计单位执行业务；④不能准许他人以本人名义执行业务。

2．注册结构工程师

注册结构工程师是指取得注册结构工程师执业资格证书，并从事房屋结构、桥梁结构及塔架结构等工程设计及相关业务的专业技术人员。我国注册结构工程师分为一级注册结构工程师和二级注册结构工程师。

注册结构工程师的执业范围主要包括：①结构工程设计；②结构工程设计技术咨询；③建筑物、构筑物、工程设施等调查和鉴定；④对本人主持设计的项目进行施工指导和监督；⑤住建部和国务院有关部门规定的其他业务。

注册结构工程师执业的法律责任：注册结构工程师在从业中因结构设计质量造成的经济损失，由与设计人员有隶属关系的勘察设计单位承担赔偿责任，勘察设计单位有权向造成经济赔偿的结构设计签字的注册结构工程师实行追偿。

注册结构工程师考试实行全国统一大纲、统一命题、统一组织的方法，原则上每年举行一次考试。

3．注册建造师

注册建造师是指通过考核认定或考试合格取得中华人民共和国建造师资格证书，并按照有关规定注册取得中华人民共和国建造师注册证书和执业印章，担任施工单位项目负责人及从事相关活动的专业技术人员。我国的建造师分为一级建造师和二级建造师。

建造师是以专业技术为依托、以工程项目管理为主业的执业注册人员，近期以施工管理为主。建造师是懂管理、懂技术、懂经济、懂法规，综合素质较高的复合型人员，既要有理论水平，也要有丰富的实践经验和较强的组织能力。建造师注册受聘后，可以建造师的名义担任建设工程项目施工的项目经理、从事其他施工活动的管理、从事法律、行政法规或国务院建设行政主管部门规定的其他业务。

一级建造师执业资格实行全国统一大纲、统一命题、统一组织的考试制度，由人力资源和社会保障部、住建部共同组织实施，原则上每年举行一次考试。

5.2 工程建设招标投标与工程建设监理

5.2.1 工程建设招标投标

为了规范招标投标活动，保护国家利益、社会公众利益和招标投标的活动当事人的合法权益，提高经济效益，保证项目质量，第九届全国人民代表大会常务委员会第十一次会议于1999年8月30日通过了《中华人民共和国招标投标法》。

1．工程建设招标投标的概念

我国法律规定，建筑工程发包与承包有两种方式：招标投标和直接发包。

工程招标是指招标人用招标文件将委托的工作内容和要求告之有意参与竞争的投标人，让他们按规定条件提出实施计划和价格，然后通过评审、比较，选出信誉可靠、技术能力强、管理水平高、报价合理的单位，以合同形式委托其完成工程。

工程投标是指各投标人依据自身能力和管理水平，按照招标文件规定的统一要求递交投标文件，争取获得实施资格。

建筑工程直接发包是发包方与承包方直接进行协商，约定工程建设的价格、工期和其他条件的交易方式。

2．工程建设招标投标的原则

（1）公开原则。所谓公开，一是指工程建设项目的信息公开，让尽可能多的潜在投标者了解招标项目信息；二是指有关项目合格投标者的标准以及项目投标文件评估的优劣标准公开，以便潜在投标人对是否参加以及如何编制投标文件有充分的估计（包括投标风险的估计），同时也有利于明智的招标人组织投标文件的评估；三是指有关评标的方法应公开，避免"暗箱"操作。

（2）公平原则。所谓公平，一是指与招标投标有关的信息对所有潜在投标人应来源一致并同时共同享有；二是指潜在投标人在资格符合国家规定的条件时，只要资格评估符合项目要求，那么评标标准和方法应该相同，不应制订针对部分潜在投标人的标准和方法。但要注意在招标投标活动中，平均主义并不是公平的主要体现。

（3）公正原则。所谓公正，一是指招标人应当正直，没有偏私；二是指评标的方法应符合国家的政策并与已公布的方法一致；三是指评标的结果符合社会公平准则，符合法律与社会道德标准；四是指招标人组织的评标委员会专家应符合相应的职业标准，同时应有良好的职业道德。

（4）诚实信用原则。诚实信用是招标投标制生存的基础。所谓诚实信用，一是指招标人应向所有潜在投标人告知与项目招标投标有关的信息，建立双方诚实的基础；二是指在任何情况下，招标人与投标人之间是处于平等的民事地位，无论在行使权力或是在履行义务时，都应当出于善意和忠实；三是招标人在招标过程中不应当违背招标文件的有关承诺，同时投标人也不应违背投标文件的有关承诺；四是招标人与投标人均不应在评标过程或投标文件中有不利于其他投标人的行为。

3．工程建设招标投标的管理

（1）招标投标的范围

法律明确规定在中华人民共和国境内必须进行招标采购的项目包括项目的勘察、设计、施工和监理以及与工程建设项目有关的重要设备、材料等的采购。这里讲的"工程建设项目"，是指各类土木工程的建设项目，既包括各类房屋建筑工程项目，也包括铁路、公路、机场、港口、矿井、水库、通信线路等专业工程。

任何单位和个人不得将依法必须进行招标的项目化整为零或者以其他任何方式规避招标。

《招标投标法》规定必须进行招标的项目有以下几种：

1）大型基础设施、公用事业等关系社会公共利益、公众安全的项目；

2）全部或者部分使用国有资金投资或者国家融资的项目；

3）使用国际组织或者外国政府贷款、援助资金的项目。

（2）对工程建设招标的管理

一次完整的招标投标活动，包括招标、投标、开标、评标和中标等许多环节。

1）招标条件

根据规定，依法必须招标的工程建设项目，应当具备下列条件才能进行施工招标：

①招标人已经依法成立；

②初步设计及概算应当履行审批手续的，已经批准；

③招标范围、招标方式和招标组织形式等应当履行核准手续的，已经核准；

④有相应资金或资金来源已经落实；

⑤有招标所需的设计图纸及技术资料。另外还应该注意审批手续与落实资金来源问题。

2）招标方式

招标分为公开招标和邀请招标。

公开招标，也称"无限竞争性招标"，是指招标人以招标公告的方式邀请不特定的法人或者其他组织投标。邀请招标，也称"有限竞争性招标"或"限制性招标"，是指招标人以投标邀请书的方式邀请特定的法人或者其他组织投标。与公开招标不同，邀请招标无须向不特定的人发出邀请，但为了保证招标的竞争性，招标人应当向3个以上的潜在投标人发出邀请。

3）招标文件

招标文件应当包括下列内容。

①应写明招标人对投标人的所有实质性要求和条件，包括：投标须知；如果招标项目是工程建设项目，招标文件中还应包括工程技术说明书，即按照工程类型和合同方式用文字说明工程技术内容的特点和要求，通过附工程技术图纸及工程量清单等对投标人提出详细、准确的技术要求。

②招标文件中应当包括招标人就招标项目拟签订合同的主要条款。

③任何一种形式的招标，招标人都应对招标项目提出相应的技术规格和标准。

招标文件不得要求或者标明特定的生产供应者以及含有倾向或者排斥潜在投标人的内容。招标人不得向他人透露已获取招标文件的潜在投标人的名称、数量以及可能影响公平竞争的有关招标投标的其他信息；招标人设有标底的，标底必须保密。

（3）对工程建设投标的管理

投标又称报价，是指作为承包方的投标人根据招标人的招标条件向招标人提交其依照招标文件的要求所编制的投标文件，即向招标人提出自己的报价，以期承包到该招标项目的行为。

1）投标人编制投标文件的基本要求

①按照招标文件的要求编制投标文件。投标人只有按照招标文件载明的要求编制自己的投标文件，方有中标的可能。

②投标文件应当对招标文件提出的实质性要求和条件做出响应。这是指投标文件的内容应当对招标文件规定的实质要求和条件（包括招标项目的技术要求、投标报价要求和评标标

准等）——做出相对应的回答，不能存有遗漏或重大的偏离。否则将被视为废标，失去中标的可能。

2）招标投标活动中的禁止行为

招标投标活动中的严厉禁止行为包括：①串通投标；②投标人行贿；③以低于成本的价格竞标等。

（4）对开标、评标、中标的管理

1）开标时间和地点

开标是指招标单位在规定的时间、地点内，在有投标人出席的情况下，当众公开拆开投标资料（包括投标函件），宣布投标人（或单位）的名称、投标价格以及投标价格的修改的过程。

开标应当在招标文件确定的提交投标文件截止时间的同一时间公开进行；开标地点应当为招标文件中预先确定的地点。

2）开标应遵守的法定程序

①由投标人或者其推选的代表检查投标文件的密封情况；

②经确认无误的投标文件，由工作人员当众拆封；

③宣读投标人名称、投标价格和投标文件的其他主要内容；

④提交投标文件的截止时间以后收到的投标文件，则应不予开启，原封不动的退回。

3）评标

评标是指按照规定的评标标准和方法，对各投标人的投标文件进行评价比较和分析，从中选出最佳投标人的过程。

评标由招标人依法组成的评标委员会负责。评标委员会成员的名单在中标结果确定前对外应当保密。评标委员会应当按照招标文件确定的评标标准和方法，对投标文件进行评审和比较；设有标底的应当参考标底。评标委员会完成评标后，应当向招标人提出书面评标报告，并推荐合格的中标候选人。

4）中标

中标就是在招标投标中选定最优的投标人，从投标人来说，就是投标成功，争取到了招标项目的合同。中标人的投标应当符合下列条件之一：能够最大限度地满足招标文件中规定的各项综合评价标准；能够满足招标文件的实质性要求，并且经评审其投标价格最低（投标价格低于成本的除外）。

中标人确定后，招标人应当向中标人发出中标通知书，并同时将中标结果通知所有未中标的投标人。

5.2.2 工程建设监理

1. 工程建设监理的概念

所谓监理，通常是指有关执行者根据一定的行为准则，对某些行为进行监督管理，使这些行为符合准则要求，并协助行为主体实现其行为目的。

监理活动的实现，需要具备的基本条件是：应当有明确的监理"执行者"，也就是必须有监理组织；应当有明确的行为"准则"，它是监理的工作依据；应当有明确的被监理"行为"和被监理"行为主体"，它是被监理的对象；应当有明确的监理目的和行之有效的思想、理论、方法和手段。

工程建设监理是指针对工程项目建设，社会化、专业化的工程建设监理单位接受业主的委托和授权，根据国家批准的工程项目建设文件、有关工程建设的法律、法规和工程建设监理合同以及其他工程建设合同所进行的旨在实现项目投资目的的微观监督管理活动。

一般而言，工程建设监理这种管理服务活动主要出现在工程项目建设的设计阶段（含设计准备）、招标阶段、施工阶段，以及竣工验收和保修阶段。同时，工程建设监理的目的是协助业主在预定的投资、进度、质量目标内建成项目，它的主要内容是进行投资、进度、质量控制、合同管理、组织协调，这些活动在我国主要发生在项目建设的实施阶段。所以，我国工程建设监理主要发生在项目建设的实施阶段。当然，在项目建设实施阶段，监理单位的服务活动是否是监理活动还要看业主是否授权监理单位监督管理权。之所以这样界定，主要是因为工程建设监理是"第三方"的监督管理行为，它的发生不仅要有委托方（需要与项目业主建立委托与服务关系），而且要有被监理方（需要与只在项目实施阶段才出现的设计、施工和材料设备供应单位等承建商建立监理与被监理关系）。

广义的工程建设监理包含工程咨询；我国工程建设监理尚处于初级阶段，决策阶段的监理目前主要还是由政府行政管理部门进行管理；实施阶段监理我国目前主要是施工监理。

2. 工程建设监理的实施

建筑工程监理应当依照法律、行政法规及有关的技术标准、设计文件和建筑工程承包合同，对承包单位在施工质量、建设工期和建设资金使用等方面，代表建设单位实施监督。

工程监理人员认为工程施工不符合工程设计要求、施工技术标准和合同约定的，有权要求建筑施工企业改正。

工程监理人员发现工程设计不符合建筑工程质量标准或者合同约定的质量要求的，应当报告建设单位要求设计单位改正。

工程监理单位应当选派具备相应资格的总监理工程师和监理工程师进驻施工现场。未经监理工程师签字，建筑材料、建筑构配件和设备不得在工程上使用或者安装，施工单位不得进行下一道工序的施工。未经总监理工程师签字，建设单位不拨付工程款，不进行竣工验收。

工程建设监理的主要内容是控制工程建设的投资、建设工期和工程质量；进行工程建设合同管理，协调有关单位间的工作关系。也就是我们常讲的工程建设监理的任务，即"三控两管一协调"共六项任务。"三控制"指质量控制、工期控制和投资控制；"两管理"指对工程建设承发包合同的管理和工程建设过程中有关信息的管理；"一协调"指业主与施工单位的协调。

3. 我国工程建设监理的范围

我国法律法规规定，下列建设工程必须实行监理：①国家重点建设工程；②大中型公用事业工程；③成片开发建设的住宅小区工程；④利用外国政府或者国际组织贷款、援助资金的工程；⑤国家规定必须实行监理的其他工程。

4．我国工程建设监理的原则

（1）客观、公正性原则。

（2）监理单位独立完成任务的原则。监理单位不得转让工程监理业务。

（3）总监理工程师全权负责原则。总监理工程师是监理单位履行监理合同的全权负责人；监理工程师具体履行监理职责，对总监理工程师负责。

（4）监理事项通知原则。实施建筑工程监理前，建设单位应当将委托的工程监理单位、监理的内容及监理权限，书面通知被监理的建筑施工企业。

（5）监理资质许可原则。实行监理的建筑工程，由建设单位委托具有相应资质条件的工程监理单位监理。建设单位与其委托的工程监理单位应当订立书面委托监理合同。工程监理单位应当在其资质等级许可的监理范围内，承担工程监理业务。上述法律规定，是政府对从事工程建设监理的单位资质许可的强制性规定。

5.3 建筑安全生产与工程质量管理

5.3.1 建设工程安全生产

1．建设工程安全生产的方针

国务院颁布的《建设工程安全生产管理条例》规定："建设工程安全生产管理，坚持安全第一、预防为主的方针。"

"安全第一"是从保护生产力的角度和高度上表明在生产范围内安全与生产的关系，肯定安全在生产活动中的位置和重要性。生产是人类社会存在和发展的基础，但生产只有有了安全保障，才能持续、稳定发展。生产活动中事故层出不穷，生产势必陷于混乱甚至瘫痪状态。

"预防为主"是指在生产活动中，针对生产的特点，对生产因素采取切实的管理措施，有效地控制不安全因素的发展与扩大，把可能发生的事故消灭在萌芽状态，以保证生产活动中人的安全与健康。贯彻预防为主，要注意在生产活动过程中经常进行检查，及时发现不安全因素，采取措施，明确责任，尽快、坚决地予以消除。

我国法律规定生产经营单位新建、改建、扩建工程项目（以下统称建设项目）的安全设施，必须与主体工程同时设计、同时施工、同时投入生产和使用。安全设施投资应当纳入建设项目概算。

2．建设工程安全生产管理体制

（1）企业负责。建筑施工企业必须依法加强对建设工程安全生产的管理，执行安全生产责任制度，采取有效措施，防止伤亡和其他安全生产事故的发生。建筑施工企业的法定代表人对本企业的安全生产负责。

（2）行业管理。建设行政主管部门负责建筑安全生产的管理，并依法接受劳动行政主管部门对建设工程安全生产的指导和监督。

建设工程安全生产的管理，由建设行政主管部门负责。建设行政主管部门建设工程安全生产管理的主要职责如下：贯彻执行国家有关安全生产的法规和方针、政策，起草或制定建设工程安全生产管理的法规、标准；统一监督管理全国工程建设方面的安全生产工作，完善建设工程安全生产的组织保证体系；制定建设工程安全生产管理的中、长期规划和近期目标，组织建设工程安全生产技术的开发与推广应用；指导和监督检查省、自治区、直辖市人民政府建设行政主管部门开展建设工程安全生产的行业监督管理工作；统计全国建筑企业职工因工伤亡人数，掌握并发布全国建设工程安全生产动态；负责对申报资质等级一级企业和国家一、二级企业以及国家和部级先进建筑企业进行安全资格审查或者审批，行使安全生产否决权；组织全国建筑安全生产检查和安全培训教育，总结交流建设工程安全生产管理经验，表彰先进；检查和督促工程建设重大事故的调查处理，组织或者参与工程建设特大重大事故的调查等。

（3）国家监察。建设工程安全生产的国家监察，由劳动行政主管部门负责，主要是监察执行国家劳动安全生产法规、政策情况，预防和纠正违反法规、政策的偏差。

（4）群众监督。建设工程安全生产管理必须坚持安全第一、预防为主的方针，建立健全安全生产的责任制度和群防群治制度。工会是群众团体，它的监督属于群众监督，工会可以通过开展安全班组建设活动，在协助行政加强安全管理工作，保障劳动者的安全与健康方面发挥重要作用。还可以在监督行政执行安全生产方针、政策、法规和标准方面，充分行使自己的权力。但是工会监督不能采取国家监察的某些形式和方法，特别是不能采取以国家强制的形式表达国家命令的手段，因而它不具有法律的权威性。

（5）劳动者遵章守法。劳动者在劳动过程中必须严格遵守安全操作规程。劳动者对用人单位管理人员违章指挥、强令冒险作业，有权拒绝执行；对危害生命安全和身体健康的行为，有权提出批评、检举和控告。劳动者遵章守纪是减少事故、实现安全生产的重要保证。

5.3.2　建筑工程质量管理

1．建设工程质量必须实行政府监督管理

建设工程质量的优劣，不仅关系到工程建设双方当事人的质量效益问题，同时也涉及社会的公共安全。一个工程质量的好坏，对于建设单位来说是能否满足其使用要求，能否达到投资效益的问题；对于施工单位来说一方面是其信誉水平的表现，另一方面也是其能否履行合同，拿到工程款的问题。而对于社会公众，则不是一个单纯的效益问题，而是生命财产安全问题。一个质量不合格的建设工程一旦投入使用，就会造成严重安全隐患和质量威胁，就有可能造成人民生命财产的极大损失。在这种情况下，建设工程的质量问题就不仅仅是双方当事人的问题了。因此，为保证社会公共利益，维护消费者的合法权益，对建设工程实行政府质量监督尤显必要。纵观世界各国立法，一旦涉及社会公众利益问题，则往往由政府出面加以维护，我国也不例外。建设工程的政府质量监督制度便是维护社会公共安全和利益的政府职能履行的重要体现。

政府对工程质量的监督管理主要以保证工程使用安全和环境质量为主要目的，以法律、法规和强制性标准为依据，以地基基础、主体结构、环境质量和与此相关的工程建设各方主体的质量行为为主要内容，以施工许可制度和竣工验收备案制度为主要手段。

政府对建设工程主体的监督管理主要有以下几个方面：①对建设单位的能力进行审查。审查其是否具备与发包工程项目相适应的技术、经济能力、编制招标文件及组织开标、评标、定标的能力。②对勘察设计单位、施工、监理、构配件生产、房地产开发单位实行资格（质）等级认证、生产许可证和业务许可范围的监督管理。③实行执业工程师的注册制。目前，我国有关法律规定从事建筑设计、结构设计、工程监理、工程造价、项目管理、安全管理的工程技术人员，须经过考试取得资格证书并经注册后方能获得相应的执业资格。

国务院建设行政主管部门对全国的建设工程质量实施统一监督管理。国务院铁路、交通、水利等有关部门按照国务院规定的职责分工，负责对全国的有关专业建设工程质量的监督管理。

县级以上地方人民政府建设行政主管部门对本行政区域内的建设工程质量实施监督管理，县级以上地方人民政府交通、水利等有关部门在各自的职责范围内，负责对本行政区域内的专业建设工程质量的监督管理。

国务院建设行政主管部门和国务院铁路、交通、水利等有关部门应当加强对有关建设工程质量的法律、法规和强制性标准执行情况的监督检查。

国务院发展和改革委员会按照国务院规定的职责，组织稽查特派员，对国家出资的重大建设项目实施监督检查。

国务院经济贸易主管部门按照国务院规定的职责，对国家重大技术改造项目实施监督检查。

2．建设工程质量监督管理制度的几项具体规定

（1）建设工程竣工验收报告制度。建设单位应当自建设工程竣工验收合格之日起15日内，将建设工程竣工验收报告和规划、公安消防、环保等部门出具的认可文件或者准许使用文件报建设行政主管部门或者其他有关部门备案。建设行政主管部门或者其他有关部门发现建设单位在竣工验收过程中有违反国家有关建设工程质量管理规定行为的，责令停止使用，重新组织竣工验收。

（2）工程质量事故报告制度。建设工程发生质量事故后，有关单位应当在24小时内向当地建设行政主管部门和其他有关部门报告。对重大质量事故，事故发生地的建设行政主管部门和其他有关部门应当按照事故类别和等级向当地人民政府和上级建设行政主管部门和其他有关部门报告。

（3）工程质量检举、控告、投诉制度。任何单位和个人对建设工程的质量事故、质量缺陷都有权检举、控告、投诉。工程质量检举、控告、投诉制度是为了更好地发挥群众监督和社会舆论监督的作用，是保证建设工程质量的一项有效措施。

（4）有关单位不得明示或暗示购买指定产品制度。供水、供电、供气、公安消防等部门或者单位不得明示或者暗示建设单位、施工单位购买其指定的生产供应单位的建筑材料、建筑构配件和设备。

3．建设单位工程质量责任

建设单位不得以任何理由，要求建筑设计单位或者建筑施工企业在工程设计或者施工作业中，违反法律、行政法规和建筑工程质量、安全标准，降低工程质量。对于建设单位违反规定的，由政府监督部门责令改正，并可处以罚款；构成犯罪的，依法追究刑事责任。建筑工程的勘察、设计、施工的质量必须符合国家有关建筑工程安全标准的要求。任何单位和个人都不得非法干预工程质量标准的执行。否则，要承担相应的法律责任。

建设单位的质量责任和义务：①建设单位应当将工程发包给具有相应资质等级的单位，不得将工程肢解发包；②建设单位应当依法对工程建设项目的勘察、设计、施工、监理以及与工程建设有关的重要设备、材料等的采购进行招标；③建设单位不得对承包单位的建设活动进行不合理干预；④施工图设计文件未经审查批准的，建设单位不得使用；⑤对必须实行监理的工程，建设单位应当委托具有相应资质等级的工程监理单位进行监理；⑥建设单位在领取施工许可证或者开工报告之前，应当按照国家有关规定办理工程质量监督手续；⑦涉及建筑主体和承重结构变动的装修工程，建设单位要有设计方案；⑧建设单位应按照国家有关规定组织竣工验收，建设工程验收合格的，方可交付使用。

4．施工单位工程质量责任

（1）施工单位应当依法取得相应资质等级的证书，并在其资质等级许可的范围内承揽工程。建筑工程实行总承包的，工程质量由总承包单位负责，总承包单位将建筑工程分包给其他单位的，应当对分包工程的质量与分包单位承担连带责任。分包单位应接受总承包单位的质量管理。

（2）施工单位须按图施工，不得偷工减料。工程设计的修改由原设计单位负责，建筑施工企业不得擅自修改工程设计。按图施工是施工企业施工生产的基本条件。

（3）施工单位不得转包或违法分包工程。

（4）施工单位必须按照工程设计要求、施工技术表和合同约定，对建筑材料、建筑构配件、设备和商品混凝土进行检验，未经检验或检验不合格的，不得使用。

（5）施工人员对涉及结构安全的试块、试件以及有关材料，应在建设单位或工程监理单位监督下现场取样，并送具有相应资质等级的质量检测单位进行检测。

（6）建设工程实行质量保修制度，承包单位履行保修义务。

5．建筑工程的竣工验收

建筑工程竣工时，屋顶、墙面不得留有渗漏、开裂等质量缺陷；对已发现的质量缺陷，施工单位应当修复。建筑工程竣工后经验收合格，方可交付使用；未经验收或者验收不合格的，不得交付使用。施工单位对施工中出现质量问题的建设工程或者竣工验收不合格的建设工程，应当负责返修。

施工单位收到建设竣工报告后，应当组织设计、施工、工程监理等有关单位进行竣工验收。建设工程竣工验收应当具备下列条件：①完成建设工程设计和合同约定的各项内容；②有完整的技术档案和施工管理资料；③有工程使用的主要建筑材料、建筑构配件和设备及进场试验报告；④有勘察、设计、施工、工程监理等单位分别签署的质量合格文件；⑤有施工单位签署的工程保修书。

6．建筑工程的质量保修制度

建设工程质量保修制度是指建设工程在办理竣工验收手续后，在规定的保修期内，因勘察、设计、施工、材料等原因造成的质量缺陷，应当由施工承包单位负责维修、返工或更换，由责任单位负责赔偿损失。建设工程实行质量保修制度是落实工程质量责任的重要措施。

（1）建设工程承包单位在向建设单位提交竣工验收报告时，应当向建设单位出具质量保修书。质量保修书中应当明确建设工程的保修范围、保修期限和保修责任等。保修范围和正常使用条件下国务院规定的最低保修期限为：①基础设施工程、房屋建筑的地基基础工程和主体结构工程，为设计文件规定的该工程的合理使用年限；②屋面防水工程、有防水要求的卫生间、房间和外墙面的防渗漏，为5年；③供热和供冷系统，为2个采暖期、供冷期；④电气管线、给水排水管道、设备安装和装修工程，为2年。其他项目的保修期限由发包方与承包方约定，但其最低保修期限不得低于国务院规定的标准。建设工程的保修期，自竣工验收合格之日起计算。因使用不当或者第三方造成的质量缺陷，以及不可抗力造成的质量缺陷，不属于法律规定的保修范围。

（2）建设工程在保修范围和保修期内发生质量问题，施工单位应当履行保修义务，并对造成的损失承担赔偿责任。对在保修期内和保修范围内发生的质量问题，一般应先由建设单位组织勘察、设计、施工等单位分析质量问题的原因，确定维修方案，由施工单位负责维修。但当问题较严重复杂时，不管是什么原因造成的，只要是在保修范围内，均先由施工单位履行保修义务。对于保修费用，则由造成质量缺陷的责任方承担。

❓ 法律依据及相关知识链接

1. 中华人民共和国建筑法

2. 中华人民共和国招标投标法

3. 建设工程质量管理条例

4. 建设工程安全生产管理条例

5. 房屋建筑工程质量保修办法

6. 工程建设项目报建管理办法

7. 建筑工程施工许可管理办法

案例分析与解答

【案情】

某水闸建设工程项目，建设单位与施工单位经公开招标后签订了工程施工承包合同，施工承包合同规定：水闸的启闭机械设备由建设单位采购，其他建筑材料由施工单位采购。同时，建设单位与监理单位签订了施工阶段监理合同。

建设单位为了确保水闸施工质量，经与设计单位商定，在设计文件中标明了水泥的规格、型号等技术指标，并指定了生产厂家。施工单位在工程中标后，与生产厂家签订了购货合同。

为了在汛期来临之前完成水闸的基础工程施工，施工单位采购的水泥进场时，未经监理机构许可就擅自投入施工使用。监理机构在对浇筑而成的第一块闸底板检查时，发现水泥的指标达不到要求，监理机构就通知施工单位该批水泥不得使用。施工单位要求水泥厂家将不合格的水泥退换，生产厂家认为水泥质量没有问题，若要退货，施工单位应支付退货运费，施工单位不同意支付，生产厂家要求建设单位在施工单位的应付工程款中扣除上述费用。

【问题】

1. 施工单位采购的水泥进场，未经监理机构许可就投入使用，此做法正确吗？

2. 监理机构发现水泥的指标达不到要求，通知施工单位不得使用该批水泥是否合理？

【参考答案】

1. 此做法正确。施工单位必须按照工程设计要求、施工技术标准和合同约定，对建筑材料、建筑构配件、设备和商品混凝土进行检验，检验应当有书面记录和专人签字；未经检验或者检验不合格的，不得使用。

施工单位必须建立、健全施工质量的检验制度，严格工序管理，做好隐蔽工程的质量检查和记录。隐蔽工程在隐蔽前，施工单位应当通知建设单位和建设工程质量监督机构。

施工人员对涉及结构安全的试块、试件以及有关材料，应当在建设单位或者工程监理单位监督下现场取样，并送具有相应资质等级的质量检测单位进行检测。

2. 工程监理机构应当依照法律、法规以及有关技术标准、设计文件和建设工程承包合同，代表建设单位对施工质量实施监理，并对施工质量承担监理责任。未经监理工程师签字，建筑材料、建筑构配件和设备不得在工程上使用或者安装，施工单位不得进行下一道工序的施工。

监理机构发现水泥的指标达不到要求，通知施工单位不得使用该批水泥是合理的。

练习与思考

单项选择题

1. 建筑工程施工许可证制度是建设行政主管部门根据（ ）的申请，经过依法审查，颁发施工许可证的一种制度。没有许可证的建设项目均属于违法建筑，不受法律保护。

   A. 建设单位　　　　　　　　　　B. 施工单位

   C. 监理单位　　　　　　　　　　D. 设计单位建设单位

2. 招标投标行为是市场经济的产物，并随着市场的发展而发展，它必须遵循市场经济活动的基本原则。工程建设招标投标活动应当遵循的原则是（ ）。

   A. 公开、公平、公正

   B. 公开、公平、公正和诚实信用

   C. 自愿公平，诚实信用

   D. 等价有偿，诚实信用

3. 根据国家规定：生产经营单位新建、改建、扩建工程项目的安全设施，必须与主体工程同时设计、同时施工、同时投入生产和使用。其安全设施投资应当纳入（ ）。

   A. 企业定额　　　　　　　　　　B. 施工图预算

   C. 建设项目概算　　　　　　　　D. 指标概算

4. 工程建设监理的主要内容可以概括为"三控制、两管理、一协调"。其中"两管理"是指（ ）。

   A. 进度管理，合同管理　　　　　B. 投资管理，信息管理

   C. 进度管理，质量管理　　　　　D. 合同管理，信息管理

5. 根据《建设工程质量管理条例》规定，建设单位应当自工程竣工验收合格之日起（ ）内，向工程所在地建设行政主管部门备案。

   A. 10日　　　　　　　　　　　　B. 15日

   C. 20日　　　　　　　　　　　　D. 30日

多项选择题

1. 房地产项目开工前，房地产开发企业申请领取建筑工程施工许可证应当具备的条件有（ ）。

   A. 已经办理建筑工程用地批准手续

   B. 已经确定建筑施工企业

   C. 建筑工程的地基已经开挖

   D. 建设资金已经落实

   E. 有保证工程质量和安全的具体措施

2. 根据《招标投标法》的规定，下列（ ）工程建设项目必须进行招标投标。

A. 国家重点工程

B. 农民个人出资自建住宅

C. 利用世界银行贷款工程

D. 民营企业家投资开发建设的住宅小区工程

E. 部分使用国有资金投资的项目

3. 根据《建筑业企业资质管理办法》规定，建筑施工企业资质分为（　　　）3个序列。

A. 施工总承包　　　　　　　　　　B. 行业承包

C. 专业承包　　　　　　　　　　　D. 专业分包

E. 劳务分包

4. 建筑施工企业在施工中因（　　　），造成建筑工程质量不符合规定的质量标准的，负责返工、修理，并赔偿由此造成的损失。

A. 偷工减料的

B. 使用不合格的建筑材料、建筑构配件

C. 使用不合格的设备

D. 不按照工程设计图纸或者施工技术标准施工

E. 越级承包

5. 根据规定，建设单位收到建设工程竣工报告后，应当组织设计、施工、工程监理等有关单位进行竣工验收。建设工程竣工验收应当具备的条件包括（　　　）等。

A. 完成建设工程设计和合同约定的各项内容

B. 有监理单位签署的工程保修书

C. 有完整的技术档案和施工管理资料

D. 有工程使用的主要建筑材料、建筑构配件和设备的进场试验报告

E. 有建设行政主管质量监督机构签署的质量合格文件

是非题

1. 在申请领取施工许可证时，应当提交建设资金已经落实的证明文件，建设工期超过一年的，到位资金原则上不少于工程合同价的50%。（　　　）

2. 根据规定，如采取邀请招标的，招标人应当向5个以上的潜在投标人发出邀请。（　　　）

3. 工程建设监理主要内容可以概括为"三控制、两管理、一协调"。其中"三控制"指的是：工程物资控制，工程质量控制，工程投资控制。（　　　）

4. 总承包单位将部分工程分包给分包单位后，该分包单位可将承建建设工程进行再分包。（　　　）

5. 施工单位应当依法取得相应资质等级的证书，并在其资质等级许可的范围内承揽工程。（　　　）

简答题

1. 申领施工许可证必须具备哪些条件？

2. 《招标投标法》法定强制招标的项目有哪些？

3. 我国工程建设监理的原则有哪些？

4. 简述我国建筑安全生产管理体制。

5. 建筑工程质量监督管理制度有哪几项具体规定？

6. 建设单位工程质量责任有哪些？

房地产开发经营
管理制度 6

【学习目标】

1. 通过学习了解房地产开发、房地产经营的基本含义及特征，了解开发与经营之间的密切关系。

2. 熟悉房地产开发企业设立的基本要求，掌握房地产开发企业资质等级的相关规定。

3. 掌握房地产开发的基本原则及开发程序，熟知房地产经营管理的整个流程。

房地产开发与经营是房地产业主要的经济活动。为了规范房地产开发经营行为，加强对城市房地产开发经营活动的监督管理，促进和保障房地产业的健康发展，根据《城市房地产管理法》的有关规定，国务院颁布并实施的《城市房地产开发经营管理条例》，对城市房地产开发经营的原则、监督管理、法律责任，以及房地产开发建设的实施、房地产开发企业等都作了具体规定。

6.1　房地产开发经营概述

6.1.1　房地产开发的概念及特征

1．房地产开发的概念

根据《中华人民共和国城市房地产管理法》第二条规定："房地产开发，是指在依据本法取得国有土地使用权的土地上进行基础设施、房屋建设的行为。"具体来讲，房地产开发是指具有开发资质的房地产开发企业依据相关法律法规及政策，根据城市发展建设总体规划，充分考虑经济效益、社会效益和环境效益的要求，对获取的土地进行投资、建设、管理的行为。

房地产开发涉及社会经济生活的方方面面，房地产开发的每一个步骤、每一道工序都有相关法律法规严格约束，主要体现在《中华人民共和国城市房地产管理法》、《中华人民共和国土地管理法》、《中华人民共和国城乡规划法》、《中华人民共和国建筑法》、《中华人民共和国消防法》、《城市房地产开发经营管理条例》等相关专业法律法规当中。

2．房地产开发的特征

（1）全面系统性

房地产开发包括的相关环节多、涉及的部门多、受到的制约条件多、影响的社会因素多，同时还与社会经济、城市建设、生态环境等有着息息相关的联系，是一项复杂的系统工程。它包括立项、规划、设计、征地、拆迁、施工建设、材料供应、销售等流程，每一项工作都是密切联系、相辅相成的，任何一个环节的滞后都将影响到房地产开发的进程，因此，房地产开发呈现出明显的全面系统性特点。

（2）广泛联系性

房地产开发是一种具有广泛社会联系性的经济行为。首先，房地产开发在一开始就需要考虑很多的社会因素，包括国家法律法规、地方相关政策、城市规划要求等，只有确认开发行为在这些规定的范围之内，才能继续下一步的工作。其次，房地产开发包括的相关环节很多，从立项、获取土地、规划、设计、施工建设到经营管理等各个方面的工作都需要与社会管理部门中各个部门相互协作，这些部门有：国土资源管理部门、城市规划管理部门、城市建设管理部门、设计单位、拆迁公司、消防、环境保护、银行、文教、交通、物资供应等十几个部门，涉及近百个协作单位，如果在某一个环节之中与某一个相关单位的协作出现问题，都将影响到后续的所有开发行为。再次，房地产开发与城市居民的生活是分不开的，房地产开发行为最终形成的建筑产品，既提供了入住的空间，为人们解决了"住"这一需求，同时也改变了生存的人居环境。在大规模的旧城改造中，征地、拆迁、安置的每一个过程都需要广大居民的密切配合，开发经济适用房、建设廉租房，从某种程度上也帮助政府解决了中低收入居民的居住问题。房地产开发必须考虑诸多的社会因素，必须得到社会的广泛支持，必须与各行各业及千家万户保持良好的公共关系，才能保证开发行为取得预期的目的。

（3）风险与效益并存

房地产开发的对象往往是成片的住宅建筑群或是大型公共建筑，投资额大且建设周期长，这就决定了房地产开发风险与效益的并存性。

（4）地域性

房地产产品的不可移动性决定了房地产开发的地域性。不同的地域，外部环境不同，房地产供需市场特征不同，相应的房地产开发的方式方法也就不同。

6.1.2 房地产经营的概念、特征及分类

1. 房地产经营的概念

房地产经营有广义和狭义之分，广义的房地产经营是指房地产经营者对房屋的建造、买卖、信托、交换、维修、装饰以及土地使用权的出让、转让等按价值规律所进行的有目标、有组织的经济活动，活动范围贯穿于房地产产品生产、流通、消费的全部过程，而非仅仅局限于流通领域。狭义的房地产经营是指房地产经营者对房屋和建筑地块的销售、租赁及售后服务管理等活动，活动范围主要是在流通领域。本章所述的房地产经营，是指广义的房地产经营。

2. 房地产经营的特征

房地产经营与一般商品经营相比，虽然都属于商品经营范畴，都受供求关系、价值规律的影响，但由于房地产商品的特殊性，房地产经营也表现出不同于一般商品经营的特征。

（1）交易形式的多样化

房地产商品价格昂贵，大多数购买者购买力有限，一次性支付价款的难度较大。为解决

过高的产品价格与有限的购买力之间的矛盾，房地产商品的交易形式呈现出多样化的特点，除了一般的一次性买卖方式外，还有分期付款、抵押贷款、租赁等多种形式。

（2）经营对象的限制性

一般商品的交换对象范围不受限制，而房地产产品交易则受到严格限制。如土地一级市场的国家垄断，经济适用房销售对象必须有生活水平与经济条件上的严格限制，以及其他方面的限制。

（3）销售用途的约束性

一般商品出售后的用途是不加限制的，买受人可以任意处分所购商品，行使完全的处分权。而房地产商品则有明确的用途规定，以及严格的用途变更审批程序等。如城市土地使用性质、房屋的使用性质等，买受人不得随意变更。

3. 房地产经营的分类

从房地产经营的内容来分，可以将房地产经营分为地产经营、房产经营和服务经营。

（1）地产经营

地产经营是以城市土地的使用权为对象的出让、转让、出租、抵押等产权经营和以城市土地为劳动对象进行的土地开发经营的活动。我国《城市房地产管理法》规定，土地社会主义公有，但是土地的使用权可以依法进行出让和转让。城市土地的有偿使用是国家作为城市土地的所有者，将土地的使用权在一定期限内有偿地转移给土地使用者同时又向土地使用者征收税费的制度，这是建立在马克思广义地租理论和我国土地公有制基础上的一项重大经济政策。

（2）房产经营

房产经营是经营者以房产为对象，根据国家政策要求，考虑自身技术经济条件和外部环境条件，经营房屋开发和房屋流通并取得一定经济效益的活动。房产经营是一种经营内容广泛、形式多样、有偿性和服务性并存的经营活动。

（3）服务经营

服务经营是指房地产业在开发建设和经营过程以及对房地产的使用过程中提供的一系列经营性服务的活动。如对房地产开发过程中提供的投资咨询、价格评估、拆迁安置服务；使用过程提供的房屋装饰、修缮服务，居住区环境服务及管理等。房地产服务经营活动贯穿于房地产开发经营的全过程，从目标决策开始，到建设施工之中，一直到最后的物业管理，都离不开房地产服务经营活动

6.1.3 房地产开发与房地产经营的关系

早期的房地产开发与房地产经营是作为两个相对独立的概念而存在的，但是随着房地产市场的不断完善与发展，房地产开发与经营的联系日益紧密，形成了既相互区别又紧密联系的关系。

1. 房地产开发与房地产经营相对独立，各有侧重

一般而言，房地产开发侧重的是投资和建设行为，强调的是房地产产品形成的过程（即

房地产开发企业在城市规划区内国有土地上进行基础设施建设、房屋建设）；而房地产经营则侧重的是经营管理行为，强调房产、地产权利之间流转的交换过程（即房地产开发企业转让房地产开发项目或者销售、出租商品房），这一过程的目的在于获取最大的经济效益。所以，尽管投资开发者要用经营的观念指导开发，以期用最少的投入换取最大的收益，但就开发活动本身而言，并不能等同于房地产经营。

2．房地产开发以房地产经营为核心

房地产开发是一种以经营为核心的行为。房地产经营活动的根本目的在于以低投入获取高回报，而房地产业规模大、投资多、建设周期长、经营风险高的一系列特点决定了房地产开发要想实现预期的经济收益，就必须以房地产经营为核心，有计划、有目标的全面规划、综合开发。

3．房地产经营以房地产开发为前提

房地产经营以房地产开发为前提。房地产经营者对房屋的建造、买卖、信托、交换、维修、装饰以及土地使用权的出让、转让等按价值规律所进行的有目标、有组织的经济活动，使活动范围贯穿于房地产产品生产、流通、消费的全部过程，并在开发行为结束，形成一定的房地产产品之后，仍然以产品为主要经营对象。可见，房地产经营活动的客体是房地产产品，而房地产产品的形成则赖于房地产开发行为的实施，没有房地产产品的开发，也就谈不上后续的产品经营。

6.2 房地产开发企业的设立与资质等级

6.2.1 房地产开发企业的设立

房地产开发企业是以营利为目的，从事房地产开发和经营，依法设立的具有企业法人资格的经济实体。

1．房地产开发企业设立的条件

根据《城市房地产开发经营管理条例》第五条明确的规定，设立房地产开发企业，除应当符合有关法律、行政法规规定的企业设立条件外，还应当具备下列条件：

（1）有100万元以上的注册资本；

（2）有4名以上持有资格证书的房地产专业、建筑工程专业的专职技术人员，2名以上持有资格证书的专职会计人员。

省、自治区、直辖市人民政府可以根据本地方的实际情况，对设立房地产开发企业的注册资本和专业技术人员的条件作出高于上述条件的规定。

2．房地产开发企业设立的程序

新设立的房地产开发企业，应当自领取营业执照之日起30日内，持下列文件到登记机关所在地的房地产开发主管部门备案：

（1）营业执照复印件；

（2）企业章程；

（3）验资证明；

（4）企业法定代表人的身份证明；

（5）专业技术人员的资格证书和聘用合同；

（6）房地产开发主管部门认为需要出示的其他文件。

房地产开发主管部门应当在收到备案申请后30日内向符合条件的企业核发《暂定资质证书》，暂定资质的条件不低于四级资质的条件，《暂定资质证书》有效期一年。在有效期满前一个月内房地产开发企业应当向房地产开发主管部门申请核定相应的资质等级。房地产开发主管部门可以视企业经营情况，延长《暂定资质证书》有效期，但延长期不得超过2年，自领取《暂定资质证书》之日起1年内无开发项目的，《暂定资质证书》有效期不得延长。

6.2.2 房地产开发企业资质等级

为了加强对房地产开发企业管理，规定房地产开发企业行为，原建设部于2000年3月发布了《房地产开发企业资质管理规定》（建设部令第77号），明确规定对房地产开发企业实行资质管理。

房地产开发企业资质按照企业条件为一、二、三、四级四个资质等级。见表6-1。具体审批条件为：

房产开发企业资质等级条件

表6-1

资质等级	注册资本（万元）	从事房地产开发经营时间（年）	近三年房屋建筑面积累计竣工（万m²）	连续几年建筑工程质量合格率达到100%	上一年房屋建筑施工面积（万m²）	专业管理人员（人数）		
							其中	
							中级以上职称管理人员	持有资格证书的专职会计人员
一级资质	≥5000	≥5	≥30	5	≥15	≥40	≥20	≥4
二级资质	≥2000	≥3	≥15	3	≥10	≥20	＞10	≥3
三级资质	≥800	≥2	≥5	2		≥10	≥5	≥2
四级资质	≥100	≥1		已竣工的建筑工程		≥5		≥2

一级资质：

1. 注册资本不低于5000万元；

2. 从事房地产开发经营5年以上；

3. 近3年房屋建筑面积累计竣工30万平方米以上，或者累计完成与此相当的房地产开发投资额；

4. 连续5年建筑工程质量合格率达100%；

5. 上一年房屋建筑施工面积15万平方米以上，或者完成与此相当的房地产开发投资额；

6. 有职称的建筑、结构、财务、房地产及有关经济类的专业管理人员不少于40人，其中具有中级以上职称的管理人员不少于20人，持有资格证书的专职会计人员不少于4人；

7. 工程技术、财务、统计等业务负责人具有相应专业中级以上职称；

8. 具有完善的质量保证体系，商品住宅销售中实行了《住宅质量保证书》和《住宅使用说明书》制度；

9. 未发生过重大工程质量事故。

二级资质：

1. 注册资本不低于2000万元；

2. 从事房地产开发经营3年以上；

3. 近3年房屋建筑面积累计竣工15万平方米以上，或者累计完成与此相当的房地产开发投资额；

4. 连续3年建筑工程质量合格率达100%；

5. 上一年房屋建筑施工面积10万平方米以上，或者完成与此相当的房地产开发投资额；

6. 有职称的建筑、结构、财务、房地产及有关经济类的专业管理人员不少于20人，其中具有中级以上职称的管理人员不少于10人，持有资格证书的专职会计人员不少于3人；

7. 工程技术、财务、统计等业务负责人具有相应专业中级以上职称；

8. 具有完善的质量保证体系，商品住宅销售中实行了《住宅质量保证书》和《住宅使用说明书》制度；

9. 未发生过重大工程质量事故。

三级资质：

1. 注册资本不低于800万元；

2. 从事房地产开发经营2年以上；

3. 房屋建筑面积累计竣工5万平方米以上，或者累计完成与此相当的房地产开发投资额；

4. 连续2年建筑工程质量合格率达100%；

5. 有职称的建筑、结构、财务、房地产及有关经济类的专业管理人员不少于10人，其中具有中级以上职称的管理人员不少于5人，持有资格证书的专职会计人员不少于2人；

6. 工程技术、财务等业务负责人具有相应专业中级以上职称，统计等其他业务负责人具有相应专业初级以上职称；

7. 具有完善的质量保证体系，商品住宅销售中实行了《住宅质量保证书》和《住宅使用说明书》制度；

8. 未发生过重大工程质量事故。

四级资质：

1．册资本不低于100万元；

2．从事房地产开发经营1年以上；

3．已竣工的建筑工程质量合格率达100%；

4．有职称的建筑、结构、财务、房地产及有关经济类的专业管理人员不少于5人，持有资格证书的专职会计人员不少于2人；

5．工程技术负责人具有相应专业中级以上职称，财务负责人具有相应专业初级以上职称，配有专业统计人员；

6．商品住宅销售中实行了《住宅质量保证书》和《住宅使用说明书》制度；

7．未发生过重大工程质量事故。

暂定资质：

申请《暂定资质证书》的条件不得低于四级资质企业的条件，临时聘用或者兼职的管理、技术人员不得计入企业管理、技术人员总数。

一级资质的房地产开发企业承担房地产项目建设规模不受限制，可以在全国范围承揽房地产开发项目。

二级及二级以下资质的房地产开发企业只能承担建设面积25万平方米以下的开发建设项目，承担业务的具体范围由省、自治区、直辖市人民政府建设主管部门确定，不得超越资质范围承担开发项目。

另外，各资质等级的房地产开发企业还必须具备完善的质量保证体系，商品住宅销售中实行了《住宅质量保证书》和，《住宅使用说明书》制度，且从未发生过重大工程质量事故。

6.2.3　房地产开发企业资质管理

国务院建设行政主管部门负责全国房地产开发企业的资质管理工作；县级以上地方人民政府房地产开发主管部门负责本行政区域内房地产开发企业的资质管理工作。

一级资质由省、自治区、直辖市建设行政主管部门初审，报国务院建设行政主管部门审批；二级及二级以下资质的审批办法由省、自治区、直辖市人民政府建设行政主管部门制定。对于不符合原定资质条件或者有不良经营行为的企业，由原资质审批部门予以降级或注销资质证书。企业涂改、出租、转让、出卖资质证书的，由原资质审批部门公告资质证书作废，收回证书，并可处以1万元以下的罚款。

6.3　房地产开发管理

6.3.1　房地产开发的基本原则

房地产开发基本原则是指在城市规划区国有土地范围内从事房地产开发并实施房地产开

发管理中应依法遵守的基本原则。依据我国法律的规定，我国房地产开发的基本原则主要有：

1．依法在取得土地使用权的城市规划区国有土地范围内从事房地产开发的原则

在我国，通过出让或划拨方式依法取得国有土地使用权是房地产开发的前提条件，房地产开发必须是国有土地。我国另一类型的土地即农村集体所有土地不能直接用于房地产开发，集体土地必须经依法征收转为国有土地后，才能成为房地产开发用地。

2．房地产开发必须严格执行城市规划的原则

城市规划是城市人民政府对建设进行宏观调控和微观管理的重要措施，是城市发展的纲领，也是对城市房地产开发进行合理控制，实现土地资源合理配置的有效手段。科学制定和执行城市规划，是合理利用城市土地，合理安排各项建设，指导城市有序、协调发展的保证。

3．坚持经济效益、社会效益和环境效益"三效合一"的原则

经济效益是指房地产所产生的经济利益的大小，是开发企业赖以生存和发展的必要条件；社会效益是指房地产开发给社会带来的效果和利益；环境效益是指房地产开发对城市自然环境和人文环境所产生的积极影响。以上三方面效益是矛盾统一的辩证关系，既有联系又有区别，这就需要政府站在国家和社会整体利益的高度上，进行综合整合和管理，实现经济效益、社会效益和环境效益的"三效合一"。

4．房地产开发应当坚持全面规划、合理布局、综合开发、配套建设的原则

房地产的全面规划、合理布局、综合开发有利于实现城市总体规划，加快改变城市的面貌；有利于城市各项建设的协调发展，促进生产，方便生活；有利于缩短建设周期，提高经济效益和社会效益。

5．房地产开发符合国家产业政策和国民经济社会发展计划的原则

国家产业政策、国民经济与社会发展计划是指导国民经济相关产业发展的基本原则和总的战略方针，房地产业作为第三产业应受国家产业政策、国民经济与社会发展计划的制约。

6.3.2　房地产开发的主要程序

房地产开发商从有投资意向开始至项目建设完毕，出售或出租并实施房地产产品全寿命周期的物业管理，大都遵循一个符合开发规律的程序。一般说来，这个程序包括8个步骤，即投资机会寻找与筛选、细化投资方案、可行性研究、合同谈判、正式签署有关合作协议、工程建设、竣工投入使用和房地产资产管理等。这8个步骤又可以划分为四个阶段，即投资机会选择与决策分析、前期工作、建设阶段和租售阶段。当然，房地产开发的阶段划分并不是一成不变的，在某些情况下各阶段的工作也可能会交替进行。

1．投资机会选择与决策分析

投资机会选择与决策分析，是整个开发过程中最为重要的一个环节，类似于我们通常所说的项目可行性研究。投资机会选择，主要包括投资机会寻找和筛选两个步骤。在机会寻找过程中，开发商往往根据自己对某地房地产市场供求关系的认识，寻找投资的可能性，即我们通常所说的"看地"。此时，开发商也许面对几十种投资可能性，对每一种可能性都要根据自己的经验和投资能力，初步判断其可行性。在机会筛选过程中，开发商将其投资设想落实到一个具体的地块上，进一步分析其客观条件是否具备，通过与土地当前的拥有者或使用者、潜在的租客或买家、自己的合作伙伴以及专业人士接触，提出一个初步的方案，如认为可行，就可以草签购买土地使用权或有关合作的意向书。投资决策分析主要包括市场分析和项目财务评估两部分工作。前者主要分析市场的供求关系、竞争环境、目标市场及其可支付的价格水平；后者则是根据市场分析的结果，就项目的经营收入与费用进行比较分析。这项工作要在尚未签署任何协议之前进行。这样，开发商可有充分的时间和自由度来考虑有关问题。从我国房地产开发企业的工作实践来看，对房地产开发项目进行财务评估的方法已经比较成熟，但对至关重要的市场研究却很少予以充分的重视。应当注意到，市场研究对于选择投资方向、初步确定开发目标与方案、进行目标市场定位起着举足轻重的作用，往往会影响一个项目的最终成败。

2．前期工作

通过投资决策确定了具体的开发地点与项目之后，在购买土地使用权和开发项目建设过程开始以前还有许多工作要做，这主要涉及与开发全过程有关的各种合同、条件的谈判与签约。通过初步投资分析，开发商可以找出一系列必须事先估计的因素，在购买土地使用权和签订建设合同之前，必须设法将这些因素尽可能精确地量化。这样可能会使初步投资决策分析报告被修改，或者在项目的收益水平不能接受时被迫放弃这个开发投资计划。

在初步投资决策分析的主要部分没有被彻底检验之前，开发商应尽量推迟具体的实施步骤，比如购买土地使用权等。当然，在所有影响因素彻底弄清楚以后再购买土地是最理想不过了，如果在激烈的市场竞争条件下，为抓住有利时机很难做到这一点时，开发商也应对其可能承担的风险进行分析与评估。

（1）前期工作的内容

前期工作主要包括以下内容：

1）分析拟开发项目用地的范围、周边环境与特性，规划允许用途及获益能力的大小。

2）获取土地的使用权。

3）征地、拆迁、安置、补偿。

4）规划设计及建设方案的制定。

5）与城市规划管理部门协商，获得规划部门许可。

6）施工现场的水、电、路通和场地平整。

7）市政设施建设衔接工作的谈判与协议。

8）安排短期和长期信贷。

9）对拟建中的项目寻找预租（售）的客户。

10）对市场状况进行进一步的分析，初步确定目标市场、租金或售价水平。

11）对开发成本和可能的工程量进行更详细的估算。

12）对承包商的选择提出建议，也可与部分承包商进行初步洽商。

13）开发项目的保险事宜洽谈。

上述工作完成后，应对项目再进行一次财务评估。因为前期工作需要花费一定时间，而这段时间内决定开发项目成败的经济特性有可能已经发生了变化。当然，通过市场机制以招标、拍卖或挂牌方式获取土地使用权时，土地的规划使用条件已在有关公告、文件中明示（例如容积率、覆盖率、用途、限高等），但有关的具体设计方案，还有待规划部门审批。

获取土地使用权后的最后准备工作就是进行详细设计、编制工作量清单，与承包商谈判并签订建设工程施工承包合同。进行这些工作往往要花费很多时间，在准备项目可行性研究报告时必须考虑时间因素。

（2）开发方案实施前的工作

在开发方案具体实施以前，必须制定项目开发过程的监控策略，以确保开发项目工期、成本、质量和利润目标的实现。

1）安排有关现场办公会、项目协调会的会议计划。

2）编制项目开发进度表，预估现金流。

3）对所有工程图纸是否准备就绪进行检查，如不完备，需要在议定的时间内完成。

3．建设阶段

建设阶段是开发项目建筑工程的施工过程，即把开发过程中所涉及的所有原材料聚集在一个空间和时间点上的过程。项目建设阶段一开始，就意味着在选定的开发地点，以在特定时间段上分布的特定成本，来开发建设一栋或一组特定的建筑物。

开发商在此阶段的主要任务是如何使建筑工程成本支出不超出预算，同时，还要处理工程变更问题、解决施工中出现的争议、支付工程进度款、确保工程按照进度计划实施等。

由于在建设阶段存在着追加成本或工期拖延的可能性，故开发商必须密切注意项目建设过程的进展，定期视察现场，定期与派驻工地的监理工程师沟通，从而全面及时地了解整个建设过程。

4．租售阶段

项目建设完毕后，开发商除了要办理竣工验收和政府批准入住的手续外，往往要看预计的开发成本是否被突破，实际工期较计划工期是否有拖延。但开发商此时更为关注的是，在原先预测的期间内能否以预计的租金或价格水平为项目找到买家或使用者。通常，开发商为了分散投资风险，减轻借贷的压力，在项目建设前或建设过程中就通过预售或预租的形式落实了买家或使用者，但在有些情况下，开发商也有可能在项目完工或接近完工时才开始进行市场营销工作。

对于出售、出租两种流通形式，开发商一般要根据市场状况、回收资金的迫切程度和开发项目的类型来选择。居住物业，通常以出售为主，且多为按套出售；写字楼、酒店、商业用房和工业厂房，常是出租、出售并用，以出租为主。虽然租售环节常常处于开发过程的最后阶段，但它仍然是可行性研究的一个重要组成部分。

上述开发过程主要程序中的每一阶段都对其后续阶段产生重要的影响。例如，准备工作中的方案设计与建筑设计，既是投资机会选择与决策分析阶段工作的结果，又对建设过程中的施工难易、成本高低有影响，更对租售阶段使用者对建筑物功能的满足程度、物业日常维修管理费用的高低、物业经济寿命的长短等有举足轻重的影响。故开发商在整个开发过程中，每一阶段的决策或工作都要经过慎重考虑和统筹规划，这是房地产开发成功与否的关键。

6.4　房地产经营管理

房地产经营是指房地产开发、流通、管理、服务、全过程的经营，经营的概念贯穿于房地产经济活动的全过程。我们不仅在房地产的交换流通领域要遵循价值规律，用经营的观念作为主导思想，及时体现在房地产的开发过程、管理服务过程，而且还要按经营的原则来组织运行。

根据房地产经济活动的过程，房地产经营可分为房地产产品形成环节的经营、房地产产品流通环节的经营和房地产产品消费环节的经营三种，如图6-1所示。

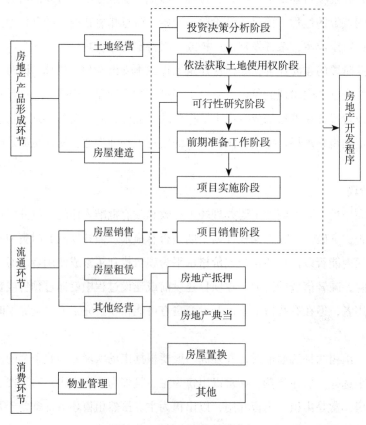

图6-1　房地产经营环节示意

6.4.1 房地产产品形成环节的经营

房地产产品的形成，从立项、选址开始，经历环境分析与机会选择、可行性研究、依法取得土地使用权、前期准备、建设施工一直到竣工验收为止，从时间顺序上来看，与房地产开发的程序是一致的。但这期间需要投入大量人力、物力、财力，需要国土、规划、房管等多个部门组织协调，近百家相关单位密切配合，历经漫长的建设周期，这一过程的总体安排与决策、协调工作，绝非单纯的房地产开发，需要房地产开发与经营企业充分了解市场、统筹规划，悉心经营，才能保证房地产产品形成环节的顺利完成。

6.4.2 房地产产品流通环节的经营

房地产产品形成后，便作为一种特殊商品进入到房地产产品流通环节。流通环节中的房地产经营，主要指的是房地产交易，包括房屋销售、房屋租赁以及房地产抵押、房地产典当、房屋置换等经营形式。流通环节中的房地产经营是房地产经营的主要内容，是房地产企业回收成本、获得预期利润的关键，决定着房地产经营的成败。

1．房屋销售

房屋销售是指房屋作为商品实行的买卖行为，分为住宅房屋销售和非住宅房屋销售两类。影响房屋销售的因素有很多，其中影响最大的是价格。商品价格一般由价值规律决定，但房屋作为一种特殊的商品，其价格构成十分复杂，且这些构成还因时因地而变，加之具体用途不同，理论价格与商品实际价格往往会有一定的差异。此外，由于位置的固定性，房屋作为不动产在流通过程中不能以实物形式在买卖双方之间流转，只能以房产证书上使用权属的变更来公示。

2．房屋租赁

房屋租赁是指房屋所有权人，让渡房屋的使用权，从而通过房屋出租的形式收取租金的一种交易行为。房屋所有人或经营者称为出租人，房屋使用人称为承租人。承租人定期向出租人交付一定数额的租金，并从出租人那里获得的房屋在租赁期内的使用权，而房屋的所有权属不变。

与房屋销售一样，房屋租赁是房地产企业以房屋为商品在金融流通领域实现房屋价值的一种形式。不同的是房屋销售实现的是房屋所有权的转移，而房屋的租赁实现的是一定期限内房屋使用权的转移。

3．其他经营形式

随着我国住房制度改革的深入和市场经济的发展，在房地产市场呈现出了多元化的经营方式。

（1）房地产抵押

房地产抵押是指抵押人以其合法房地产在不转移占有的情况下向抵押权人提供债务履行担保的行为。当债务人到期不履行债务时，抵押权人有权依法以抵押的房地产拍卖所得价款优先受偿。房地产抵押合同为要式合同，须以书面形式签订，并向县级以上人民政府规定部门办理抵押登记，抵押合同自登记之日起生效。

（2）房地产典当

房地产典当是房地产权利特有的一种流通方式，它是指房地产权利人（出典人）在一定期限内，将其所有的房地产，以一定典价将权利让渡给他人（承典人）的行为。房地产设典的权利为房屋所有权，设典时，承典人可以占有、使用房屋，也可以行为上不占有、使用该房屋，但有权将出典的房屋出租或将房屋典权转让。设典时，一般应明确典期，出典人应在典期届满时交还典价和相应约定利息从而赎回出典的房屋，也可以双方约定，由承典人补足典房的差额而实际取得房屋的所有权。

（3）房屋置换

房屋置换是指房屋所有权人或使用权人之间根据各自需要，按照有关法律规定，以房屋互换为主、货币补偿为辅的一种以房换房的交易行为。房屋置换，包括两种形式：一是房屋所有权与土地使用权的转移；二是仅房屋使用权的转移。

房屋置换应遵循平等、自愿、互惠互利、协调一致的原则，签订换房协议，按房屋交易有关规定进行。

6.4.3 房地产产品消费环节的经营

房地产产品在流通过程中作为一种消费商品形成并流转之后，便进入了房地产产品的消费环节。随着国民经济的发展与人民生活水平的提高，房地产企业不但要考虑房地产商品在生产、流通过程中的经济效益，更要考虑物业经营管理中的经济效益。实现物业的经济效益、社会效益与环境效益，提高企业的信誉度，增强企业的市场竞争力，是房地产企业发展势在必行的趋势。

由于土地资源的稀缺性，房地产产品具有保值增值的特点，而实现这种保值增值就需要在房地产产品消费过程中的妥善经营，此阶段经营的主要内容是指物业管理服务。运作良好物业服务不仅可以使物业及其附属设备正常运行并延长使用寿命，更可以为在物业中生活与工作的人们创造一个安全、舒适、文明和谐的生活与工作环境。

? 法律依据及相关知识链接

1. 中华人民共和国城市房地产管理法
2. 中华人民共和国城乡规划法
3. 城市房地产开发经营管理条例
4. 房地产开发企业资质管理规定

案例分析与解答

【案情】

　　甲房地产公司于2010年1月取得一级资质。在S省T市城市规划区内建成阳光住宅小区，占地80公顷，土地性质为基本农田。2011年3月，甲取得T市城市房地产行政主管部门颁发的《商品房预售许可证》，同时委托乙房地产经纪公司代理出售。

【问题】

　　1. 甲公司以出让方式获得阳光小区土地使用权，应当经哪一部门批准？

　　2. 依据有关规定，一级资质的房地产开发企业应当符合哪些条件？

　　3. 甲公司在预售商品房时，应当符合哪些条件？

【参考答案】

　　1. 甲公司以出让方式获得阳光小区土地使用权，应当经国务院批准。

　　2. 一级资质的房地产开发企业应当符合以下条件：

　　（1）注册资本不低于5000万元；

　　（2）从事房地产开发经营5年以上；

　　（3）近3年房屋建筑面积累计竣工30万m²以上，或者累计完成与此相当的房地产开发投资额；

　　（4）连续5年建筑工程质量合格率达100%；

　　（5）上一年房屋建筑施工面积15万m²以上，或者完成与此相当的房地产开发投资额；

　　（6）有职称的建筑、结构、财务、房地产及有关经济类的专业管理人员不少于40人，其中具有中级以上职称的管理人员不少于20人，持有资格证书的专职会计人员不少于4人；

　　（7）工程技术、财务、统计等业务负责人具有相应专业中级以上职称；

　　（8）具有完善的质量保证体系，商品住宅销售中实行了《住宅质量保证书》和《住宅使用说明书》制度；

　　（9）未发生过重大工程质量事故。

　　3. 商品房预售应当符合以下条件：

　　（1）已交付全部土地使用权出让金，取得土地使用权证书。

　　（2）持有建设工程规划许可证和施工许可证。

　　（3）按提供的预售商品房计算，投入开发建设的资金达到工程建设总投资的25%以上，并已确定施工进度和竣工交付日期。

　　（4）已办理预售登记，取得商品房预售许可证明。

练习与思考

单项选择题

1. 设立房地产开发企业的注册资本应在（   ）万元以上。

   A. 50   B. 80

   C. 100   D. 200

2. 房地产开发企业分为四级，其中一级资质注册资本不得低于（   ）万元。

   A. 1000   B. 3000

   C. 5000   D. 8000

3. 房地产开发企业一级资质由（   ）审批。

   A. 市人民政府

   B. 省、自治区、直辖市房地产行政主管部门

   C. 省、自治区、直辖市人民政府

   D. 国务院建设行政主管部门

4. 房地产经营管理中的消费环节指的是（   ）。

   A. 房屋销售   B. 房屋抵押

   C. 房屋租赁   D. 物业管理

5. 获取土地使用权，进行征地、搬迁、安置、补偿是（ ）阶段的主要工作。

   A. 投资机会选择与决策分析   B. 前期工作

   C. 建设阶段   D. 租售阶段

多项选择题

1. 房地产开发是指具有开发资质的房地产开发企业依据相关法律法规及政策，根据城市发展建设总体规划，充分考虑经济效益、社会效益和环境效益的要求，对获取的土地进行（   ）的行为。

   A. 开发   B. 经营

   C. 投资   D. 建设

   E. 管理

2. 下列关于房地产开发与房地产经营的关系，表述正确的有（   ）。

   A. 房地产开发与房地产经营相对独立，各有侧重

   B. 房地产开发以房地产经营为核心

   C. 房地产经营以房地产开发为核心

   D. 房地产经营以房地产开发为前提

   E. 房地产开发以房地产经营为前提

3. 新设立的房地产开发企业，应当自领取营业执照之日起30日内，持下列文件到登记机关所在地的房地产开发主管部门备案：（   ）。

A. 营业执照复印件

B. 企业章程

C. 验资证明

D. 企业法定代表人的身份证明

E. 专业技术人员的资格证书和聘用合同

4. 确定房地产开发项目，应当符合（   ）的要求。

A. 土地利用总体规划　　　　　　B. 年度建设用地规划

C. 城市规划　　　　　　　　　　D. 房地产销售计划

E. 房地产开发年度计划

5. 房地产项目投资机会选择与决策分析阶段，主要包括的步骤有（   ）。

A. 分析拟开发项目用地的范围

B. 投资机会寻找

C. 规划设计及建设方案的制定

D. 投资机会筛选

E. 对可能承担的风险进行分析与评估

是非题

1. 房地产开发企业资质等级证书是企业领取营业执照的必备条件。（   ）

2. 一级资质的房地产开发企业承担房地产项目的建设规模不受限制，可以在全国范围承揽房地产开发项目。（   ）

3. 房地产开发单位可直接到土地管理部门申请开发建设用地，办理土地征用划拨或出让手续。（   ）

4. 申请房地产开发企业《暂定资质证书》的条件不得低于三级资质企业的条件。（   ）

5. 房地产开发程序的第一步是征地、拆迁、安置、补偿。（   ）

简答题

1. 什么是房地产开发？房地产开发有哪些特征？

2. 什么是房地产经营？房地产经营有哪些特征？

3. 简述房地产开发与房地产经营的关系。

4. 简述我国房地产开发企业资质管理制度。

5. 房地产开发必须遵循哪些基本原则？

6. 房地产开发的基本程序有哪些？

7. 房地产经营包括哪些基本环节？每个环节所包含的经营内容有哪些？

房地产交易管理制度

7

【学习目标】

1. 掌握房地产转让概念、方式和条件；商品房预售和现售的条件。

2. 熟悉房地产转让的程序，经济适用住房的转让；房地产抵押概念与抵押范围；房屋租赁的特征，房屋租赁合同的主要条款。

3. 了解房地产抵押的设定、抵押的效力与抵押权的实现；房屋租赁程序的一般规定。

房地产交易是房地产交易主体之间以房地产这种特殊商品作为交易对象所从事的市场交易活动。房地产交易是一种极其专业性的交易。根据《城市房地产管理法》的规定，"房地产交易，包括房地产转让、房地产抵押和房屋租赁"。为了建立和完善房地产市场机制和促进房地产业发展，必须要建立健全这些交易活动的基本制度，保证房地产交易双方当事人的合法权益，规范房地产市场行为，维护其正常的运行。

4. 回归房屋住的本性，完善住房租赁保障体系，促进房屋租赁市场健康发展。

7.1 房地产交易概述

7.1.1 房地产交易概念和特征

1. 房地产交易的概念

交易，本指物物交换，亦包括商品与货币之间的交换，后作为买卖的通称。交易的方式有多种多样，其中有现货交易，也有期货交易等。

房地产交易一般是指房地产买卖。《城市房地产管理法》对房地产交易进行了明确的立法解释：房地产交易是指交易主体之间进行的房地产转让、房地产抵押和房屋租赁等的活动。

2. 房地产交易的特征

房地产交易的特征是由房产和地产的特殊性质决定的。房地产交易与其他商品交易相比，具有以下方面最突出的特征：

（1）房地产交易对象的固定性。房地产交易的对象是房屋和土地，房屋和土地同属于不动产。由于房屋和土地都具有不动产特征，在交易中就显示出与其他商品交易的显著区别：一般商品交易的时间与空间均可分离，特别是在空间上一般都发生移动，而房屋的流通和土地使用权的有偿转让，其交易过程只是货币单方面的运动，并不发生物体的空间移动。

（2）房地产交易形式的多样性。由于房屋使用期长、价值量大、产权性质多元、土地资源的稀缺，引起的土地价格的递增等特征，它们参与交易的金额大，因而具有多种交易形式。除了房屋的买卖、租赁两种主要形式外，还有交换、抵押、典当、信托等其他形式。

（3）地产交易的垄断性。商品交易的前提条件是交易主体对该商品拥有所有权，而房地产交易对象之一的土地却有其特殊性，城市土地所有权属于国家。按法律规定，除了国家用法律手段征收集体所有的土地外，城市土地的所有权是不能发生转移、不允许进行买卖的。但是，土地作为生产要素，其使用权可以进入市场流通。因此，所谓地产交易，实质是土地使用权交易，即交易的只是土地在一定期限内的使用权，而不是土地的所有权。目前，我国城市所实行的土地使用权的有偿出让、转让，都属于这种性质。由于土地的所有权始终掌握在代表国家的各级政府手中，所以地产交易实际上属于政府控制垄断的。

7.1.2　房地产交易的制度

《城市房地产管理法》规定了五项基本制度，即国有土地有偿有期限使用制度、房地产成交价格申报制度、房地产价格评估制度、房地产估价人员资格认证制度和房地产权属登记发证制度。其中，国有土地有偿有期限使用制度和房地产权属登记发证制度，在本书相应章节中均有论述。这里主要介绍房地产交易制度，即房地产成交价格申报制度、房地产价格评估制度、房地产价格评估人员资格认证制度。

1．房地产成交价格申报制度

房地产交易价格管理是房地产交易管理的主要环节之一，它不仅关系着当事人之间的财产权益，而且也关系着国家的税费收益。因此，加强房地产交易价格管理，对于保护当事人的合法权益和保障国家的税收收入，促进房地产市场健康有序发展，有着极其重要的作用。

在房地产成交价格申报制度中，《房地产管理法》规定："国家实行房地产成交价格申报制度。房地产权利人转让房地产，应当向县级以上地方人民政府规定的部门如实申报成交价，不得瞒报或作不实的申报。"《城市房地产转让管理规定》中指出，房地产转让当事人应当在房地产转让合同签订后90日内持房地产权属证书、当事人的合法证明、转让合同等有关文件向房地产所在地的房地产管理部门提出申请，并申报成交价格。房地产转让应当以申报的成交价格作为缴纳税费的依据。房地产管理部门在接到价格申报后，应核实申报的成交价，如成交价格明显低于市场正常价格的，应当及时通知交易双方当事人，按不低于税收机关确认的价格缴纳有关税费后，房地产管理部门办理房地产交易手续，核发权属证书。这些规定为房地产价格申报制度提供了法律依据，也说明了房地产价格申报是房地产交易受法律保护的必要条件之一。

房地产权利人转让房地产，如房地产抵押权人依法拍卖房地产，应当向房屋所在地人民政府房地产行政主管部门如实申报成交价格，由国家对成交价格实施登记审验后，才予以办理产权转移手续，取得确定的法律效力。需要说明的是，房地产行政主管部门发现交易双方的成交价格明显低于市场正常价格时，并不是要求交易双方当事人更改房地产成交价格，只是通知交易双方应当按照什么价格缴纳有关税费，无论其合同中价格为多少，都不影响其办理房地产交易和办理权属证书等有关手续。

2．房地产价格评估制度

房地产价格评估是指房地产专业估价人员根据估价目的，遵循估价原则，按照估价程序，采用科学的估价方法，并结合估价经验对于影响房地产价格因素的分析，对房地产最可能实现的合理价格所作出的推测与判断。

《房地产管理法》规定国家实行房地产价格评估制度，房地产价格评估：应当遵循公正、公平和公开的原则，按照国家规定的技术标准和评估程序，以基准地价、标定地价和各类房屋的重置价格为基础，参照当地的市场价格进行评估。基准地价、标定地价和各类房屋的重置价格应当定期确定并公布，具体办法由国务院规定。其中，基准地价是指按照不同的土地级别、区域分别评估和测算的商业、工业、住宅等各类用地的使用权的平均价格；标定地价是指对需要进行土地使用权出让、转让、抵押的地块评定的具体价格；房屋的重置价格是指按照当前的建筑技术、工艺水平、建筑材料价格、人工和运输费用等条件，重新建造同类结构、式样、质量标准的房屋的价格。

3．房地产价格评估人员资格认证制度

《城市房地产管理法》规定："国家实行房地产价格评估人员资格认证制度。"《城市房地产中介服务管理规定》进一步明确："国家实行房地产价格评估人员资格认证制度。房地产价格评估人员分为房地产估价师和房地产估价员。""房地产估价师必须是经国家统一考试、执业资格认证，取得《房地产估价师执业资格证书》，并经注册登记取得《房地产估价师注册证》的人员。未取得《房地产估价师注册证》的人员，不得以房地产估价师的名义从事房地产估价业务。"

7.1.3 房地产交易的管理机构

房地产交易管理主要是指由国家设立的房地产交易的管理部门及其他相关部门以法律的、行政的、经济的手段，对房地产交易活动行使的指导、监督等管理活动。

房地产交易的管理机构主要是指由国家设立的从事房地产交易管理的职能部门及其授权的机构，具体包括国务院建设行政主管部门即住房和城乡建设部，省级建设行政主管部门即各省、自治区建设厅和直辖市房地产管理局，各市、县房地产管理部门以及房地产管理部门授权的房地产交易管理机构（房地产交易管理所、房地产市场管理处、房地产交易中心等）。

市、县房地产交易管理机构的主要任务是：

（1）执行国家有关房地产交易管理的法律法规、部门规章，并制定具体实施办法；

（2）对房地产交易、经营等活动进行指导和监理，查处违法行为，维护当事人的合法权益；

（3）办理房地产交易登记、鉴证及权属转移审核手续；

（4）协助财政、税务部门征收与房地产交易有关的税费；

（5）为房地产交易提供洽谈协议，交流信息，展示行情等各种服务；

（6）建立定期市场信息发布制度，为政府宏观决策和正确引导市场发展服务。

7.2　房地产转让管理

7.2.1　房地产转让概述

1. 房地产转让的概念

房地产转让是指房地产权利人通过买卖、赠与或者其他合法方式将其房地产转移给他人的行为。对于房地产转让的概念，有其特定的含义，我们可以从以下几个方面来理解：

（1）房地产转让人必须是房地产权利人

房地产转让关系的构成必须有两个主体，其中房地产权利人为转让人，即是房地产的卖方、赠与方等，另一个是接受房地产权利人转让房地产的人为受让人，即是房地产的买方、受赠方等。房地产转让人必须是房地产权利人，这是房地产转让的最基本的条件。因为只有房地产权利人才能决定某项房地产的命运，并根据自己的意愿采取不同的方式处分某项房地产。

（2）房地产权利人的权利内容是特定的

房地产权利人的权利内容包括：国有土地使用权和国有土地上的房屋所有权。这里的房地产转让包含两种情况，一是尚无地上房屋建筑的国有土地使用权转让；二是已有地上房屋建筑的房地产转让。作为尚无地上房屋建筑的国有土地使用权转让，与国有土地使用权出让是不同的，国有土地使用权出让是指国家以土地所有者的身份将国有土地使用权在一定年限内出让给土地使用者，由土地使用者向国家支付土地使用权出让金的行为，而国有土地使用权转让是指土地使用者之间的使用权让渡的行为，除此之外，法律还规定必须是已经完成规定比例投资额但未建成房屋或形成一定用地条件的土地使用权等。

（3）房地产转让是一种要式法律行为

1）房地产转让的双方当事人，应当签订书面转让合同。房地产转让根据转让的权利与内容不同，可有国有土地使用权转让合同、房屋买卖合同、房地产赠与合同、房地产交换合同、房地产抵债合同等。

2）房地产转让必须依法进行。房地产转让必须符合法律规定的条件，如参与房地产转让的当事人必须具有相应的民事行为能力，作为公民，必须是完全民事行为能力人，而法人参与转让也要符合法律的规定。如转让行为不符合法律的规定，其转让行为是一种无效的民事行为，法律不予认可。

3）房地产转让还必须经过转移登记。当事人双方应当向县级以上地方人民政府房产管理部门申请转移登记，并向同级人民政府土地管理部门申请土地使用权变更登记。

2．房地产转让的方式

房地产转让可以通过各种方式进行，主要包括：

（1）房地产买卖。房地产买卖是指房地产权利人将其合法拥有的土地使用权和房屋所有权交付给买受人所有，并由买受人支付约定价款的行为。

（2）房地产赠与。房地产赠与是指房地产权利人依法将其拥有的土地使用权和房屋所有权无偿转移给他人，不要求受赠人支付任何费用或为此承担任何义务的行为。

（3）房地产互换。房地产互换是指不同的房地产权利人之间将自己合法拥有的土地使用权和房屋所有权相互转移的行为。

（4）房地产继承。房地产继承是指被继承人死亡后，其遗留的个人合法房地产转移给继承人所有的行为。

（5）房地产遗赠。房地产遗赠是指房地产权利人生前以遗嘱方式将其个人合法房地产的一部或全部赠给国家、社会团体、集体组织或个人，并于死亡时发生效力的行为。

另外还有房屋分割、合并；以房屋出资入股；法人或者其他组织分立、合并等法律法规规定的其他转让方式。

从房地产转让方式中可以看出其转让主要有两种情况：一种是有偿的，主要指买卖和交换；另一种是无偿的，主要指赠与、继承和遗赠。无论有偿的还是无偿的，房地产转让都是指权利人的转移，即土地使用权人和房屋所有人的变更。

7.2.2　房地产转让条件

由于房地产转让涉及一系列的法律法规，涉及国有土地使用权获得的方式不同，涉及商品房预售等等有关问题，国家法律法规对此作出了具体的规定。

房地产转让的条件，可以分为必备条件和限制条件。

1．房地产转让的必备条件

房地产转让的必备条件是指法律法规规定的、在房地产转让中必须具备的条件。也就是说，如果不具有这些条件就不能转让房地产。由于国有土地使用权取得的方式不同，以致使出让方式和划拨方式取得土地使用权的房地产转让具有了不同的必备条件。

（1）出让方式取得土地使用权的房地产转让的必备条件

1）按照出让合同约定已经支付全部土地使用权出让金，并取得土地使用权证书。这条规定就是说国有土地使用权转让的前提条件必须拥有土地使用权，而要取得土地使用权必须支付出让金和领取使用权证书。这条规定是为了保证国家财政收入和国家对土地出让的宏观管理。

2）按照出让合同的约定进行投资开发，属于房屋建设工程的，完成开发投资总额的25%以上；属于成片开发的土地，形成工业用地或者其他建设用地条件。这条规定就是说在出让合同中明确规定了土地用途，房地产开发企业必须按合同约定进行实际投资。房地产开发企业如要转让房地产，其实际投资必须要达到法定比例和法定要求。属于房屋建设工程，是指一般情况下的房地产项目开发，按出让合同中的规划设计要求，包括建设用地开发和房屋建筑开发的全过程。这种情况下的转让，要完成开发投资总额的25%以上才准许转让。属于成片开发的，是指根据土地使用权出让合同要求，主要进行大面积土地开发的项目，其开发目的是进行土地平整和基础设施、公用设施建设，为将来各类地上建筑提供良好的建设用地，即"生地"变"熟地"的开发。

上述两个条件是并列关系，应当同时具备。

需要说明的是，已建成房屋的房地产转让，转让人还须持有房屋所有权证书。

（2）以划拨方式取得土地使用权的房地产转让的必备条件

以划拨方式取得土地使用权的房地产是不能直接转让的。如要转让房地产必须具备以下条件：

1）按照国务院规定，报有批准权的人民政府审批（在实际操作中一般由房地产行政主管部门来行使）。

2）待有批准权的人民政府批准后，由受让方办理土地使用权出让手续，即办理土地使用权证书，同时缴纳土地使用权出让金。

3）以划拨方式取得土地使用权的，转让房地产报批时，有批准权的人民政府按照国务院规定可以不办理土地使用权出让手续，转让方应当将转让房地产所获收益中的土地收益上缴国家或者作出其他处理。

2．房地产转让的限制条件

房地产转让的限制条件是指法律规定不允许进行房地产转让的情况。一般有以下几种情况：

（1）以出让方式取得的土地使用权，如不符合转让的必备条件，不能转让。

（2）司法机关和行政机关依法裁定，决定查封或者以其他形式限制房地产权利的（证据保全、诉讼保全、查封房产或限制转移房地产的行政决定等），不能转让。

（3）依法收回土地使用权的，不能转让。

（4）共有的房地产是属于共有人共同享有的权利，共有人中的任何人要转让共有的房地产，必须经过其他共有人的书面同意，否则不能转让。

（5）在房地产权属清楚的情况下，房地产权利人才可以转让房地产，而权属有争议的，在权属争议解决前，不能转让。

（6）房地产转让的前提条件必须取得土地使用权和房屋所有权，而权属证书是其法律凭证，因此未依法登记领取权属证书的，不能转让。

（7）法律、行政法规规定禁止的其他情况。

另外根据2005年5月9日《国务院办公厅转发关于做好稳定住房价格工作意见的通知》（国办发〔2005〕26号）（以下简称《通知》）中的规定，"国务院决定，禁止商品房预购人将购买的未竣工的预售商品房再行转让。在预售商品房竣工交付、预购人取得房屋所有权证之前，房地产主管部门不得为其办理转让等手续；房屋所有权申请人与登记备案的预售合同载明的预购人不一致的，房屋权属登记机关不得为其办理房屋权属登记手续。"

7.2.3　商品房销售

商品房销售包括商品房预售和商品房现售。

1．商品房预售

（1）商品房预售的概念

商品房预售是指房地产开发企业将正在建设中的商品房预先出售给买受人，并由买受人支付定金或者房价款的行为。

由于房地产开发的投资额较大，房地产开发企业一般都希望通过商品房预售来扩大投资额，保证建设资金的供给，这也是房地产开发企业掌握市场情况、确定投资计划、加强市场竞争能力的最有效手段；同时这些措施也有利于买受人和社会，它可以减轻买受人的经济负担，提高社会生产资金的周转效率，是市场经济的要求和通行做法。

（2）商品房预售的条件

《城市房地产管理法》明确规定，商品房预售实行预售许可制度。

为了保障商品房买受人的合法权益，防止出现因建设项目审批手续不合、资金短缺、拖延工期，或者房地产开发企业挪用、诈骗商品房预售款等情况的发生，从而避免给买受人造成意外风险损失，法律法规对商品房预售条件作了明确的规定：

1）已交付全部土地使用权出让金，取得土地使用权证书；

2）持有建设工程规划许可证；

3）按提供预售的商品房计算，投入开发建设的资金达到工程建设总投资的25％以上，并已确定施工进度和竣工交付日期。

4）向县级以上人民政府房产管理部门办理预售登记，取得商品房预售许可证明。

（3）商品房预售许可证明的取得

根据《城市商品房预售管理办法》规定，房地产开发企业申请办理《商品房预售许可证》，应当向城市、县房地产管理部门提交下列证件（复印件）及资料：

1）土地使用权证书；

2）建设工程规划许可证；

3）投入开发建设的资金达到工程建设总投资的25％以上的证明，及已确定施工进度和竣工交付日期相关资料；

4）开发企业的《营业执照》和资质等级证书；

5）工程施工合同；

6）商品房预售方案；预售方案应当说明商品房的位置、装修标准、竣工交付日期、预售总面积、交付使用后的物业管理等内容，并应当附商品房预售总平面图、分层平面图；

7）其他有关资料。

（4）商品房预售合同登记备案

房地产开发企业取得了商品房预售许可证后，可以向社会预售其商品房。房地产开发企业应当与买受人签订书面预售合同后，应当在签约之日起30日内持商品房预售合同到县级以上房地产管理部门和土地管理部门办理登记备案手续。

（5）商品房预售的其他规定

1）商品房预售实行实名制购房，推行商品房预销售合同网上即时备案，防范私下交易行为。

2）商品房的预售可以委托代理人办理，但必须有书面委托书。

2．商品房现售

（1）商品房现售的概念

商品房现售是指房地产开发企业将竣工验收合格的商品房出售给买受人，并由买受人支付房价款的行为。

（2）商品房现售的条件

根据《商品房销售管理办法》规定：房地产开发企业应当在商品房现售前将房地产开发项目手册及符合商品房现售条件的有关证明报送房地产开发主管部门备案。同时要求商品房现售应当符合以下条件：

1）现售商品房的房地产开发企业应当具有企业法人营业执照和房地产开发企业资质证书；

2）取得土地使用权证书或者使用土地的批准文件；

3）持有建设工程规划许可证和施工许可证；

4）已通过竣工验收；

5）拆迁安置已经落实；

6）供水、供电、供热、燃气、通信等配套设施具备交付使用条件，其他配套设施和公共设备具备交付使用条件或已确定施工进度和交付日期；

7）物业管理方案已落实。

（3）商品房销售的禁止行为

《商品房销售管理办法》明确规定，商品房销售禁止有下列行为：

1）房地产开发企业不得在未解除商品房买卖合同前，将作为合同标的物的商品房再行销售给他人。

2）房地产开发企业不得采取返本销售或者变相返本销售的方式销售商品房。

3）房地产开发企业不得采取售后包租或者变相售后包租的方式销售未竣工商品房。

4）商品住宅按套销售，不得分割拆零销售。

要严格房地产开发企业和中介机构的市场准入，依法严肃查处违法违规销售行为。对虚构买卖合同，囤积房源；发布不实价格和销售进度信息，恶意哄抬房价，诱骗消费者争购；以及不履行开工时间、竣工时间、销售价格（位）和套型面积控制性项目建设要求的，当地房地产主管部门要将以上行为记入房地产企业信用档案，公开予以曝光。对一些情节严重、性质恶劣的，住建部门会同有关部门要及时依法从严处罚，并向社会公布。

7.2.4 房地产转让合同

房地产转让时，转让人与受让人应当订立书面转让合同。房地产转让合同是指房地产转让当事人之间签订的用于明确双方权利、义务关系的书面协议。为了严格执行房地产交易法律法规，规范房地产市场行为，保障转让当事人的合法利益，房地产转让合同一般使用统一的标准合同本文。

商品房转让合同应当明确以下主要内容：

1. 当事人名称或者姓名和住所；

2. 商品房基本状况；

3. 商品房的销售方式；

4. 房地产价款的确定方式及总价款、付款方式、付款时间；

5. 交付使用条件及日期；

6. 装饰、设备标准承诺；

7. 供水、供电、供热、燃气、通信、道路、绿化等配套基础设施和公共设施的交付承诺和有关权益、责任；

8. 公共配套建筑的产权归属；

9. 面积差异的处理方式；

10. 办理产权登记有关事宜；

11. 解决争议的方法；

12. 违约责任；

13. 双方约定的其他事项。

7.2.5 房地产转让程序

房地产转让必须按照一定的程序。由于存在土地使用权取得的方式、转让方式的不同，其转让的程序也略有不同。根据《城市房地产转让管理规定》的规定，房地产转让的程序如下：

1. 房地产转让当事人签订转让合同；

2. 房地产转让当事人在房地产转让合同签订后90日内持房地产权属证书、当事人的合法证件、转让合同等有关材料向房地产所在地的房地产管理部门提出申请，并申报成交价格；

3. 房地产管理部门在收到有关材料后对其进行审查，并在7日内作出是否受理该申请的书面答复，未作出书面答复的，视为同意受理；

4. 房地产管理部门审核申报的成交价格，并根据需要对转让的房地产进行现场查勘和评估；

5. 房地产转让当事人按照规定缴纳有关税费；

6. 房地产转让当事人向县级以上地方人民政府房地产管理部门申请转移登记，在房地产管理部门办理了房屋权属登记手续后，核发房地产权属证书。

7.2.6 经济适用住房的转让

1．经济适用住房的相关概念

经济适用住房是指政府提供政策优惠，限定套型面积和销售价格，按照合理标准建设，面向城市低收入住房困难家庭供应，具有保障性质的政策性住房。

城市低收入住房困难家庭是指城市和县人民政府所在地镇的范围内，家庭收入、住房状况等符合市、县人民政府规定条件的家庭。

2．经济适用住房的面积控制

根据《经济适用住房管理办法》第十五条规定：经济适用住房单套的建筑面积控制在$60m^2$左右。市、县人民政府应当根据当地经济发展水平、群众生活水平、住房状况、家庭结构和人口等因素，合理确定经济适用住房建设规模和各种套型的比例，并进行严格管理。

3．经济适用住房的上市规定

由于经济适用住房得到政府优惠政策支持，故经济适用住房购房人拥有有限产权。对此国家对经济适用住房的上市规定有着明显的规定：购买经济适用住房不满 5 年，不得直接上市交易，购房人因特殊原因确需转让经济适用住房的，由政府按照原价格并考虑折旧和物价水平等因素进行回购。

购买经济适用住房满5年，购房人上市转让经济适用住房的，应按照届时同地段普通商品住房与经济适用住房差价的一定比例向政府交纳土地收益等相关价款，具体交纳比例由市、县人民政府确定，政府可优先回购；购房人也可以按照政府所定的标准向政府交纳土地收益等相关价款后，取得完全产权。

7.3 房地产抵押管理

7.3.1 房地产抵押的概念及相关概念

1．房地产抵押的概念及特征

（1）房地产抵押的概念

房地产抵押是指抵押人以合法的房地产以不转移占有的方式向抵押权人提供债务履行担保的行为。债务人不履行债务时，抵押权人有权依法以处分抵押的房地产所得的价款优先受偿。

房地产抵押的当事人可以是公民、法人或其他经济组织。其中将依法取得的房地产提供给抵押权人作为债务担保的当事人称为抵押人；将接受房地产抵押作为债务人履行债务担保的当事人称为抵押权人。房地产抵押人可以是债务人，也可以是第三人，即债务人可以以自己的房地产向债权人提供履行担保，也可以由第三人以其房地产向债权人提供债务履行担保。当然抵押人所担保的债权不得超出其抵押物的价值。

（2）房地产抵押权的特征

1）房地产抵押权的从属性。抵押权是为了担保债权而设立的，它与所担保的债权形成主从关系。其一，抵押权的存在以债权的存在为前提。被担保的主债权有效存在，房地产抵押权存在，主债权无效或被撤销，其抵押权也随之失去效力。其二，抵押权随主债权的转移而转移。抵押权与所担保的债权不可分离，抵押权人不能仅将债权转让与他人而自己保留抵押权，也不能自己保留债权而仅将抵押权转让他人，更不能将债权与抵押权分别转让于他人。其三，抵押权随债权的消灭而消灭。

2）房地产抵押权的特定性。

房地产抵押权的特定性是指其以特定的抵押房地产担保特定的债权的特征。房地产抵押人只能以现存的房地产（包括预售房屋）供作抵押，不能以将可以得到的房地产供作抵押；抵押房地产还必须明确的、特定的，有其具体的范围。另一方面，房地产抵押权是针对某一明确的、特定的债权，而不能担保债务人的一切债务。

3）房地产抵押权的物上代位性。

房地产抵押权的物上代位性是指在抵押房地产变化其原有形态或性质时，抵押权的效力仍及于抵押房地产的转换物上。如抵押房地产因毁损、拆除等原因灭失而获得的保险金、赔偿金、补偿费、拆迁费以及其他损害赔偿费等，这些都是抵押房地产的价值转化形式，归房地产权利人所有，这些成为抵押房地产的代位物，抵押权人可对其行使抵押权。

4）房地产抵押权的优先受偿权。抵押权的实质和担保作用在于，当债务人超过抵押合同规定期限没有履行债务时，抵押权人可以拍卖抵押物，并从中优先受偿，这就保证了房地产抵押权可以优先于其他债权人，以抵押的房地产价值确定自己的债权。当存在多个抵押权时，优先受偿权的次序以设定抵押物的时间先后来决定，时间在前的，其优先受偿权在前。

2．房地产抵押的相关概念

根据《物权法》、《城市房地产抵押管理办法》的规定，房地产抵押一般有：

（1）一般房地产抵押权

一般房地产是指抵押权为担保债务的履行，债务人或者第三人不转移房地产的占有，将该房地产抵押给债权人的行为。债务人不履行到期债务或者发生当事人约定的实现抵押权的情形，债权人有权就该房地产优先受偿。

（2）最高额抵押

最高额抵押是指为担保债务的履行，债务人或者第三人对一定期间内将要连续发生的债权用房地产提供担保的行为。债务人不履行到期债务或者发生当事人约定的实现抵押权的情形，抵押权人有权在最高债权额限度内就该担保财产优先受偿。最高额抵押权设立前已经存在的债权，经当事人同意，可以转入最高额抵押担保的债权范围。

（3）预购商品房贷款抵押

预购商品房贷款抵押是指购房人在支付首期规定的房价款后，由贷款银行代其支付其余的购房款，将所购商品房抵押给贷款银行作为偿还贷款履行担保的行为。

（4）在建工程抵押

在建工程抵押是指抵押人为取得在建工程继续建造资金的贷款，以其合法方式取得的土地使用权连同在建工程的投入资产，以不转移占有的方式抵押给贷款银行作为偿还贷款履行担保的行为。

7.3.2　房地产抵押的范围

房地产抵押范围是指房地产抵押权标的的范围。根据《物权法》的规定，债务人或者第三人对下列财产可以抵押：建筑物和其他土地附着物；建设用地使用权；以招标、拍卖、公开协商等方式取得的荒地等土地承包经营权；正在建设中的建筑物等。具体而言，债务人或者第三人有权处分的财产可以抵押的包括：

（1）房屋所有权连同该房屋占用范围内的土地使用权；

（2）在取得国有土地使用权的出让土地上建成房屋，该房屋连同土地使用权可成为抵押财产，即使仅取得出让土地使用权而未予投资开发建设的，也可以成为抵押财产；

（3）抵押房地产的附属物，房地产附属物是指附属在房地产之上的物；

（4）抵押房地产的从物，在一般情况下，抵押房地产的从物应当随同主物列入抵押范围；

（5）依法获得的预售商品房等。

根据《物权法》的规定，下列财产不得抵押：

（1）土地所有权；

（2）耕地、宅基地、自留地、自留山等集体所有的土地使用权，但法律规定可以抵押的除外；

（3）学校、幼儿园、医院等以公益为目的的事业单位、社会团体的教育设施、医疗卫生设施和其他社会公益设施；

（4）所有权、使用权不明或者有争议的财产；

（5）依法被查封、扣押、监管的财产；

（6）法律、行政法规规定不得抵押的其他财产。

7.3.3　房地产抵押的设定

房地产抵押的设定是指设立房地产抵押的具体法律规定。根据《物权法》和《城市房地产抵押管理办法》的规定，房地产抵押设定的具体法律法规规定如下：

1. 抵押人所担保的债权不得超出其抵押物的价值。

房地产抵押后，该抵押房地产的价值大于所担保债权的余额部分，可以再次抵押，但不得超出余额部分。

2. 以享受国家优惠政策购买的房地产抵押的，其抵押额以房地产权利人可以处分和收益的份额比例为限。

3. 以出让土地使用权设定抵押权的，抵押权设定前原有的地上房屋及其他附属物应同时抵押。

4. 以两宗以上房地产设定同一抵押权的，共同视为同一抵押物；在抵押权存续期间，它们承担共同担保义务不可分割。

5. 国有企业、事业单位法人以国家授予其经营管理的房地产设定抵押权的，应当符合国有资产管理的有关规定。

6. 以集体所有制企业的房地产设定抵押权的，必须经集体所有制企业职工（代表）大会通过，并报其上级主管机关备案。

7. 以中外合资企业、合作经营企业和外商独资企业的房地产设定抵押权的，必须经董事会通过，但企业章程另外规定的除外。

8. 以有限责任公司、股份有限公司的房地产设定抵押权的，必须经董事会或者股东大会通过，但企业章程另有规定的除外。

9. 以有经营期限的企业以其所有的房地产设定抵押权的，其设定的抵押期限不得超过企业的经营期限。

10. 以有土地使用期限的房地产设定抵押权的，所设定的抵押期限不得超过土地使用权出让合同规定的使用年限减去已经使用年限后的剩余年限。

11. 抵押人以共同共有的房地产设定抵押的，应事先征得其他共有人的书面同意，所有共有人均为抵押人；以按份共有的房地产设定抵押的，抵押人应书面通知其他共有人，并以其本人所有的份额为限。

12. 以预购商品房贷款抵押的，其前提条件是商品房开发项目必须符合房地产转让条件并取得商品房预售许可证，并须持有商品房预售合同及按规定办妥其有关登记手续。

13. 以有限产权房屋设定抵押权的，只能以房屋所有人原来出资的比例为限，并且必须符合国家及地方关于有限产权房屋的管理规定。

14. 以已出租的房地产设定抵押权的，抵押人应当将租赁情况告知抵押权人，并将抵押情况告知承租人，原租赁关系继续有效。

15. 已设定抵押权的房地产再作抵押时，抵押人应当事先将已抵押的状况告知拟接受再抵押者，并必须征得前一个的抵押权人的书面同意，后一个抵押权所担保的债务履行期限不得早于前一个抵押权所担保的债务的履行期限。

16. 企事业单位法人分立或合并后，原抵押合同继续有效。其权利和义务由拥有抵押物的企业享有和承担。

抵押人死亡、依法被宣告死亡或者被宣告失踪时，其房地产合法继承人或者代管人应当继续履行原抵押合同。

17. 抵押权人在债务履行期届满前，不得与抵押人约定债务人不履行到期债务时抵押财产归债权人所有。

18. 担保期间，担保财产毁损、灭失或者被征收等，担保物权人可以就获得的保险金、赔偿金或者补偿金等优先受偿。被担保债权的履行期未届满的，也可以提存该保险金、赔偿金或者补偿金等。

19. 以正在建造的建筑物抵押的，应当办理抵押登记。抵押权自登记时设立。

20. 被担保的债权既有物的担保又有人的担保的，债务人不履行到期债务或者发生当事人约定的实现担保物权的情形，债权人应当按照约定实现债权；没有约定或者约定不明确的，债务人自己提供物的担保的，债权人应当先就该物的担保实现债权；第三人提供物的担保的，债权人可以就物的担保实现债权，也可以要求保证人承担保证责任。提供担保的第三人承担担保责任后，有权向债务人追偿。

21. 其他法律、行政法规的规定。

7.3.4 房地产抵押合同

1. 房地产抵押合同的订立

为了保障抵押当事人的合法权益，房地产抵押必须签订书面合同。双方应当就合同主要条款协商一致。内容符合有关法律法规。签订抵押合同前，依法应对抵押房地产进行估价的，可由抵押当事人协商确定，也可以委托授权认可的估价机构评估，估算出并确认抵押房地产的实际价值。对于抵押房地产的评估结果，应当在抵押合同中载明。

2. 房地产抵押合同的主要内容

房地产抵押合同一般应载明以下主要内容：

（1）被担保债权的种类和数额；

（2）债务人履行债务的期限；

（3）抵押财产的名称、数量、质量、状况、所在地、所有权归属或者使用权归属；

（4）担保的范围；

（5）双方约定的其他事项。

3. 房地产抵押登记

房地产抵押合同订立后，抵押当事人必须在该抵押合同签订之日起三十日内，按房地产登记管理权限向房地产管理部门办理抵押登记。

根据《房屋登记办法》规定，办理抵押登记时，抵押当事人应当向登记机关交验下列有关文件：

（1）登记申请书；

（2）申请人的身份证明；

（3）房屋所有权证书或者房地产权证书；

（4）抵押合同；

（5）主债权合同；

（6）其他必要材料。

当事人也可委托代理人办理房地产抵押登记手续。没有经过抵押登记的房地产抵押行为无效。

登记机关应当对申请人的申请进行审核。凡权属清楚、证明材料齐全的，应当在受理登记之日起10个工作日内将申请登记事项记载于房屋登记簿或者作出不予登记的决定。如以依法取得的房屋所有权证书的房地产抵押的，登记机关在原《房屋所有权证》上作他项权利记载后，由抵押人收执。并向抵押权人颁发《房屋他项权证》。

7.3.5 房地产抵押的效力

抵押期间，抵押人转让已办理登记的抵押物的，应当通知抵押权人并告知受让人转让物已经抵押的情况；抵押人未通知抵押权人或者告知受让人的，转让行为无效。转让抵押物的价款明显低于其价值的，抵押权人可以要求抵押人提供相应的担保；抵押人不提供的，不得转让抵押物。抵押权人同意，抵押人转让抵押物时，转让所得价款应当向抵押权人提存所担保的债权或者向与抵押权人约定的第三人提存。超过债权数额的部分，归抵押人所有，不足部分由债务人清偿。

房地产抵押关系存续期间，房地产抵押人应当维护抵押房地产的安全完好，抵押权人发现抵押人的行为足以使抵押物价值减少的，有权要求抵押人停止其行为。抵押物价值减少时，抵押权人有权要求抵押人恢复抵押物的价值，或者提供与减少的价值相当的担保。抵押人对抵押物价值减少无过错的，抵押权人只能在抵押人因损害而得到的赔偿范围内要求提供担保。抵押物价值未减少的部分，仍作为债权的担保。

7.3.6 房地产抵押权的实现

抵押权的实现又称为抵押权的实行，是指抵押权人实行抵押权，在抵押物的价值内就其债权进行优先受偿的法律现象。实现抵押权是抵押权人的主要权利，也是抵押权人设定抵押权的目的。

根据《物权法》规定：债务人不履行到期债务或者发生当事人约定的实现抵押权的情形，抵押权人可以与抵押人协议以抵押财产折价或者以拍卖、变卖该抵押财产所得的价款优先受偿。如协议损害其他债权人利益的，其他债权人可以在知道或者应当知道撤销事由之日起一年内请求人民法院撤销该协议。

抵押权人与抵押人未就抵押权实现方式达成协议的，抵押权人可以请求人民法院拍卖、变卖抵押财产。抵押财产折价或者变卖的，应当参照市场价格。抵押财产折价或者拍卖、变卖后，其价款超过债权数额的部分归抵押人所有，不足部分由债务人清偿。

同一财产向两个以上债权人抵押，拍卖、变卖抵押物所得的价款依照下列规定清偿：①抵押权已登记的，按照登记的先后顺序清偿，顺序相同的，按照债权的比例清偿；②抵押权已登记的先于未登记的受偿；③抵押权未登记的，按照债权比例清偿。

建设用地使用权抵押后，该土地上新增的建筑物不属于抵押财产。需要拍卖该建设用地使用权的，应当将该土地上新增的建筑物与建设用地使用权一并拍卖，但拍卖新增建筑物所得的价款，抵押权人无权优先受偿。

以乡镇、村企业的厂房等建筑物占用范围内的建设用地使用权一并抵押的，实现抵押权后，未经法定程序，不得改变土地所有权的性质和土地用途。

对于设定房地产抵押权的土地使用权是以划拨方式取得的，依法拍卖该房地产后，应当从拍卖所得的价款中缴纳相当于应缴纳的土地使用权出让金的款额后，抵押权人方可优先受偿。

在抵押权人实现抵押权后，为债务人抵押担保的第三人，有权向债务人追偿。

抵押权因抵押物灭失而消灭。因灭失所得的赔偿金，应当作为抵押财产。

7.4　房屋租赁管理

7.4.1　房屋租赁概述

1．房屋租赁的概念

房屋租赁是指房屋所有权人作为出租人将其房屋出租给他人使用，由承租人向出租人支付租金的行为。其中房屋所有权人是房屋出租人，房屋使用人是房屋承租人。

在房屋租赁关系中，房屋所有人转移的是房屋的占有权和使用权，因此，承租人拥有的只是房屋的占有权、使用权及部分收益权，而房屋的大部分收益权和处分权仍属出租人。这种所有权和使用权相分离，相当于以租金为价格形式分期地逐步收回房屋的投资和利息（房屋零星出售）。这是房屋租赁与房屋买卖最主要的区别。

2．房屋租赁的特征

房屋租赁作为一种特定的商品交换的经济活动形式，它具有以下特征：

（1）房屋租赁的标的物是特定物的房屋

房屋作为不动产，不同于其他财产，它是特定物，而不是种类物。出租人在提供房屋时，只能按合同规定的房屋出租，而不能用其他的同类房屋替代；租赁合同终止后，承租人应将原房屋交还给出租人，也不能以同类房屋来替代。

（2）房屋租赁是一种经济的契约关系

1）房屋租赁是一种民事法律行为，出租人和承租人应当签订书面租赁合同，约定租赁期限、租赁用途、租赁价格、修缮责任等条款，以及双方的其他权利和义务，并向房地产管理部门登记备案。

2）房屋租赁是双方有偿的。在房屋租赁关系中，租赁双方都享有权利和承担义务：出租人有义务将房屋交付给承租人使用，同时享有向承租人收取租金的权利；承租人有义务按期支付租金，同时有权利使用出租人提供的房屋。

3）房屋租赁中的所有权和使用权暂时分离。在房屋租赁关系中，出租人只是不定期或定期地转移出租房屋的占有权和使用权，该房屋的处分权始终属于出租人。在房屋租赁关系存续期间，即使出租房屋的所有权发生转移，原租赁的合同关系依然有效，房屋所有人或受让人必须尊重承租人的合法权益。

4）违约必须承担法律责任。租赁双方必须依法履行合同，如果违约，就要承担民事责任。对此《中华人民共和国合同法》（第十二章租赁合同）和《商品房屋租赁管理办法》都中有明确规定。

（3）租赁双方都必须是符合法律法规规定的责任人

出租人一般应是拥有房屋所有权的自然人、法人或其他组织，才能有权将房屋所有权中的占有权、使用权转移给他人。代理他人出租，必须在产权人的明确授权下方可行使。承租人可以是中华人民共和国境内外的自然人、法人或其他组织，但首先是应当具有民事行为能力的人，能签订租赁合同；其次是要符合土地使用权出让合同、土地租赁合同等约定的对象。

3．房屋租赁的限制条件

根据《商品房屋租赁管理办法》等有关法规，公民、法人或者其他组织对享有所有权的房屋和国家授权管理及经营的房屋可以出租。但有下列情形之一的房屋不得出租：

（1）属于违法建筑的；

（2）不符合安全、防灾等工程建设强制性标准的；

（3）违反规定改变房屋使用性质的；

（4）法律、法规规定禁止出租的其他情形。

4．房屋租赁分类

房屋租赁按照不同的标准，可作不同分类。

（1）按租赁房屋的用途不同，可将租赁房屋分为住宅租赁和非住宅租赁。其中住宅租赁最为常见，非住宅中的商业用房、办公用房的租赁随着市场经济的发展日趋增多，并已形成专业化管理。

（2）按租赁房屋的产权性质不同，可将租赁房屋分为公房租赁和私房租赁。公房一般为国家所有的房屋；私房一般是指城镇居民个人所有的房屋。随着房产经营管理体制和住房制度改革的不断深化，房屋租赁已逐步实现公房租赁、私房租赁并进的格局。

（3）按房屋租赁期限确定不同，可分为定期租赁和不定期租赁。定期租赁是指如不续租，则在合同租期届满之日终止；不定期租赁是指出租人可随时要求收回房屋，但应提前通知承租人（一般为提前3个月）。对此《合同法》中明确规定，租赁双方当事人对租赁合同未采用书面形式的，视为不定期租赁。

7.4.2 房屋租赁合同

房屋租赁是房地产交易行为之一，租赁关系的建立是以房屋出租人和承租人达成协议为标志。房屋租赁合同是出租人将租赁房屋交付承租人使用、收益，承租人支付租金的合同。

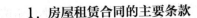

1. 房屋租赁合同的主要条款

根据《商品房屋租赁管理办法》规定，房屋租赁当事人应当依法订立租赁合同。房屋租赁合同的内容由当事人双方约定，一般应当包括以下内容：

（1）房屋租赁当事人的姓名（名称）和住所；

（2）房屋的坐落、面积、结构、附属设施，家具和家电等室内设施状况；

（3）租金和押金数额、支付方式；

（4）租赁用途和房屋使用要求；

（5）房屋和室内设施的安全性能；

（6）租赁期限；

（7）房屋维修责任；

（8）物业服务、水、电、燃气等相关费用的缴纳；

（9）争议解决办法和违约责任；

（10）其他约定。

在上述合同条款中，租赁用途、租金数额、租赁期限、修缮责任等是必备条款。

房屋租赁当事人应当在房屋租赁合同中约定房屋被征收或者拆迁时的处理办法。

建设（房地产）管理部门可以会同工商行政管理部门制定房屋租赁合同示范文本，供当事人选用。

在正式订立合同前，租赁双方当事人应共同清点房屋的设备、地上的附着物，必要时还需抄水、电、煤气表数等，并开列清单，双方在清单上签字，清单作为合同的附件。

2. 租赁双方当事人的权利和义务

（1）出租人的权利和义务

1）有按期收取租金的权利。对租金拖欠者，要收取滞纳金。

2）有监督承租人合理使用房屋的权利。出租人对承租人在使用房屋过程中擅自改变房屋使用性质和拆改私搭、破坏房屋与附属设备等情况，有权制止其违约或违法行为，并要求恢复原状或赔偿经济损失。

3）有依法收回出租房屋的权利。在租赁期限届满时，出租人有权收回房屋。承租人如有违约或违法活动、无故长期空置等情况，出租人有权提前收回房屋。如承租人拒不执行，可以诉请人民法院处理。

4）出租住房的，应当以原设计的房间为最小出租单位，人均租住建筑面积不得低于当地人民政府规定的最低标准。

厨房、卫生间、阳台和地下储藏室不得出租供人员居住。

5）有保障承租人合法使用房屋的义务。出租人应当依照租赁合同约定的期限将房屋交付承租人，不能按期交付的，应当支付违约金；给承租人造成损失的，应当承担赔偿责任。

6）有修缮出租房屋的义务。出租人应当按照合同约定履行房屋的维修义务并确保房屋和室内设施安全。未及时修复损坏的房屋，影响承租人正常使用的，应当按照约定承担赔偿责任或者减少租金。

7）房屋租赁合同期内，出租人不得单方面随意提高租金水平。

8）有将租金中所含土地收益上缴国家的义务。以营利为目的，房屋所有人将以划拨方式取得使用权的国有土地上建成的房屋出租的，应当将在租金中所包含的土地收益上缴给国家。

（2）承租人的权利和义务

1）有按租赁合同所规定的房屋用途使用房屋的权利。在租赁期限内，出租人确需提前收回房屋时，应当事先征得承租人同意，如给承租人造成损失的，应当予以赔偿。

2）有要求保障房屋安全的权利。对非人为原因造成房屋与设备损坏的，有权要求出租人维修、养护。

3）有优先购买或优先承租权利。租赁期限内，房屋所有权人转让房屋所有权时，应提前三个月通知承租人，在同等条件下，承租人有优先购买权；租赁期满出租人需将该房屋再出租的，承租人与第三人在同等条件下，承租人有优先承租权。

4）有按期交纳租金的义务。

5）有按约定用途合理使用房屋的义务。承租人应当爱护并合理使用所承租的房屋及附属设施。不得擅自拆改、扩建或增添，确需变动的，必须征得出租人的同意：并签订书面合同。承租人因使用不当等原因造成承租房屋和设施损坏的，承租人应当负责修复或者承担赔偿责任。

6）有在租赁合同终止时及时交还房屋的义务。如承租人需要继续租用，应当在租赁期限届满前3个月提出，并经出租人同意，重新签订租赁合同。

7）承租人转租房屋的，应当经出租人书面同意。

3．租赁合同的变更和解除

租赁合同一经签订，租赁双方必须严格遵守。当事人协商一致，可以变更租赁合同。

有下列情况之一的，出租人可以解除租赁合同：

（1）承租人未经出租人书面同意擅自转租的；

（2）承租人未按照约定的方法或者租赁房屋的性质使用租赁房屋，致使租赁房屋受到损失的；

（3）承租人无正当理由未支付或者迟延支付租金，经出租人要求承租人在合理期限内支付，承租人逾期不支付的；

（4）法律、法规规定的其他可以收回的。

发生上述行为，出租人除解除租赁合同、收回房屋外，还可索赔由此造成的损失。

7.4.3 房屋租赁程序和登记备案的一般规定

1．租赁双方当事人订立房屋租赁合同。租赁合同须使用"规范合同文本"。

2. 房屋租赁当事人向房产管理部门提出申请。

房屋租赁实行登记备案制度，即签订、变更、终止租赁合同的，当事人应当向房屋所在地房地产管理部门登记备案。

房屋租赁当事人可以书面委托他人办理房屋租赁登记备案。

房屋租赁当事人在房屋租赁合同订立后三十日内，应当到租赁房屋所在地直辖市、市、县人民政府建设（房地产）主管部门办理房屋租赁登记备案。申请时应当提交：房屋租赁合同；房屋租赁当事人身份证明；房屋所有权证书或者其他合法权属证明；直辖市、市、县人民政府建设（房地产）主管部门规定的其他材料。如出租共有房屋，须提交其他共有人同意出租的证明；出租委托代管房屋，须提交委托代管人授权出租的证明。

房屋租赁当事人提交的材料应当真实、合法、有效，不得隐瞒真实情况或者提供虚假材料。

3. 直辖市、市、县人民政府建设（房地产）主管部门对租赁双方当事人所提供的材料进行审核，对符合下列要求的，应当在三个工作日内办理房屋租赁登记备案，向租赁当事人开具房屋租赁登记备案证明：

（1）申请人提交的申请材料齐全并且符合法定形式；

（2）出租人与房屋所有权证书或者其他合法权属证明记载的主体一致；

（3）不属于《商品房屋租赁管理办法》规定不得出租的房屋。

申请人提交的申请材料不齐全或者不符合法定形式的，直辖市、市、县人民政府建设（房地产）主管部门应当告知房屋租赁当事人需要补正的内容。

房屋租赁登记备案证明应当载明出租人的姓名或者名称，承租人的姓名或者名称、有效身份证件种类和号码，出租房屋的坐落、租赁用途、租金数额、租赁期限等。

房屋租赁登记备案证明遗失的，应当向原登记备案的部门补领。

房屋租赁登记备案内容发生变化、续租或者租赁终止的，当事人应当在三十日内，到原租赁登记备案的部门办理房屋租赁登记备案的变更、延续或者注销手续。

直辖市、市、县建设（房地产）主管部门应当建立房屋租赁登记备案信息系统，逐步实行房屋租赁合同网上登记备案，并纳入房地产市场信息系统。

房屋租赁登记备案记载的信息应当包含以下内容：

（1）出租人的姓名（名称）、住所；

（2）承租人的姓名（名称）、身份证件种类和号码；

（3）出租房屋的坐落、租赁用途、租金数额、租赁期限；

（4）其他需要记载的内容。

4. 出租人或转租人应向租赁房屋所在地的税务机关办理纳税申报登记。出租人收取租金时，应向所属的税务机关申请填领统一发票，并按规定缴纳税款。

5. 承租人为境内流动人员，有些地方人民政府还规定必须到房屋所在地公安警署领取《房屋租赁治安许可证》，其目的在于统一管理，维护社会治安秩序的稳定。

7.5 促进房屋租赁市场发展

7.5.1 公租房、廉租房保障

住房和城乡建设部、财政部、国家发展改革委《关于公共租赁住房和廉租住房并轨运行的通知》（建保〔2013〕178号）印发后，各地认真贯彻落实，并轨运行工作取得积极成效。2014年住建部为进一步做好有关运行管理工作，又提出如下意见：

1．明确保障对象

并轨后公共租赁住房的保障对象，包括原廉租住房保障对象和原公共租赁住房保障对象，即符合规定条件的城镇低收入住房困难家庭、中等偏下收入住房困难家庭，及符合规定条件的新就业无房职工、稳定就业的外来务工人员。

2．科学制定年度建设计划

各地应根据城镇低收入和中等偏下收入住房困难家庭对公共租赁住房需求，考虑符合当地住房保障条件的新就业无房职工、进城落户农民和外来务工人员的需要，结合当地经济社会发展水平和政府财政能力，科学制定公共租赁住房年度建设计划。要创新融资机制，多方筹集资金，做好公共租赁住房及其配套基础设施和公共服务设施规划建设，方便群众生产生活。落实民间资本参与公共租赁住房建设的各项支持政策。

3．健全申请审核机制

各地要整合原廉租住房和公共租赁住房受理窗口，方便群众申请。要明确并轨后公共租赁住房保障对象收入审核部门职责及协调机制。落实申请人对申请材料真实性负责的承诺和授权审核制度。社会投资建设公共租赁住房的分配要纳入政府监管。符合规定条件的住房保障对象，到市场承租住房的，可按各地原政策规定，继续领取或申请领取租赁住房补贴。

4．完善轮候制度

各地应当根据本地实际情况，合理确定公共租赁住房轮候期，对登记为轮候对象的申请人，应当在轮候期内给予安排。要优化轮候规则，坚持分层实施，梯度保障，优先满足符合规定条件的城镇低收入住房困难家庭的需求，对城镇住房救助对象，即符合规定标准的住房困难的最低生活保障家庭、分散供养的特困人员，依申请做到应保尽保。

5．强化配租管理

省级住房城乡建设部门要制定公共租赁住房合同示范文本，明确租赁双方权利义务。公共租赁住房租金原则上按照适当低于市场租金的水平确定。已建成并分配入住廉租住房统一纳入公共租赁住房管理，对已入住的城镇低收入住房困难家庭，其租金水平仍按原合同约定执行。对于新增城镇低收入住房困难家庭，租赁政府投资建设的公共租赁住房，应采取租金减免方式予以保障，不宜按公共租赁住房租金水平先收后返。

6．加强使用退出管理

公共租赁住房的所有权人及其委托的运营单位应当依合同约定，切实履行对公共租赁住房及其配套设施的维修养护责任，确保公共租赁住房的正常使用。经公共租赁住房所有权人或其委托的运营单位同意，承租人之间可以互换所承租的公共租赁住房。完善城镇低收入住房困难家庭资格复核制度，不再符合城镇低收入住房困难家庭条件但符合公共租赁住房保障对象条件的，可继续承租原住房，同时应调整租金。承租人违反有关规定或经审核不再符合公共租赁住房保障条件的，应退出公共租赁住房保障。

7．推进信息公开工作

各地要全面公开公共租赁住房的年度建设计划、完成情况、分配政策、分配对象、分配房源、分配程序、分配过程、分配结果及退出情况等信息，畅通投诉监督渠道，接受社会监督。

7.5.2 加快发展房屋租赁市场

2015年1月6日中华人民共和国住房和城乡建设部发布《住房城乡建设部关于加快培育和发展住房租赁市场的指导意见》，开启了加快住房租赁市场发展的新篇章。针对近年来，我国住房租赁市场快速发展，住房租赁规模逐步扩大，为解决居民居住问题、推动经济社会发展作出了重要贡献。据统计，城市居民家庭通过租赁解决住房问题比例逐年上升，进城务工人员主要通过租赁方式解决住房问题。与此同时，住房租赁市场发展还不能完全适应经济社会发展的需要，存在供应总量不平衡、供应结构不合理、制度措施不完善，特别是供应主体较为单一等问题。为加快培育和发展住房租赁市场，住房和城乡建设部提出：

1．统一认识，明确要求

（1）充分认识培育和发展住房租赁市场的重要意义。住房租赁市场是我国住房供应体系的重要组成部分，在经济社会发展中起到十分重要的作用。没有发育完善的租赁市场，住房供应体系就不完整、居民对住房的合理消费就得不到满足、住有所居的目标就难以实现、人口有序流动就会受到制约、承租人的合法权益就难以得到保障、大量的存量房源就得不到充分利用。

培育和发展住房租赁市场，有利于完善住房供应体系，解决不同需求居民住房问题；有利于拓宽公共租赁住房房源渠道，完善住房保障体系；有利于盘活存量房源，提高资源利用效率；有利于新型城镇化建设，促进人口有序流动；有利于加强和改进社会管理和服务，提高社会治理能力。各级住房城乡建设主管部门要切实把握当前有利机遇，加快推进住房租赁市场发展。

（2）总体要求。发挥市场在资源配置中的决定性作用和更好发挥政府作用，积极推进租赁服务平台建设，大力发展住房租赁经营机构，完善公共租赁住房制度，拓宽融资渠道，推动房地产开发企业转型升级，用3年时间，基本形成渠道多元、总量平衡、结构合理、服务规范、制度健全的住房租赁市场。

2．建立多种渠道，发展租赁市场

（1）建立住房租赁信息政府服务平台。搭建住房租赁信息政府服务平台，是各市县房地产管理部门职能所在，是政府引导市场的重要手段。建立政府服务平台，为租赁市场供需双方提供高效、准确、便捷的信息服务，出租人可随时发布出租房屋的区位、面积、户型、价格等信息，承租人可发布租赁房屋的需求信息，逐步实现在平台上进行对接；提供房屋租赁合同示范文本，明确提示双方的权利义务；为房地产中介机构备案提供方便，公布经备案的房地产中介机构名单，房地产中介机构和从业人员信用档案等信息。有条件的城市，要逐步实现房屋租赁合同网上登记备案，方便群众办事。

（2）积极培育经营住房租赁的机构。推进住房租赁规模化经营，能够提升租赁服务水平，稳定租赁关系，规范租赁行为，促进住房租赁市场发展。鼓励成立经营住房租赁的机构，通过长期租赁或购买社会房源，可直接向社会出租；也可以根据市场需求进行装修改造后，向社会出租。经营住房租赁的机构，要提供专业化的租赁服务。积极引导经营住房租赁的机构，从事中小户型、中低价位的住房租赁经营服务。探索建立支持经营住房租赁机构发展的融资渠道。

（3）支持房地产开发企业将其持有房源向社会出租。支持房地产开发企业改变经营方式，从单一的开发销售向租售并举模式转变。鼓励有条件的房地产开发企业，在新建商品房项目中长期持有部分房源，用于向市场租赁；也可以与经营住房租赁的企业合作，建立开发与租赁一体化、专业化的运作模式。支持房地产开发企业将其持有的存量房源投放到租赁市场，也可以转成租赁型的养老地产、旅游地产等。

（4）积极推进房地产投资信托基金（REITs）试点。REITs是一种金融投资产品，推进REITs试点，有利于促进住房租赁市场发展，有利于解决企业的融资渠道，有利于增加中小投资者的投资渠道。通过发行REITs，可充分利用社会资金，进入租赁市场，多渠道增加住房租赁房源供应。积极鼓励投资REITs产品。各城市要积极开展REITs试点，并逐步推开。

（5）支持从租赁市场筹集公共租赁房房源。从租赁市场筹集公共租赁房房源，有利于提高安置工作效率，有利于盘活存量住房，有利于解决公共租赁住房管理难等问题。各地可以通过购买方式，把适合作为公租房或者经过改造符合公租房条件的存量商品房，转为公共租赁住房，保障性住房要逐步从实物保障为主转向建设和租赁补贴并重，"补砖头"与"补人头"相结合。鼓励和支持符合公共租赁住房保障条件的家庭，通过租赁市场解决住房问题，政府按规定提供货币化租赁补贴。

3．加强领导，狠抓落实

（1）加强组织领导。培育和发展住房租赁市场工作是各级住房城乡建设部门的重要职责。各地要高度重视，狠抓落实。各省级住房城乡建设部门要切实加强指导和监督，积极与有关部门沟通，研究制定本地区支持政策，形成政策合力。各市县房地产管理部门要切实负起责任，积极与有关部门配合，切实抓好落实工作。

（2）加强统筹谋划。各市县要结合本地实际，科学规划本地区住房租赁市场发展，制定具体的工作方案。工作方案要明确目标、主要任务、具体工作安排和政策措施。要建立健全工作机构，明确工作机构，充实人员力量，保证工作有序推进。

（3）加强政策支持。培育住房租赁市场是一个系统工程，涉及多个方面，各地要在金融、税收和经营管理等给予政策支持。积极鼓励和引导国内外资金进入住房租赁市场。对于机构、房地产开发企业，经营租赁住房需要办理规划变更、装修改造等相关手续的，积极给予支持。对租房居民需要出具稳定居所证明的，应简化流程，积极办理。同时，各地要加强宣传，正确引导居民住房消费，营造良好的社会氛围。

7.5.3 利用集体建设用地建设租赁住房

按照中央有关精神，结合当前管理工作实际，制定了以下试点方案。

利用集体建设用地建设租赁住房，可以增加租赁住房供应，缓解住房供需矛盾，有助于构建购租并举的住房体系，建立健全房地产平稳健康发展长效机制；有助于拓展集体土地用途，拓宽集体经济组织和农民增收渠道；有助于丰富农村土地管理实践，促进集体土地优化配置和节约集约利用，加快城镇化进程。

1．总体要求

（1）指导思想。全面贯彻党的十八大和十八届三中、四中、五中、六中全会精神，深入学习贯彻习近平总书记系列重要讲话精神，紧紧围绕统筹推进"五位一体"总体布局和协调推进"四个全面"战略布局，牢固树立创新、协调、绿色、开放、共享的发展理念，按照党中央、国务院决策部署，牢牢把握"房子是用来住的，不是用来炒的"定位，以构建购租并举的住房体系为方向，着力构建城乡统一的建设用地市场，推进集体土地不动产登记，完善利用集体建设用地建设租赁住房规则，健全服务和监管体系，提高存量土地节约集约利用水平，为全面建成小康社会提供用地保障，促进建立房地产平稳健康发展长效机制。

（2）基本原则

把握正确方向。坚持市场经济改革方向，发挥市场配置资源的决定性作用，注重与不动产统一登记、培育和发展住房租赁市场、集体经营性建设用地入市等改革协同，加强部门协作，形成改革合力。

保证有序可控。政府主导，审慎稳妥推进试点。项目用地应当符合城乡规划、土地利用总体规划及村土地利用规划，以存量土地为主，不得占用耕地，增加住房有效供给。以满足新市民合理住房需求为主，强化监管责任，保障依法依规建设、平稳有序运营，做到供需匹配。

坚持自主运作。尊重农民集体意愿，统筹考虑农民集体经济实力，以具体项目为抓手，合理确定项目运作模式，维护权利人合法权益，确保集体经济组织自愿实施、自主运作。

提高服务效能。落实"放管服"要求，强化服务意识，优化审批流程，降低交易成本，提升服务水平，提高办事效率，方便群众办事。

（3）试点目标。通过改革试点，在试点城市成功运营一批集体租赁住房项目，完善利用集体建设用地建设租赁住房规则，形成一批可复制、可推广的改革成果，为构建城乡统一的建设用地市场提供支撑。

（4）试点范围。按照地方自愿原则，在超大、特大城市和国务院有关部委批准的发展住房租赁市场试点城市中，确定租赁住房需求较大，村镇集体经济组织有建设意愿、有资金来源，政府监管和服务能力较强的城市（第一批包括北京市，上海市，辽宁沈阳市，江苏南京市，浙江杭州市，安徽合肥市，福建厦门市，河南郑州市，湖北武汉市，广东广州市、佛山市、肇庆市，四川成都市），开展利用集体建设用地建设租赁住房试点。

除北京、上海外，由省级国土资源主管部门和住房城乡建设主管部门汇总本辖区计划开展试点城市的试点实施方案，报自然资源部和住房城乡建设部批复后启动试点。

2．试点内容

（1）完善试点项目审批程序。试点城市应当梳理项目报批（包括预审、立项、规划、占地、施工）、项目竣工验收、项目运营管理等规范性程序，建立快速审批通道。健全集体建设用地规划许可制度，推进统一规划、统筹布局、统一管理，统一相关建设标准。试点项目区域基础设施完备，医疗、教育等公共设施配套齐全，符合城镇住房规划设计有关规范。

（2）完善集体租赁住房建设和运营机制。村镇集体经济组织可以自行开发运营，也可以通过联营、入股等方式建设运营集体租赁住房。兼顾政府、农民集体、企业和个人利益，理清权利义务关系，平衡项目收益与征地成本关系。完善合同履约监管机制，土地所有权人和建设用地使用权人、出租人和承租人依法履行合同和登记文件中所载明的权利和义务。

（3）探索租赁住房监测监管机制。集体租赁住房出租，应遵守相关法律法规和租赁合同约定，不得以租代售。承租的集体租赁住房，不得转租。探索建立租金形成、监测、指导、监督机制，防止租金异常波动，维护市场平稳运行。国土资源、住房城乡建设部门应与相关部门加强协作、各负其责，在建设用地使用权登记、房屋所有权登记、租赁备案、税务、工商等方面加强联动，构建规范有序的租赁市场秩序。

（4）探索保障承租人获得基本公共服务的权利。承租人可按照国家有关规定凭登记备案的住房租赁合同依法申领居住证，享受规定的基本公共服务。有条件的城市，要进一步建立健全对非本地户籍承租人的社会保障机制。

3．组织实施

（1）加强组织保障。自然资源部和住房城乡建设部共同部署试点。省级国土资源主管部门和住房城乡建设主管部门负责试点工作的督促、检查和指导。城市政府全面负责试点组织领导工作，制定试点工作规则和组织实施方案，建立试点协调决策机构。各地区各有关部门要加强协调配合，稳妥有序推进试点。

（2）推进试点实施

1）编制实施方案。试点城市根据本方案编制实施方案，经省级国土资源主管部门和住房城乡建设主管部门汇总后，2017年11月底前报自然资源部和住房和城乡建设部批复。

2）试点实施、跟踪及总结。省级国土资源主管部门和住房城乡建设主管部门负责试点工作的督促、检查和指导，及时研究解决试点中存在的问题。

2019年11月，省级国土资源主管部门和住房城乡建设主管部门组织开展试点中期评估，形成评估报告报自然资源部和住房城乡建设部。

2020年底前，省级国土资源主管部门和住房城乡建设主管部门总结试点工作，总结报告报国土资源部和住房城乡建设部。

3）强化指导监督。各地区各有关部门要按照职责分工，加强对试点工作的指导监督，依法规范运行。要加强分类指导，尊重基层首创精神，健全激励和容错纠错机制，允许进行差别化探索，切实做到封闭运行、风险可控，发现问题及时纠偏。

4）做好宣传引导。试点地区要加强对试点工作的监督管理，密切关注舆情动态，妥善回应社会关切，重大问题及时报告

7.5.4　推进房租赁资产证券化

中国证监会、住建部为贯彻落实党的十九大精神和2017年中央经济工作会议提出的关于加快建立多主体供给、多渠道保障、租购并举的住房制度要求，按照《国务院办公厅关于加快培育和发展住房租赁市场的若干意见》（国办发〔2016〕39号）和《关于在人口净流入的大中城市加快发展住房租赁市场的通知》（建房〔2017〕153号），提出加快培育和发展住房租赁市场特别是长期租赁，支持专业化、机构化住房租赁企业发展，鼓励发行住房租赁资产证券化产品的总体要求和指导方针。

1．总体要求

（1）重要意义。住房租赁资产证券化，有助于盘活住房租赁存量资产、加快资金回收、提高资金使用效率，引导社会资金参与住房租赁市场建设；有利于降低住房租赁企业的杠杆率，服务行业供给侧结构性改革，促进形成金融和房地产的良性循环；可丰富资本市场产品供给，提供中等风险、中等收益的投资品种，满足投资者多元化的投资需求。

（2）基本原则。坚持市场化、法治化原则，充分发挥资本市场服务实体经济和国家战略的积极作用；明确优先和重点支持的领域；加强监管协作，推动业务规范发展；积极履行监管职责，切实保护投资者合法权益，合力防范风险。

2．住房租赁资产证券化业务的开展条件及其优先和重点支持领域

（1）发行住房租赁资产证券化产品应当符合下列条件：一是物业已建成并权属清晰，工程建设质量及安全标准符合相关要求，已按规定办理住房租赁登记备案相关手续；二是物业正常运营，且产生持续、稳定的现金流；三是发起人（原始权益人）公司治理完善，具有持续经营能力及较强运营管理能力，最近2年无重大违法违规行为。

（2）优先支持大中城市、雄安新区等国家政策重点支持区域、利用集体建设用地建设租赁住房试点城市的住房租赁项目及国家政策鼓励的其他租赁项目开展资产证券化。

（3）鼓励专业化、机构化住房租赁企业开展资产证券化。支持住房租赁企业建设和运营

租赁住房，并通过资产证券化方式盘活资产。支持住房租赁企业依法依规将闲置的商业办公用房等改建为租赁住房并开展资产证券化融资。优先支持项目运营良好的发起人（原始权益人）开展住房租赁资产证券化。

（4）重点支持住房租赁企业发行以其持有不动产物业作为底层资产的权益类资产证券化产品，积极推动多类型具有债权性质的资产证券化产品，试点发行房地产投资信托基金（REITs）。

3．完善住房租赁资产证券化工作程序

（1）支持住房租赁企业开展资产证券化。住房租赁企业可结合自身运营现状和财务需求，自主开展住房租赁资产证券化，配合接受中介机构尽职调查，提供相关材料，协助开展资产证券化方案设计和物业估值等工作，并向证券交易场所提交发行申请。

（2）优化租赁住房建设验收、备案、交易等程序。各地住房建设管理部门应对开展住房租赁资产证券化中涉及的租赁住房建设验收、备案、交易等事项建立绿色通道。对于在租赁住房用地上建设的房屋，允许转让或抵押给资产支持专项计划等特殊目的载体用于开展资产证券化。

（3）优化住房租赁资产证券化审核程序。各证券交易场所和中国证券投资基金业协会应根据资产证券化业务规定，对申报的住房租赁资产证券化项目进行审核、备案和监管，研究建立受理、审核和备案的绿色通道，专人专岗负责，提高审核、发行、备案和挂牌的工作效率。

4．加强住房租赁资产证券化监督管理

（1）建立健全业务合规、风控与管理体系。中国证监会和住房城乡建设部推动建立健全住房租赁资产证券化业务的合规、风控与管理体系，指导相关单位完善自律规则及负面清单，建立住房租赁资产证券化的风险监测、违约处置、信息披露和存续期管理等制度规则，引导相关主体合理设计交易结构，切实做好风险隔离安排，严格遵守执业规范，做好利益冲突防范以及投资者保护，落实各项监管要求。研究探索设立专业住房租赁资产证券化增信机构。

（2）建立健全自律监管体系。中国证券业协会、中国证券投资基金业协会、中国房地产估价师与房地产经纪人学会要加强配合，搭建住房租赁资产证券化自律监管协作平台，加强组织协作，加快建立住房租赁企业、资产证券化管理人、物业运营服务机构、房地产估价机构、评级机构等参与人的自律监管体系，研究推动将住房租赁证券化项目运行表现纳入住房租赁企业信用评价体系考核指标，依法依规对严重失信主体采取联合惩戒措施。

（3）合理评估住房租赁资产价值。房地产估价机构对住房租赁资产证券化底层不动产物业进行评估时，应以收益法作为最主要的评估方法，严格按照房地产资产证券化物业评估有关规定出具房地产估价报告。承担房地产资产证券化物业估值的机构，应当为在住房城乡建设部门备案的专业力量强、声誉良好的房地产估价机构。资产支持证券存续期间，房地产估价机构应按照规定或约定对底层不动产物业进行定期或不定期评估，发生收购或者处置资产

等重大事项的，应当重新评估。

（4）积极做好尽职调查、资产交付与持续运营管理工作。资产证券化管理人、房地产估价机构、评级机构等中介机构应勤勉尽责，对有关交易主体和基础资产进行全面的尽职调查，确保符合相关政策和监管要求。发起人（原始权益人）应切实履行资产证券化法律文件约定的基础资产移交与隔离、现金流归集、信息披露、提供增信措施等相关义务，并积极配合中介机构做好尽职调查。

5. 营造良好政策环境

（1）培育多元化的投资主体，提升资产支持证券流动性。中国证监会、住房城乡建设部将共同努力，积极鼓励证券投资基金、政府引导基金、产业投资基金、保险资金等投资主体参与资产证券化业务，建立多元化、可持续的资金保障机制。

（2）鼓励相关部门和地方政府通过市场化方式优先选择专业化、机构化或具有资产证券化业务经验的租赁住房建设或运营机构参与住房租赁市场，并就其开展租赁住房资产证券化予以政策支持。

（3）建立健全监管协作机制。中国证监会、住房和城乡建设部建立住房租赁资产证券化项目信息共享、日常监管及违规违约处置的工作机制，协调解决住房租赁资产证券化过程中存在的问题与困难，推动住房租赁资产证券化有序发展。中国证监会各派出机构及上海、深圳证券交易所等单位与各省级住房城乡建设主管部门应加强合作，充分依托资本市场，积极推进符合条件的企业发行住房租赁资产证券化产品，拓宽融资渠道；加强资产证券化的业务过程监管，防范资金违规进入房地产市场，严禁利用特殊目的载体非法转让租赁性质土地使用权或改变土地租赁性质的行为。

上述政策出台后长租公寓等租赁市场新业态迅速发展，相关部门正制定措施加强监管，切实防范快速发展可能带来的金融风险。

❓ 法律依据及相关知识链接

1. 中华人民共和国城市房地产管理法

2. 城市房地产转让管理办法

3. 商品房销售管理办法

4. 城市商品房预售管理办法

5. 城市房地产抵押管理办法

6. 商品房屋租赁管理办法

7. 经济适用住房管理办法

8. 最高人民法院关于审理商品房买卖合同纠纷案件适用法律若干问题的司法解释

9. 关于在人口净流入的大中城市加快发展住房租赁市场的通知

案例分析与解答

【案情】

王某与陈某于2007年3月15日签订了一份房屋租赁合同，合同约定王某将其所有的二室一厅房屋出租给陈某，租金每月2000元，租期为3年。租赁半年后，陈某向王某要求，将出租房内的一间闲置不用的房屋借给其朋友李某居住，王某表示同意。后来，王某得知王某实际上是将二室一厅的房屋全部转租给李某，租金每月2300元，而且已转租了5个月。同时李某在租用后，为扩大空间，擅自拆除与阳台相隔的墙壁，将房间与阳台打通。王某就与陈某及李某进行交涉，提出陈某转租时未得到同意，李某应立即搬出去，并恢复房屋原状，赔偿相应损失。在王某的请求遭到拒绝后，王某于2008年5月12日向人民法院起诉，请求法院判决陈某与李某的转租合同无效，并要求其恢复原状，赔偿损失。

【问题】

1. 王某与陈某的房屋租赁合同是否有效？

2. 陈某转租所获租金该如何处理？

3. 李某在转租过程中有何过错？如有过错，应如何纠正？

【参考答案】

本案中，王某与陈某在其订立的房屋租赁合同中，没有约定能否允许转租的条款，应认为出租人不允许承租人转租。即使王某表示同意的，也只是陈某将其租赁房屋中一间闲置不用的房屋借给其朋友李某居住。因此承租人陈某属于擅自转租行为，已违反了房屋租赁合同，出租人有权解除租赁合同。

陈某将房屋转租给李某后，每月获取的300元属于非法所得，应将这5个月的非法所得返还给王某。但陈某在转租时还获得的每月2000元不能看作不当得利。依据合同规定，承租人支付租金后对有权对租赁房屋进行使用。承租人既然已经向出租人支付了一笔租金，那么在转租中承租人获得的租金在返还给王某中应扣除该笔原2000元的租金。

李某擅自装修房屋，一定程度破坏房屋承重结构，已造成对房屋的损害，对所有人王某构成侵权。王某有权要求李某对已破坏的房屋恢复原状，赔偿损失。

三 练习与思考

单项选择题

1. 下列关于房地产成交价格的表述中，不正确的是（　　　）。

A. 交易双方应如实申报成交价格

    B. 申报的成交价明显低于市场价时，以主管部门认定的价格为准

    C. 交易双方对主管部门认定的评估价有异议的，可要求重新评估

    D. 成交价格明显低于正常市场价格的，以评估价格作为缴纳税费的依据

2. 商品房预售合同应由（　　　）向登记部门登记备案。

    A. 购房人   B. 房地产开发企业

    C. 购房人和房地产开发企业   D. 购房人或房地产开发企业

3. 根据《城市房地产管理法》的规定，划拨土地使用权依法转让需办理出让手续的，土地使用权出让金由（　　　）。

    A. 转让方缴纳   B. 受让方缴纳

    C. 转让方和受让方各缴纳一半   D. 转让方和受让方协商缴纳

4. 承租人经（　　　）同意，可以依法将承租房屋转租。

    A. 出租人   B. 房产管理部门   C. 土地管理部门   D. 上级机关

5. 房地产抵押是抵押人用其合法的房地产以（　　　）的方式向抵押权人提供债务履行担保的行为。

    A. 不转移占有   B. 转移使用权

    C. 转移占有   D. 转移所有权

6. 以已出租的房地产抵押的，抵押人应将租赁情况告知（　　　）。

    A. 抵押登记部门   B. 抵押权人

    C. 登记备案部门   D. 借款人

多项选择题

1. 《中华民族共和国城市房地产管理法》规定的房地产交易基本制度有（　　　）。

    A. 经济适用住房只售不租制度

    B. 房地产经纪人职业资格认证制度

    C. 房地产成交价格申报制度

    D. 房地产价格评估制度

    E. 房地产价格评估人员资格认证制度

2. 房地产交易包括房地产转让和（　　　）。

    A. 房地产预售   B. 房地产抵押

    C. 房屋租赁   D. 房地产评估

    E. 房地产经纪

3. 商品房预售应具备一定的条件，下列选项中（　　　）属于商品房预售的条件。

    A. 已交付全部土地使用权出让金，取得土地使用权证书

    B. 持有建设工程规划许可证

    C. 持有施工许可证

    D. 已取得《商品房预售许可证》

E．房地产所有权证

4．关于商品房销售管理的说法，错误的是（　　　　）。

　　A．未竣工已销售的商品房不得再行转让

　　B．销售商品房时无需核对买受人是否用实名购房

　　C．国家推行商品房预售合同网上即时备案制度

　　D．房地产经纪机构可以根据销售需要，发布虚构价格和销售进度信息

　　E．共有人中的任何人要转让共有的房地产，无须经过其他共有人的书面同意

5．下列房屋不得出租的有（　　　　）。

　　A．属于违章建筑的房屋

　　B．被司法机关查封的房屋

　　C．违反规定改变房屋使用性质的

　　D．不符合安全、防灾等工程建设强制性标准的房屋

　　E．已购共有住房

6．下列房地产可以设定抵押权的有（　　　　）。

　　A．依法获得的预售商品房　　　　　　B．用于市政设施的房地产

　　C．集体所有的土地使用权　　　　　　D．依法被查封、扣押、监管的财产

　　E．取得国有土地使用权的出让土地上建成房屋

是非题

1．商品房预售实行实名制购房，推行商品房预销售合同网上即时备案，防范私下交易行为。（　　　）

2．购买经济适用住房不满5年，该经济适用住房不得直接上市交易。（　　　　）

3．房地产开发企业不得采取返本销售的方式销售商品房，但可以采取变相返本销售的方式销售商品房。（　　　）

4．如将已出租房屋进行抵押，在抵押权实现后，买受人可以解除租赁关系。（　　　　）

5．房屋租赁合同到期，合同自行终止。承租人需继续租用的，应在租赁期限届满前半年提出，并经出租人同意，重新签订房屋租赁合同。（　　　　）

简答题

1．简述房地产交易的基本制度。

2．什么是房地产转让？房地产转让有哪几种形式？

3．房地产转让的必备条件。

4．《城市房地产管理法》规定，商品房预售应当符合哪些规定？

5．什么是房地产抵押？其特征是什么？

6．什么是房屋租赁？房屋租赁合同包括哪些内容？

不动产权属登记制度 8

【学习目标】

1. 掌握不动产权利登记范围、变更、转移和注销登记
2. 熟悉土地、房屋不动产登记的特征、种类、程序及相关要求
3. 了解我国土地、房产权属登记现状

根据《中华人民共和国物权法》、《不动产登记暂行条例》、《不动产登记暂行条例实施细则》，不动产以不动产单元为基本单位进行登记。不动产单元具有唯一编码。不动产单元，是指权属界线封闭且具有独立使用价值的空间。有房屋等建筑物、构筑物以及森林、林木定着物的，以该房屋等建筑物、构筑物以及森林、林木定着物与土地、海域权属界线封闭的空间为不动产单元。前面所称房屋，包括独立成幢、权属界线封闭的空间，以及区分套、层、间等可以独立使用、权属界线封闭的空间。不动产登记机构应当按照国务院国土资源主管部门的规定设立统一的不动产登记簿。房地产权属登记是不动产登记管理中的一项重要制度，是对房地产产权确认、房地产交易安全和房地产管理运行的基本保障。执行不动产权登记制度对于保护不动产权利人的合法权益，完善相关的法律制度具有很强的现实意义。

8.1 不动产权利登记概述

不动产登记由不动产所在地的县级人民政府不动产登记机构办理；直辖市、设区的市人民政府可以确定本级不动产登记机构统一办理所属各区的不动产登记。跨县级行政区域的不动产登记，由所跨县级行政区域的不动产登记机构分别办理。不能分别办理的，由所跨县级行政区域的不动产登记机构协商办理；协商不成的，由共同的上一级人民政府不动产登记主管部门指定办理。协商办理或者接受指定办理跨县级行政区域不动产登记的，应当在登记完毕后将不动产登记簿记载的不动产权利人以及不动产坐落、界址、面积、用途、权利类型等登记结果告知不动产所跨区域的其他不动产登记机构。

不动产首次登记，是指不动产权利第一次登记。未办理不动产首次登记的，不得办理不动产其他类型登记，但法律、行政法规另有规定的除外。市、县人民政府可以根据情况对本行政区域内未登记的不动产，组织开展集体土地所有权、宅基地使用权、集体建设用地使用权、土地承包经营权的首次登记。依照相关规定办理首次登记所需的权属来源、调查等登记材料，由人民政府有关部门组织获取。

不动产登记机构应当配备专门的不动产登记电子存储设施，采取信息网络安全防护措施，保证电子数据安全。任何单位和个人不得擅自复制或者篡改不动产登记簿信息。

8.1.1　不动产登记程序

申请不动产登记的，申请人应当填写登记申请书，并提交身份证明以及相关申请材料。申请材料应当提供原件。因特殊情况不能提供原件的，可以提供复印件，复印件应当与原件保持一致。处分共有不动产申请登记的，应当经占份额三分之二以上的按份共有人或者全体共同共有人共同申请，但共有人另有约定的除外。按份共有人转让其享有的不动产份额，应当与受让人共同申请转移登记。建筑区划内依法属于全体业主共有的不动产申请登记，办理房屋所有权首次登记时，申请人应当将建筑区划内依法属于业主共有的道路、绿地、其他公共场所、公用设施和物业服务用房及其占用范围内的建设用地使用权一并申请登记为业主共有。业主转让房屋所有权的，其对共有部分享有的权利依法一并转让。

8.1.2　不动产变更登记

下列情形之一的，不动产权利人可以向不动产登记机构申请变更登记：

（1）权利人的姓名、名称、身份证明类型或者身份证明号码发生变更的；

（2）不动产的坐落、界址、用途、面积等状况变更的；

（3）不动产权利期限、来源等状况发生变化的；

（4）同一权利人分割或者合并不动产的；

（5）抵押担保的范围、主债权数额、债务履行期限、抵押权顺位发生变化的；

（6）最高额抵押担保的债权范围、最高债权额、债权确定期间等发生变化的；

（7）地役权的利用目的、方法等发生变化的；

（8）共有性质发生变更的；

（9）法律、行政法规规定的其他不涉及不动产权利转移的变更情形。

申请国有建设用地使用权及房屋所有权变更登记的，应当根据不同情况，提交下列材料：

（1）不动产权属证书；

（2）发生变更的材料；

（3）有批准权的人民政府或者主管部门的批准文件；

（4）国有建设用地使用权出让合同或者补充协议；

（5）国有建设用地使用权出让价款、税费等缴纳凭证；

（6）其他必要材料。

8.1.3　不动产转移和注销登记

因下列情形导致不动产权利转移的，当事人可以向不动产登记机构申请转移登记：

（1）买卖、互换、赠与不动产的；

（2）以不动产作价出资（入股）的；

（3）法人或者其他组织因合并、分立等原因致使不动产权利发生转移的；

（4）不动产分割、合并导致权利发生转移的；

（5）继承、受遗赠导致权利发生转移的；

（6）共有人增加或者减少以及共有不动产份额变化的；

（7）因人民法院、仲裁委员会的生效法律文书导致不动产权利发生转移的；

（8）因主债权转移引起不动产抵押权转移的；

（9）因需役地不动产权利转移引起地役权转移的；

（10）法律、行政法规规定的其他不动产权利转移情形。

申请国有建设用地使用权及房屋所有权转移登记的，应当根据不同情况，提交下列材料：

（1）不动产权属证书；

（2）买卖、互换、赠与合同；

（3）继承或者受遗赠的材料；

（4）分割、合并协议；

（5）人民法院或者仲裁委员会生效的法律文书；

（6）有批准权的人民政府或者主管部门的批准文件；

（7）相关税费缴纳凭证；

（8）其他必要材料。

不动产买卖合同依法应当备案的，申请人申请登记时须提交经备案的买卖合同。

有下列情形之一的，当事人可以申请办理注销登记：

（1）不动产灭失的；

（2）权利人放弃不动产权利的；

（3）不动产被依法没收、征收或者收回的；

（4）人民法院、仲裁委员会的生效法律文书导致不动产权利消灭的；

（5）法律、行政法规规定的其他情形。

不动产上已经设立抵押权、地役权或者已经办理预告登记，所有权人、使用权人因放弃权利申请注销登记的，申请人应当提供抵押权人、地役权人、预告登记权利人同意的书面材料。

农民集体因互换、土地调整等原因导致集体土地所有权转移，申请集体土地所有权转移登记的，应当提交下列材料：

（1）不动产权属证书；

（2）互换、调整协议等集体土地所有权转移的材料；

（3）本集体经济组织三分之二以上成员或者三分之二以上村民代表同意的材料；

（4）其他必要材料。

申请集体土地所有权变更、注销登记的，应当提交下列材料：

（1）不动产权属证书；

（2）集体土地所有权变更、消灭的材料；

（3）其他必要材料。

8.2 土地登记制度

8.2.1 土地登记的概念

土地登记，是指将国有土地使用权、集体土地所有权、集体土地使用权和土地抵押权、地役权以及依照法律法规规定需要登记的其他土地权利记载于土地登记簿公示的行为。这里所指的国有土地使用权，包括国有建设用地使用权和国有农用地使用权；集体土地使用权，包括集体建设用地使用权、宅基地使用权和集体农用地使用权（不含土地承包经营权）。土地以宗地为单位进行登记。宗地是指土地权属界线封闭的地块或者空间。

土地登记实行属地登记原则。申请人应当依照原国土资源部颁发的《土地登记办法》向土地所在地的县级以上人民政府国土资源行政主管部门提出土地登记申请，依法报县级以上人民政府登记造册，核发土地权利证书。但土地抵押权、地役权由县级以上人民政府国土资源行政主管部门登记，核发土地他项权利证明书。跨县级行政区域使用的土地，应当报土地所跨区域各县级以上人民政府分别办理土地登记。

8.2.2 土地登记的程序

1．土地登记的申请

土地登记应当依照申请进行，但法律、法规和《土地登记办法》另有规定的除外。土地登记应当由当事人共同申请，但有下列情形之一的，可以单方申请：

（1）土地总登记；

（2）国有土地使用权、集体土地所有权、集体土地使用权的初始登记；

（3）因继承或者遗赠取得土地权利的登记；

（4）因人民政府已经发生法律效力的土地权属争议处理决定而取得土地权利的登记；

（5）因人民法院、仲裁机构已经发生法律效力的法律文书而取得土地权利的登记；

（6）更正登记或者异议登记；

（7）名称、地址或者用途变更登记；

（8）土地权利证书的补发或者换发；

（9）其他依照规定可以由当事人单方申请的情形。

两个以上土地使用权人共同使用一宗土地的，可以分别申请土地登记。

申请人申请土地登记，应当根据不同的登记事项提交相应的材料：土地登记申请书、申请人身份证明材料、土地权属来源证明、地籍调查表、宗地图及宗地界址坐标（可以委托有资质的专业技术单位进行地籍调查获得）、地上附着物权属证明、法律法规规定的完税或者减免税凭证和法律法规规定的其他证明材料。

申请人申请土地登记，应当如实向国土资源行政主管部门提交有关材料和反映真实情况，并对申请材料实质内容的真实性负责。未成年人的土地权利，应当由其监护人代为申请登记。申请办理未成年人土地登记的，除提交上述材料外，还应当提交监护人身份证明材料。委托代理人申请土地登记的，还应当提交授权委托书和代理人身份证明。代理境外申请人申请土地登记的，授权委托书和被代理人身份证明应当经依法公证或者认证。

2．土地登记申请的受理

对当事人提出的土地登记申请，国土资源行政主管部门应当根据下列情况分别作出处理：

（1）申请登记的土地不在本登记辖区的，应当当场作出不予受理的决定，并告知申请人向有管辖权的国土资源行政主管部门申请；

（2）申请材料存在可以当场更正的错误的，应当允许申请人当场更正；

（3）申请材料不齐全或者不符合法定形式的，应当当场或者在五日内一次告知申请人需要补正的全部内容；

（4）申请材料齐全、符合法定形式，或者申请人按照要求提交全部补正申请材料的，应当受理土地登记申请。

3．土地权属登记

国土资源行政主管部门受理土地登记申请后，认为必要的，可以就有关登记事项向申请人询问，也可以对申请登记的土地进行实地查看。国土资源行政主管部门应当对受理的土地登记申请进行审查，并按照下列规定办理登记手续：

（1）根据对土地登记申请的审核结果，以宗地为单位填写土地登记簿；

（2）根据土地登记簿的相关内容，以权利人为单位填写土地归户卡；

（3）根据土地登记簿的相关内容，以宗地为单位填写土地权利证书。对共有一宗土地的，应当为两个以上土地权利人分别填写土地权利证书。

国土资源行政主管部门在办理土地所有权和土地使用权登记手续前，应当报经同级人民政府批准。土地登记簿应当加盖人民政府印章。土地登记簿采用电子介质的，应当每天进行异地备份。土地登记簿是土地权利归属和内容的根据。

土地登记簿应当载明下列内容：

（1）土地权利人的姓名或者名称、地址；

（2）土地的权属性质、使用权类型、取得时间和使用期限、权利以及内容变化情况；

（3）土地的坐落、界址、面积、宗地号、用途和取得价格；

（4）地上附着物情况。

土地权利证书是土地权利人享有土地权利的证明。土地权利证书记载的事项，应当与土地登记簿一致；记载不一致的，除有证据证明土地登记簿确有错误外，以土地登记簿为准。土地权利证书包括：国有土地使用证、集体土地所有证、集体土地使用证和土地他项权利证明书。

国有建设用地使用权和国有农用地使用权在国有土地使用证上载明；集体建设用地使用权、宅基地使用权和集体农用地使用权在集体土地使用证上载明；土地抵押权和地役权可以在土地他项权利证明书上载明。土地权利证书由国务院国土资源行政主管部门统一监制。

有下列情形之一的，不予登记：

（1）土地权属有争议的；

（2）土地违法违规行为尚未处理或者正在处理的；

（3）未依法足额缴纳土地有偿使用费和其他税费的；

（4）申请登记的土地权利超过规定期限的；

（5）其他依法不予登记的。

不予登记的，应当书面告知申请人不予登记的理由。

国土资源行政主管部门应当自受理土地登记申请之日起二十日内，办结土地登记审查手续。特殊情况需要延期的，经国土资源行政主管部门负责人批准后，可以延长十日。土地登记形成的文件资料，由国土资源行政主管部门负责管理。土地登记申请书、土地登记审批表、土地登记归户卡和土地登记簿的式样，由国务院国土资源行政主管部门规定。

集体土地所有权登记，依照下列规定提出申请：

（1）土地属于村农民集体所有的，由村集体经济组织代为申请，没有集体经济组织的，由村民委员会代为申请；

（2）土地分别属于村内两个以上农民集体所有的，由村内各集体经济组织代为申请，没有集体经济组织的，由村民小组代为申请；

（3）土地属于乡（镇）农民集体所有的，由乡（镇）集体经济组织代为申请。

申请集体土地所有权首次登记的，应当提交下列材料：

（1）土地权属来源材料；

（2）权籍调查表、宗地图以及宗地界址点坐标；

（3）其他必要材料。

8.2.3 土地登记的类型

1．土地总登记

土地总登记是指在一定时间内对辖区内全部土地或者特定区域内土地进行的全面登记。土地总登记应当发布通告。通告的主要内容包括：土地登记区的划分、土地登记的期限、土地登记收件地点、土地登记申请人应当提交的相关文件材料及需要通告的其他事项。

对符合总登记要求的宗地，由国土资源行政主管部门予以公告。公告的主要内容包括：土地权利人的姓名或者名称、地址；准予登记的土地坐落、面积、用途、权属性质、使用权类型和使用期限；土地权利人及其他利害关系人提出异议的期限、方式和受理机构及需要公告的其他事项。

公告期满，当事人对土地总登记审核结果无异议或者异议不成立的，由国土资源行政主管部门报经人民政府批准后办理登记。

2. 土地初始登记

初始登记是指土地总登记之外对设立的土地权利进行的登记。

依法以划拨方式取得国有建设用地使用权的，当事人应当持县级以上人民政府的批准用地文件和国有土地划拨决定书等相关证明材料，申请划拨国有建设用地使用权初始登记。新开工的大中型建设项目使用划拨国有土地的，还应当提供建设项目竣工验收报告。依法以出让方式取得国有建设用地使用权的，当事人应当在付清全部国有土地出让金后，持国有建设用地使用权出让合同和土地出让金缴纳凭证等相关证明材料，申请出让国有建设用地使用权初始登记。划拨国有建设用地使用权已依法转为出让国有建设用地使用权的，当事人应当持原国有土地使用证、出让合同及土地出让价款缴纳凭证等相关证明材料，申请出让国有建设用地使用权初始登记。依法以国有土地租赁方式取得国有建设用地使用权的，当事人应当持租赁合同和土地租金缴纳凭证等相关证明材料，申请租赁国有建设用地使用权初始登记。依法以国有土地使用权作价出资或者入股方式取得国有建设用地使用权的，当事人应当持原国有土地使用证、土地使用权出资或者入股批准文件和其他相关证明材料，申请作价出资或者入股国有建设用地使用权初始登记。以国家授权经营方式取得国有建设用地使用权的，当事人应当持原国有土地使用证、土地资产处置批准文件和其他相关证明材料，申请授权经营国有建设用地使用权初始登记。

农民集体土地所有权人应当持集体土地所有权证明材料，申请集体土地所有权初始登记。依法使用本集体土地进行建设的，当事人应当持有批准权的人民政府的批准用地文件，申请集体建设用地使用权初始登记。集体土地所有权人依法以集体建设用地使用权入股、联营等形式兴办企业的，当事人应当持有批准权的人民政府的批准文件和相关合同，申请集体建设用地使用权初始登记。依法使用本集体土地进行农业生产的，当事人应当持农用地使用合同，申请集体农用地使用权初始登记。

依法抵押土地使用权的，抵押权人和抵押人应当持土地权利证书、主债权债务合同、抵押合同以及相关证明材料，申请土地使用权抵押登记。同一宗地多次抵押的，以抵押登记申请先后为序办理抵押登记。符合抵押登记条件的，国土资源行政主管部门应当将抵押合同约定的有关事项在土地登记簿和土地权利证书上加以记载，并向抵押权人颁发土地他项权利证明书。申请登记的抵押为最高额抵押的，应当记载所担保的最高债权额、最高额抵押的期间等内容。

在土地上设定地役权后，当事人申请地役权登记的，供役地权利人和需役地权利人应当向国土资源行政主管部门提交土地权利证书和地役权合同等相关证明材料。符合地役权登记条件的，国土资源行政主管部门应当将地役权合同约定的有关事项分别记载于供役地和需役地的土地登记簿和土地权利证书，并将地役权合同保存于供役地和需役地的宗地档案中。供役地、需役地分属不同国土资源行政主管部门管辖的，当事人可以向负责供役地登记的国土资源行政主管部门申请地役权登记。负责供役地登记的国土资源行政主管部门完成登记后，应当通知负责需役地登记的国土资源行政主管部门，由其记载于需役地的土地登记簿。

3. 土地变更登记

变更登记是指因土地权利人发生改变，或者因土地权利人姓名或者名称、地址和土地用途等内容发生变更而进行的登记。

依法以出让、国有土地租赁、作价出资或者入股方式取得的国有建设用地使用权转让的，当事人应当持原国有土地使用证和土地权利发生转移的相关证明材料，申请国有建设用地使用权变更登记。

因依法买卖、交换、赠与地上建筑物、构筑物及其附属设施涉及建设用地使用权转移的，当事人应当持原土地权利证书、变更后的房屋所有权证书及土地使用权发生转移的相关证明材料，申请建设用地使用权变更登记。涉及划拨土地使用权转移的，当事人还应当提供有批准权人民政府的批准文件。

因法人或者其他组织合并、分立、兼并、破产等原因致使土地使用权发生转移的，当事人应当持相关协议及有关部门的批准文件、原土地权利证书等相关证明材料，申请土地使用权变更登记。

因处分抵押财产而取得土地使用权的，当事人应当在抵押财产处分后，持相关证明文件，申请土地使用权变更登记。土地使用权抵押期间，土地使用权依法发生转让的，当事人应当持抵押权人同意转让的书面证明、转让合同及其他相关证明材料，申请土地使用权变更登记。已经抵押的土地使用权转让后，当事人应当持土地权利证书和他项权利证明书，办理土地抵押权变更登记。经依法登记的土地抵押权因主债权被转让而转让的，主债权的转让人和受让人可以持原土地他项权利证明书、转让协议、已经通知债务人的证明等相关证明材料，申请土地抵押权变更登记。

因人民法院、仲裁机构生效的法律文书或者因继承、受遗赠取得土地使用权，当事人申请登记的，应当持生效的法律文书或者死亡证明、遗嘱等相关证明材料，申请土地使用权变更登记。权利人在办理登记之前先行转让该土地使用权或者设定土地抵押权的，应当依照规定先将土地权利申请登记到其名下后，再申请办理土地权利变更登记。

已经设定地役权的土地使用权转移后，当事人申请登记的，供役地权利人和需役地权利人应当持变更后的地役权合同及土地权利证书等相关证明材料，申请办理地役权变更登记。土地权利人姓名或名称、地址发生变化的，当事人应当持原土地权利证书等相关证明材料，申请姓名或者名称、地址变更登记。土地的用途发生变更的，当事人应当持有关批准文件和原土地权利证书，申请土地用途变更登记。土地用途变更依法需要补交土地出让价款的，当事人还应当提交已补交土地出让价款的缴纳凭证。

4. 土地注销登记

注销登记是指因土地权利的消灭等而进行的登记。

有下列情形之一的，可直接办理注销登记：

（1）依法收回的国有土地；

（2）依法征收的农民集体土地；

（3）因人民法院、仲裁机构的生效法律文书致使原土地权利消灭，当事人未办理注销登记的。

因自然灾害等原因造成土地权利消灭的，原土地权利人应当持原土地权利证书及相关证明材料，申请注销登记。

非住宅国有建设用地使用权期限届满，国有建设用地使用权人未申请续期或者申请续期未获批准的，当事人应当在期限届满前十五日内，持原土地权利证书，申请注销登记。已经登记的土地抵押权、地役权终止的，当事人应当在该土地抵押权、地役权终止之日起十五日内，持相关证明文件，申请土地抵押权、地役权注销登记。当事人未按照规定申请注销登记的，国土资源行政主管部门应当责令当事人限期办理；逾期不办理的，进行注销公告，公告期满后可直接办理注销登记。土地抵押期限届满，当事人未申请土地使用权抵押注销登记的，除设定抵押权的土地使用权期限届满外，国土资源行政主管部门不得直接注销土地使用权抵押登记。

土地登记注销后，土地权利证书应当收回；确实无法收回的，应当在土地登记簿上注明，并经公告后废止。

5．土地的其他登记

其他登记，包括更正登记、异议登记、预告登记和查封登记。

国土资源行政主管部门发现土地登记簿记载的事项确有错误的，应当报经人民政府批准后进行更正登记，并书面通知当事人在规定期限内办理更换或者注销原土地权利证书的手续。当事人逾期不办理的，国土资源行政主管部门报经人民政府批准并公告后，原土地权利证书废止。

更正登记涉及土地权利归属的，应当对更正登记结果进行公告。土地权利人认为土地登记簿记载的事项错误的，可以持原土地权利证书和证明登记错误的相关材料，申请更正登记。利害关系人认为土地登记簿记载的事项错误的，可以持土地权利人书面同意更正的证明文件，申请更正登记。

土地登记簿记载的权利人不同意更正的，利害关系人可以申请异议登记。对符合异议登记条件的，国土资源行政主管部门应当将相关事项记载于土地登记簿，并向申请人颁发异议登记证明，同时书面通知土地登记簿记载的土地权利人。异议登记期间，未经异议登记权利人同意，不得办理土地权利的变更登记或者设定土地抵押权。有下列情形之一的，异议登记申请人或者土地登记簿记载的土地权利人可以持相关材料申请注销异议登记：

（1）异议登记申请人在异议登记之日起十五日内没有起诉的；

（2）人民法院对异议登记申请人的起诉不予受理的；

（3）人民法院对异议登记申请人的诉讼请求不予支持的。

异议登记失效后，原申请人就同一事项再次申请异议登记的，国土资源行政主管部门不予受理。

当事人签订土地权利转让的协议后，可以按照约定持转让协议申请预告登记。对符合预告登记条件的，国土资源行政主管部门应当将相关事项记载于土地登记簿，并向申请人颁发预告登记证明。预告登记后，债权消灭或者自能够进行土地登记之日起三个月内当事人未申请土地登记的，预告登记失效。预告登记期间，未经预告登记权利人同意，不得办理土地权利的变更登记或者土地抵押权、地役权登记。

国土资源行政主管部门应当根据人民法院提供的查封裁定书和协助执行通知书，报经人民政府批准后将查封或者预查封的情况在土地登记簿上加以记载。国土资源行政主管部门在协助人民法院执行土地使用权时，不对生效法律文书和协助执行通知书进行实体审查。国土资源行政主管部门认为人民法院的查封、预查封裁定书或者其他生效法律文书错误的，可以向人民法院提出审查建议，但不得停止办理协助执行事项。对被执行人因继承、判决或者强制执行取得，但尚未办理变更登记的土地使用权的查封，国土资源行政主管部门依照执行查封的人民法院提交的被执行人取得财产所依据的继承证明、生效判决书或者执行裁定书及协助执行通知书等，先办理变更登记手续后，再行办理查封登记。土地使用权在预查封期间登记在被执行人名下的，预查封登记自动转为查封登记。两个以上人民法院对同一宗土地进行查封的，国土资源行政主管部门应当为先送达协助执行通知书的人民法院办理查封登记手续，对后送达协助执行通知书的人民法院办理轮候查封登记，并书面告知其该土地使用权已被其他人民法院查封的事实及查封的有关情况。轮候查封登记的顺序按照人民法院送达协助执行通知书的时间先后进行排列。查封法院依法解除查封的，排列在先的轮候查封自动转为查封；查封法院对查封的土地使用权全部处理的，排列在后的轮候查封自动失效；查封法院对查封的土地使用权部分处理的，对剩余部分，排列在后的轮候查封自动转为查封。查封、预查封期限届满或者人民法院解除查封的，查封、预查封登记失效，国土资源行政主管部门应当注销查封、预查封登记。对被人民法院依法查封、预查封的土地使用权，在查封、预查封期间，不得办理土地权利的变更登记或者土地抵押权、地役权登记。

8.3 房地产权属登记

8.3.1 房地产权属登记的概念和作用

1. 房地产权属登记的概念

房地产权属，即房地产权利归属，是指房地产产权在主体上的归属状态，如租赁权、抵押权、典当权、地役权等。房地产权属登记，简称房地产登记，是指法律规定的房地产行政管理部门对房地产所有权和使用权以及上述权利派生的抵押权、典当权等权属状况在房地产登记簿上予以公示的行为。

2．房地产权属登记的作用

房地产权属登记主要具有以下作用：

（1）公示作用

房地产权属登记是一种不动产物权的公示方式，是房地产权属的设立、转移、变动和废止的法定公示手段。通过登记表明房地产物权变动的后果，用以维护房地产交易的安全，从而保护房地产权利人及善意第三人的合法权益。

（2）权利确认和公信作用

房地产登记能明确房地产权利的归属，即有权力正确性的推定效力。也就是说只有经过登记的房地产权利，才能够得到法律的有效保护。公信力表示登记记载的权利人在法律上只能推定其为真正的权利人，任何人在相信登记记载权利的基础上，与权利人从事移转该权利的交易，该项交易就应受到法律的保护。

（3）权属管理作用

房地产权属登记是国家了解房地产权利归属和房地产权利流转情况的重要方式和途径，是国家对房地产市场进行管理的重要手段。它在很大程度上体现了国家对房地产市场进行管理的意图和目标。通过房地产登记，国家可以了解和掌握房地产权属及其发展变化情况，进而掌握市场动态，根据有关法律规定对房地产交易的真实性、合法性进行审查，制止和打击违法行为，预防房地产纠纷的发生，规范房地产交易行为，维护正常的市场秩序和社会秩序。

（4）征税作用

房地产权属登记是国家征收房地产税的重要依据和保障。完整准确的房地产登记可以为国家提供征税的准确资料。如果没有完善的房地产权属登记制度，房地产方面的征税就缺乏可靠的依据和有力的保障。房地产权属登记在不动产税收中的重要作用，以被实践所证明。

8.3.2 我国房地产权属登记的特征

我国现行的房地产登记制度具有自己的特点，概括起来，主要有以下几点：

1．国家实行不动产统一登记制度

根据《物权法》的立法精神，为整合不动产登记职责，规范登记行为，方便群众申请登记，保护权利人合法权益，《不动产登记暂行条例》将土地、海域以及房屋、林木等定着物实行统一登记。由国务院国土资源主管部门负责指导、监督全国不动产登记工作，县级以上地方人民政府应当确定一个部门为本行政区域的不动产登记机构，负责不动产登记工作，并接受上级人民政府不动产登记主管部门的指导、监督。不动产登记由不动产所在地的县级人民政府不动产登记机构办理；直辖市、设区的市人民政府可以确定本级不动产登记机构统一办理所属各区的不动产登记。

跨县级行政区域的不动产登记，由所跨县级行政区域的不动产登记机构分别办理。不能

分别办理的，由所跨县级行政区域的不动产登记机构协商办理；协商不成的，由共同的上一级人民政府不动产登记主管部门指定办理。

2．房地产权利动态登记

当事人对房地产权利的取得、变更、丧失均须依法登记，不经登记，不具对抗第三人的效力。房地产权属登记，不仅登记房地产静态权利，而且也登记权利动态过程，使第三人可以就登记情况，推知该房地产权利状态。不动产以不动产单元为基本单位进行登记。不动产单元具有唯一编码。

3．具有公信力

依法登记的房地产权利受国家法律保护。房地产权利一经登记机关在不动产登记簿上注册登记，该权利对抗善意第三人在法律上有绝对效力。

4．实行及时登记制度

房地产权利初始登记后，涉及权利转移、设定、变更等，权利人必须在规定的期限内申请登记，若不登记，房地产权利便得不到法律的有效保护，且要承担相应的责任。不动产登记簿应当采用电子介质，暂不具备条件的，可以采用纸质介质。不动产登记机构应当明确不动产登记簿唯一、合法的介质形式。不动产登记簿采用电子介质的，应当定期进行异地备份，并具有唯一、确定的纸质转化形式。

5．不动产权属证书或者登记证明

不动产登记机构完成登记，应当依法向申请人核发不动产权属证书或者登记证明。权属证书为权利人权利之凭证，由权利人持有和保管。

8.3.3 房屋登记的程序

依法取得国有建设用地使用权，可以单独申请国有建设用地使用权登记。依法利用国有建设用地建造房屋的，可以申请国有建设用地使用权及房屋所有权登记。

申请国有建设用地使用权首次登记，应当提交下列材料：

（1）土地权属来源材料；

（2）权籍调查表、宗地图以及宗地界址点坐标；

（3）土地出让价款、土地租金、相关税费等缴纳凭证；

（4）其他必要材料。

前款规定的土地权属来源材料，根据权利取得方式的不同，包括国有建设用地划拨决定书、国有建设用地使用权出让合同、国有建设用地使用权租赁合同以及国有建设用地使用权作价出资（入股）、授权经营批准文件。

申请在地上或者地下单独设立国有建设用地使用权登记的，按照本条规定办理。

申请国有建设用地使用权及房屋所有权首次登记的，应当提交下列材料：

（1）不动产权属证书或者土地权属来源材料；

（2）建设工程符合规划的材料；

（3）房屋已经竣工的材料；

（4）房地产调查或者测绘报告；

（5）相关税费缴纳凭证；

（6）其他必要材料。

办理房屋所有权首次登记时，申请人应当将建筑区划内依法属于业主共有的道路、绿地、其他公共场所、公用设施和物业服务用房及其占用范围内的建设用地使用权一并申请登记为业主共有。业主转让房屋所有权的，其对共有部分享有的权利依法一并转让。

申请国有建设用地使用权及房屋所有权变更登记的，应当根据不同情况，提交下列材料：

（1）不动产权属证书；

（2）发生变更的材料；

（3）有批准权的人民政府或者主管部门的批准文件；

（4）国有建设用地使用权出让合同或者补充协议；

（5）国有建设用地使用权出让价款、税费等缴纳凭证；

（6）其他必要材料。

申请国有建设用地使用权及房屋所有权转移登记的，应当根据不同情况，提交下列材料：

（1）不动产权属证书；

（2）买卖、互换、赠与合同；

（3）继承或者受遗赠的材料；

（4）分割、合并协议；

（5）人民法院或者仲裁委员会生效的法律文书；

（6）有批准权的人民政府或者主管部门的批准文件；

（7）相关税费缴纳凭证；

（8）其他必要材料。

不动产买卖合同依法应当备案的，申请人申请登记时须提交经备案的买卖合同。

房屋登记是指房屋登记机构依法将房屋权利和其他应当记载的事项在不动产登记簿上予以记载的行为。房屋登记是房地产产权管理的主要手段，也是维护房屋产权人及他项权利人合法权益，防止房屋产权纠纷的重要措施。房屋权属管理是城市房屋管理的重要内容之一，房屋权属登记是我国房地产管理法律制度的核心部分。

国务院建设主管部门负责指导、监督全国的房屋登记工作。省、自治区、直辖市人民政府建设（房地产）主管部门负责指导、监督本行政区域内的房屋登记工作。

房屋登记，由房屋所在地的房屋登记机构办理。房屋登记机构，是指直辖市、市、县人民政府建设（房地产）主管部门或者其设置的负责房屋登记工作的机构。房屋登记机构应当建立本行政区域内统一的不动产登记簿。不动产登记簿是房屋权利归属和内容的根据，由房屋登记机构管理。房屋登记人员应当具备与其岗位相适应的专业知识。从事房屋登记审核工作的人员，应当取得国务院建设主管部门颁发的房屋登记上岗证书，持证上岗。

房屋登记实行属地登记原则。申请人应当依照《不动产登记暂行条例》向房屋所在地的房屋登记机构提出不动产权属登记申请，经由房屋登记机构审核，并记载于登记簿后颁发不动产权属证书。

办理房屋登记，一般要经过申请、受理、审核、记载于登记簿、发证等程序。房屋登记机构认为必要时，可以就登记事项进行公告。

1. 房屋登记申请

房屋登记是依当事人的申请而进行的。办理房屋登记，应当遵循房屋所有权和房屋占用范围内的土地使用权权利主体一致的原则。房屋登记机构应当依照法律、法规和《不动产登记暂行条例》规定，确定申请房屋登记需要提交的材料，并将申请登记材料目录公示。房屋应当按照基本单元进行登记。房屋基本单元是指有固定界限、可以独立使用并且有明确、唯一的编号（幢号、室号等）的房屋或者特定空间。国有土地范围内成套住房，以套为基本单元进行登记；非成套住房，以房屋的幢、层、间等有固定界限的部分为基本单元进行登记。集体土地范围内村民住房，以宅基地上独立建筑为基本单元进行登记；在共有宅基地上建造的村民住房，以套、间等有固定界限的部分为基本单元进行登记。非住房以房屋的幢、层、套、间等有固定界限的部分为基本单元进行登记。

申请人应当向房屋所在地的房屋登记机构提出申请，并提交申请登记材料。申请登记材料应当提供原件。不能提供原件的，应当提交经有关机关确认与原件一致的复印件。申请人应当对申请登记材料的真实性、合法性、有效性负责，不得隐瞒真实情况或者提供虚假材料申请房屋登记。申请房屋登记，应当由有关当事人双方共同申请，但本办法另有规定的除外。下列情形之一，申请房屋登记的，可以由当事人单方申请：

（1）因合法建造房屋取得房屋权利；

（2）因人民法院、仲裁委员会的生效法律文书取得房屋权利；

（3）因继承、受遗赠取得房屋权利；

（4）有本办法所列变更登记情形之一；

（5）房屋灭失；

（6）权利人放弃房屋权利；

（7）法律、法规规定的其他情形。

共有房屋，应当由共有人共同申请登记。共有房屋所有权变更登记，可以由相关的共有人申请，但因共有性质或者共有人份额变更申请房屋登记的，应当由共有人共同申请。未成年人的房屋，应当由其监护人代为申请登记。监护人代为申请未成年人房屋登记的，应当提交证明监护人身份的材料；因处分未成年人房屋申请登记的，还应当提供为未成年人利益的书面保证。委托代理人申请房屋登记的，代理人应当提交授权委托书和身份证明。境外申请人委托代理人申请房屋登记的，其授权委托书应当按照国家有关规定办理公证或者认证。申请房屋登记的，申请人应当按照国家有关规定缴纳登记费。

2. 受理

受理是房屋登记机构查验申请人提交的有关登记材料，如其手续完备，则房屋登记机构接受申请人申请的行为。申请人提交的申请登记材料齐全且符合法定形式的，应当予以受理，并出具书面凭证。申请人提交的申请登记材料不齐全或者不符合法定形式的，应当不予受理，并告知申请人需要补正的内容。房屋登记机构应当查验申请登记材料，并根据不同登记申请就申请登记事项是否是申请人的真实意思表示、申请登记房屋是否为共有房屋、不动产登记簿记载的权利人是否同意更正，以及申请登记材料中需进一步明确的其他有关事项询问申请人。询问结果应当经申请人签字确认，并归档保留。房屋登记机构认为申请登记房屋的有关情况需要进一步证明的，可以要求申请人补充材料。

3. 审核

审核是房屋登记机构对受理的申请登记事项进行审查核实，并作出准予登记或者不予登记决定的行为。主要是审核查阅登记簿、申请人提交的各种材料（证件），核实房屋现状、权属来源等。

办理下列房屋登记，房屋登记机构应当实地查看：

（1）房屋所有权初始登记；

（2）在建工程抵押权登记；

（3）因房屋灭失导致的房屋所有权注销登记；

（4）法律、法规规定的应当实地查看的其他房屋登记。

房屋登记机构实地查看时，申请人应当予以配合。

4. 记载于登记簿

（1）经审核后，登记申请符合下列条件的，房屋登记机构应当予以登记，将申请登记事项记载于不动产登记簿：

1）申请人与依法提交的材料记载的主体一致；

2）申请初始登记的房屋与申请人提交的规划证明材料记载一致，申请其他登记的房屋与不动产登记簿记载一致；

3）申请登记的内容与有关材料证明的事实一致；

4）申请登记的事项与不动产登记簿记载的房屋权利不冲突；

5）不存在本办法规定的不予登记的情形。

登记申请不符合前款所列条件的，房屋登记机构应当不予登记，并书面告知申请人不予登记的原因。房屋登记机构将申请登记事项记载于不动产登记簿之前，申请人可以撤回登记申请。

（2）经审核后，有下列情形之一的，不动产登记机构应当不予登记：

1）未依法取得规划许可、施工许可或者未按照规划许可的面积等内容建造的建筑申请登记的；

2）申请人不能提供合法、有效的权利来源证明文件或者申请登记的房屋权利与权利来源证明文件不一致的；

3）申请登记事项与不动产登记簿记载冲突的；

4）申请登记房屋不能特定或者不具有独立利用价值的；

5）房屋已被依法征收、没收，原权利人申请登记的；

6）房屋被依法查封期间，权利人申请登记的；

7）法律、法规和本办法规定的其他不予登记的情形。

（3）房屋登记的时限

自受理登记申请之日起，不动产登记机构应当于下列时限内，将申请登记事项记载于不动产登记簿或者作出不予登记的决定：

1）国有土地范围内房屋所有权登记，30个工作日，集体土地范围内房屋所有权登记，60个工作日；

2）抵押权、地役权登记，10个工作日；

3）预告登记、更正登记，10个工作日；

4）异议登记，1个工作日。

公告时间不计入上述规定时限。因特殊原因需要延长登记时限的，经房屋登记机构负责人批准可以延长，但最长不得超过原时限的一倍。法律、法规对登记时限另有规定的，从其规定。

不动产登记簿应当记载房屋自然状况、权利状况以及其他依法应当登记的事项。不动产登记簿可以采用纸介质，也可以采用电子介质。采用电子介质的，应当有唯一、确定的纸介质转化形式，并应当定期异地备份。

5. 发证

发放权属证书是登记程序的最后一项，是不动产登记机构在作出准予登记的决定后，向申请人发放房屋权属证书的行为。不动产权证书是权利人享有房屋权利的证明，包括《不动产权证书》、《不动产登记证明》等。申请登记房屋为共有房屋的，不动产登记机构应当在房屋所有权证上注明"共有"字样。预告登记、在建工程抵押权登记以及法律、法规规定的其他事项在不动产登记簿上予以记载后，由不动产登记机构发放登记证明。

不动产权证书、不动产登记证明与不动产登记簿记载不一致的，除有证据证明不动产登记簿确有错误外，以不动产登记簿为准。不动产权证书、不动产登记证明破损的，权利人可以向不动产登记机构申请换发。不动产登记机构换发前，应当收回原不动产权证书、不动产登记证明，并将有关事项记载于不动产登记簿。不动产权证书、不动产登记证明遗失、灭失的，权利人在当地公开发行的报刊上刊登遗失声明后，可以申请补发。不动产登记机构予以补发的，应当将有关事项在不动产登记簿上予以记载。补发的不动产权证书、不动产登记证明上应当注明"补发"字样。在补发集体土地范围内村民住房的不动产权证书、不动产登记证明前，不动产登记机构应当就补发事项在房屋所在地农村集体经济组织内公告。

不动产登记机构应当将房屋登记资料及时归档并妥善管理。申请查询、复制不动产登记资料的，应当按照规定的权限和程序办理。县级以上人民政府不动产主管部门应当加强房屋登记信息系统建设，逐步实现全国不动产登记簿信息共享和异地查询。

8.3.4 房屋登记的类型

根据《房屋登记办法》，房屋登记包括：

1. 房屋所有权登记

房屋所有权登记是指房屋登记机构根据申请人的申请，将房屋所有权或所有权变动等事项，在登记簿上予以记载的行为。房屋所有权登记分为：房屋所有权初始登记、房屋所有权转移登记、房屋所有权变更登记、房屋所有权注销登记。

（1）房屋所有权初始登记

房屋所有权初始登记是指新建房屋申请人或原有房屋但未进行过登记的申请人原始取得所有权而进行的登记。房屋登记机构对因合法建造房屋申请房屋所有权初始登记的，申请人应当提交下列材料：①登记申请书；②申请人身份证明；③建设用地使用权证明；④建设工程符合规划的证明；⑤房屋已竣工的证明；⑥房屋测绘报告；⑦其他必要材料。

房地产开发企业申请房屋所有权初始登记时，应当对建筑区划内依法属于全体业主共有的公共场所、公用设施和物业服务用房等房屋一并申请登记，由房屋登记机构在不动产登记簿上予以记载，不颁发房屋权属证书。

（2）房屋所有权转移登记

房屋所有权转移登记是指房屋因买卖、互换、赠与、继承等原因致使房屋所有权发生转移而进行的登记。

当事人发生下列情形之一的，应当在有关法律文件生效或者事实发生后申请房屋所有权转移登记：

1）买卖；

2）互换；

3）赠与；

4）继承、受遗赠；

5）房屋分割、合并，导致所有权发生转移的；

6）以房屋出资入股；

7）法人或者其他组织分立、合并，导致房屋所有权发生转移的；

8）法律、法规规定的其他情形。

申请房屋所有权转移登记，应当提交下列材料：登记申请书、申请人身份证明、房屋所有权证书或者房地产权证书、证明房屋所有权发生转移的材料（如买卖合同、互换合同、赠与合同、受遗赠证明、继承证明、分割协议、合并协议、人民法院或者仲裁委员会生效的法律文书，或者其他证明房屋所有权发生转移的材料）及其他必要材料。

（3）房屋所有权变更登记

房屋所有权变更登记是指房地产权利人因法定名称改变或是房屋状况发生变化等而进行的登记。发生下列情形之一的，权利人应当在有关法律文件生效或者事实发生后申请房屋所有权变更登记：

1）房屋所有权人的姓名或者名称变更的；

2）房屋坐落的街道、门牌号或者房屋名称变更的；

3）房屋面积增加或者减少的；

4）同一所有权人分割、合并房屋的；

5）法律、法规规定的其他情形。

申请房屋所有权变更登记，应当提交下列材料：登记申请书、申请人身份证明、房屋所有权证书或者房地产权证书、证明发生变更事实的材料及其他必要材料。

（4）房屋所有权注销登记

房屋所有权注销登记是指因房屋或土地灭失、放弃房屋所有权等情况，导致丧失房屋所有权等而进行的登记。经依法登记的房屋发生房屋灭失、放弃所有权或法律、法规规定的其他情形之一的，不动产登记簿记载的所有权人应当自事实发生后申请房屋所有权注销登记。申请房屋所有权注销登记的，应当提交下列材料：登记申请书、申请人身份证明、房屋所有权证书或者房地产权证书、证明房屋所有权消灭的材料及其他必要材料。

经依法登记的房屋上存在他项权利时，所有权人放弃房屋所有权申请注销登记的，应当提供他项权利人的书面同意文件。

经登记的房屋所有权消灭后，原权利人未申请注销登记的，房屋登记机构可以依据人民法院、仲裁委员会的生效法律文书或者人民政府的生效征收决定办理注销登记，将注销事项记载于不动产登记簿，原房屋所有权证收回或者公告作废。

2．房屋抵押权登记、变更和注销

自然人、法人或者其他组织为保障其债权的实现，依法以不动产设定抵押的，可以由当事人持不动产权属证书、抵押合同与主债权合同等必要材料，共同申请办理抵押登记。抵押合同可以是单独订立的书面合同，也可以是主债权合同中的抵押条款。同一不动产上设立多个抵押权的，不动产登记机构应当按照受理时间的先后顺序依次办理登记，并记载于不动产登记簿。当事人对抵押权顺位另有约定的，从其规定办理登记。

房屋抵押权登记是指房屋登记机构根据抵押当事人申请，依法将抵押权设立、转移、变动等事项在登记簿上予以记载的行为。以房屋设定抵押的，当事人应当申请抵押权登记。申请抵押权登记，应当提交下列文件：登记申请书、申请人的身份证明、房屋所有权证书或者房地产权证书、抵押合同、主债权合同及其他必要材料。

对符合规定条件的抵押权设立登记，不动产登记机构应当将下列事项记载于不动产登记簿：

（1）抵押当事人、债务人的姓名或者名称；

（2）被担保债权的数额；

（3）登记时间。

申请抵押权变更登记，应当提交下列材料：登记申请书、申请人的身份证明、房屋他项权证书及其他必要材料。因抵押当事人姓名或者名称发生变更，或者抵押房屋坐落的街道、门牌号发生变更申请变更登记的，无需提交抵押人与抵押权人变更抵押权的书面协议。因被担保债权的数额发生变更申请抵押权变更登记的，还应当提交其他抵押权人的书面同意文件。

经依法登记的房屋抵押权因主债权转让而转让，申请抵押权转移登记的，主债权的转让人和受让人应当提交下列材料：登记申请书、申请人的身份证明、房屋他项权证书、房屋抵押权发生转移的证明材料及其他必要材料。

经依法登记的房屋抵押权发生下列情形之一的，权利人应当申请抵押权注销登记：

（1）主债权消灭；

（2）抵押权已经实现；

（3）抵押权人放弃抵押权；

（4）法律、法规规定抵押权消灭的其他情形。

申请抵押权注销登记的，应当提交下列材料：登记申请书、申请人的身份证明、房屋他项权证书、证明房屋抵押权消灭的材料及其他必要材料。有下列情形之一的，当事人应当持不动产权属证书、不动产登记证明、抵押权变更等必要材料，申请抵押权变更登记：

（1）抵押人、抵押权人的姓名或者名称变更的；

（2）被担保的主债权数额变更的；

（3）债务履行期限变更的；

（4）抵押权顺位变更的；

（5）法律、行政法规规定的其他情形。

因被担保债权主债权的种类及数额、担保范围、债务履行期限、抵押权顺位发生变更申请抵押权变更登记时，如果该抵押权的变更将对其他抵押权人产生不利影响的，还应当提交其他抵押权人书面同意的材料与身份证或者户口簿等材料。

因主债权转让导致抵押权转让的，当事人可以持不动产权属证书、不动产登记证明、被担保主债权的转让协议、债权人已经通知债务人的材料等相关材料，申请抵押权的转移登记。

有下列情形之一的，当事人可以持不动产登记证明、抵押权消灭的材料等必要材料，申请抵押权注销登记：

（1）主债权消灭；

（2）抵押权已经实现；

（3）抵押权人放弃抵押权；

（4）法律、行政法规规定抵押权消灭的其他情形。

设立最高额抵押权的，当事人应当持不动产权属证书、最高额抵押合同与一定期间内将要连续发生的债权的合同或者其他登记原因材料等必要材料，申请最高额抵押权首次登记。

当事人申请最高额抵押权首次登记时，同意将最高额抵押权设立前已经存在的债权转入最高额抵押担保的债权范围的，还应当提交已存在债权的合同以及当事人同意将该债权纳入最高额抵押权担保范围的书面材料。

有下列情形之一的，当事人应当持不动产登记证明、最高额抵押权发生变更的材料等必要材料，申请最高额抵押权变更登记：

（1）抵押人、抵押权人的姓名或者名称变更的；

（2）债权范围变更的；

（3）最高债权额变更的；

（4）债权确定的期间变更的；

（5）抵押权顺位变更的；

（6）法律、行政法规规定的其他情形。

因最高债权额、债权范围、债务履行期限、债权确定的期间发生变更申请最高额抵押权变更登记时，如果该变更将对其他抵押权人产生不利影响的，当事人还应当提交其他抵押权人的书面同意文件与身份证或者户口簿等。

当发生导致最高额抵押权担保的债权被确定的事由，从而使最高额抵押权转变为一般抵押权时，当事人应当持不动产登记证明、最高额抵押权担保的债权已确定的材料等必要材料，申请办理确定最高额抵押权的登记。

最高额抵押权发生转移的，应当持不动产登记证明、部分债权转移的材料、当事人约定最高额抵押权随同部分债权的转让而转移的材料等必要材料，申请办理最高额抵押权转移登记。

债权人转让部分债权，当事人约定最高额抵押权随同部分债权的转让而转移的，应当分别申请下列登记：

（1）当事人约定原抵押权人与受让人共同享有最高额抵押权的，应当申请最高额抵押权的转移登记；

（2）当事人约定受让人享有一般抵押权、原抵押权人就扣减已转移的债权数额后继续享有最高额抵押权的，应当申请一般抵押权的首次登记以及最高额抵押权的变更登记；

（3）当事人约定原抵押权人不再享有最高额抵押权的，应当一并申请最高额抵押权确定登记以及一般抵押权转移登记。

最高额抵押权担保的债权确定前，债权人转让部分债权的，除当事人另有约定外，不动产登记机构不得办理最高额抵押权转移登记。

以建设用地使用权以及全部或者部分在建建筑物设定抵押的，应当一并申请建设用地使用权以及在建建筑物抵押权的首次登记。

当事人申请在建建筑物抵押权首次登记时，抵押财产不包括已经办理预告登记的预购商品房和已经办理预售备案的商品房。

前款规定的在建建筑物，是指正在建造、尚未办理所有权首次登记的房屋等建筑物。

申请在建建筑物抵押权首次登记的，当事人应当提交下列材料：

（1）抵押合同与主债权合同；

（2）享有建设用地使用权的不动产权属证书；

（3）建设工程规划许可证；

（4）其他必要材料。

在建建筑物抵押权变更、转移或者消灭的，当事人应当提交下列材料，申请变更登记、转移登记、注销登记：

（1）不动产登记证明；

（2）在建建筑物抵押权发生变更、转移或者消灭的材料；

（3）其他必要材料。

在建建筑物竣工，办理建筑物所有权首次登记时，当事人应当申请将在建建筑物抵押权登记转为建筑物抵押权登记。

申请预购商品房抵押登记，应当提交下列材料：

（1）抵押合同与主债权合同；

（2）预购商品房预告登记材料；

（3）其他必要材料。

预购商品房办理房屋所有权登记后，当事人应当申请将预购商品房抵押预告登记转为商品房抵押权首次登记。

3．地役权登记

地役权登记是指房屋登记机构根据抵押当事人申请，依法将地役权设立、转移、变动等事项在需役地和供役地登记簿上予以记载的行为。在房屋上设立地役权的，当事人可以申请地役权设立登记。申请地役权设立登记，应当提交下列材料：登记申请书、申请人的身份证明、地役权合同、房屋所有权证书或者房地产权证书及其他必要材料。对符合规定条件的地役权设立登记，房屋登记机构应当将有关事项记载于需役地和供役地不动产登记簿，并可将地役权合同附于供役地和需役地不动产登记簿。

已经登记的地役权变更、转让或者消灭的，当事人应当提交登记申请书、申请人的身份证明、登记证明、证明地役权发生变更、转移或者消灭的材料和其他必要材料，申请变更登记、转移登记、注销登记。

按照约定设定地役权，当事人可以持需役地和供役地的不动产权属证书、地役权合同以及其他必要文件，申请地役权首次登记。

经依法登记的地役权发生下列情形之一的，当事人应当持地役权合同、不动产登记证明和证实变更的材料等必要材料，申请地役权变更登记：

（1）地役权当事人的姓名或者名称等发生变化；

（2）共有性质变更的；

（3）需役地或者供役地自然状况发生变化；

（4）地役权内容变更的；

（5）法律、行政法规规定的其他情形。

供役地分割转让办理登记，转让部分涉及地役权的，应当由受让人与地役权人一并申请地役权变更登记。

已经登记的地役权因土地承包经营权、建设用地使用权转让发生转移的，当事人应当持不动产登记证明、地役权转移合同等必要材料，申请地役权转移登记。

申请需役地转移登记的，或者需役地分割转让，转让部分涉及已登记的地役权的，当事人应当一并申请地役权转移登记，但当事人另有约定的除外。当事人拒绝一并申请地役权转移登记的，应当出具书面材料。不动产登记机构办理转移登记时，应当同时办理地役权注销登记。

已经登记的地役权，有下列情形之一的，当事人可以持不动产登记证明、证实地役权发生消灭的材料等必要材料，申请地役权注销登记：

（1）地役权期限届满；

（2）供役地、需役地归于同一人；

（3）供役地或者需役地灭失；

（4）人民法院、仲裁委员会的生效法律文书导致地役权消灭；

（5）依法解除地役权合同；

（6）其他导致地役权消灭的事由。

地役权登记，不动产登记机构应当将登记事项分别记载于需役地和供役地登记簿。

供役地、需役地分属不同不动产登记机构管辖的，当事人应当向供役地所在地的不动产登记机构申请地役权登记。供役地所在地不动产登记机构完成登记后，应当将相关事项通知需役地所在地不动产登记机构，并由其记载于需役地登记簿。

地役权设立后，办理首次登记前发生变更、转移的，当事人应当提交相关材料，就已经变更或者转移的地役权，直接申请首次登记。

4．房屋预告登记

根据《不动产登记暂行条例实施细则》，有下列情形之一的，当事人可以按照约定申请房屋预告登记：

（1）商品房等不动产预售的；

（2）不动产买卖、抵押的；

（3）以预购商品房设定抵押权的；

（4）法律、行政法规规定的其他情形。

预告登记生效期间，未经预告登记的权利人书面同意，处分该不动产权利申请登记的，不动产登记机构应当不予办理。

预告登记后，债权未消灭且自能够进行相应的不动产登记之日起3个月内，当事人申请不动产登记的，不动产登记机构应当按照预告登记事项办理相应的登记。

申请预购商品房的预告登记，应当提交下列材料：

（1）已备案的商品房预售合同；

（2）当事人关于预告登记的约定；

（3）其他必要材料。

预售人和预购人订立商品房买卖合同后，预售人未按照约定与预购人申请预告登记，预购人可以单方申请预告登记。

预购人单方申请预购商品房预告登记，预售人与预购人在商品房预售合同中对预告登记附有条件和期限的，预购人应当提交相应材料。

申请预告登记的商品房已经办理在建建筑物抵押权首次登记的，当事人应当一并申请在建建筑物抵押权注销登记，并提交不动产权属转移材料、不动产登记证明。不动产登记机构应当先办理在建建筑物抵押权注销登记，再办理预告登记。

申请不动产转移预告登记的，当事人应当提交下列材料：

（1）不动产转让合同；

（2）转让方的不动产权属证书；

（3）当事人关于预告登记的约定；

（4）其他必要材料。

抵押不动产，申请预告登记的，当事人应当提交下列材料：

（1）抵押合同与主债权合同；

（2）不动产权属证书；

（3）当事人关于预告登记的约定；

（4）其他必要材料。

预告登记未到期，有下列情形之一的，当事人可以持不动产登记证明、债权消灭或者权利人放弃预告登记的材料，以及法律、行政法规规定的其他必要材料申请注销预告登记：

（1）预告登记的权利人放弃预告登记的；

（2）债权消灭的；

（3）法律、行政法规规定的其他情形。

5. 房屋其他登记

房屋其他登记是指上述房屋登记类型以外的更正登记、异议登记、撤销登记、查封登记等房屋登记。

权利人、利害关系人认为不动产登记簿记载的事项有错误的，可以提交登记申请书、申请人的身份证明和证明不动产登记簿记载错误的材料，申请更正登记。利害关系人申请更正登记的，还应当提供权利人同意更正的证明材料。

不动产登记簿记载确有错误的，应当予以更正；需要更正房屋权属证书内容的，应当书面通知权利人换领房屋权属证书；不动产登记簿记载无误的，应当不予更正，并书面通知申请人。不动产登记机构发现不动产登记簿的记载错误，不涉及房屋权利归属和内容的，应当书面通知有关权利人在规定期限内办理更正登记；当事人无正当理由逾期不办理更正登记的，不动产登记机构可以依据申请登记材料或者有效的法律文件对不动产登记簿的记载予以更正，并书面通知当事人。对于涉及房屋权利归属和内容的不动产登记簿的记载错误，房屋登记机构应当书面通知有关权利人在规定期限内办理更正登记；办理更正登记期间，权利人因处分其房屋权利申请登记的，不动产登记机构应当暂缓办理。利害关系人认为不动产登记簿记载的事项错误，而权利人不同意更正的，利害关系人可以持登记申请书、申请人的身份证明、不动产登记簿记载错误的证明文件等材料申请异议登记。

不动产登记机构受理异议登记的，应当将异议事项记载于不动产登记簿。异议登记期间，不动产登记簿记载的权利人处分房屋申请登记的，不动产登记机构应当暂缓办理。权利人处分房屋申请登记，不动产登记机构受理登记申请但尚未将申请登记事项记载于不动产登记簿之前，第三人申请异议登记的，不动产登记机构应当中止办理原登记申请，并书面通知申请人。

异议登记期间，异议登记申请人起诉，人民法院不予受理或者驳回其诉讼请求的，异议登记申请人或者不动产登记簿记载的权利人可以持登记申请书、申请人的身份证明、相应的证明文件等材料申请注销异议登记。人民法院、仲裁委员会的生效法律文书确定的房屋权利归属或者权利内容与不动产登记簿记载的权利状况不一致的，不动产登记机构应当按照当事人的申请或者有关法律文书，办理相应的登记。司法机关、行政机关、仲裁委员会发生法律效力的文件证明当事人以隐瞒真实情况、提交虚假材料等非法手段获取房屋登记的，不动产登记机构可以撤销原不动产登记，收回不动产权证书、登记证明或者公告作废，但房屋权利为他人善意取得的除外。

人民法院要求不动产登记机构办理查封房屋登记的，应当提交下列材料：

（1）人民法院工作人员的工作证；

（2）协助执行通知书；

（3）其他必要材料。

两个以上人民法院查封同一房产的，不动产登记机构应当为先送达协助执行通知书的人民法院办理查封登记，对后送达协助执行通知书的人民法院办理轮候查封登记。

轮候查封登记的顺序按照人民法院协助执行通知书送达不动产登记机构的时间先后进行排列。

查封期间，人民法院解除查封的，不动产登记机构应当及时根据人民法院协助执行通知书注销查封登记。

房产查封期限届满，人民法院未续封的，查封登记失效。

人民检察院等其他国家有权机关依法要求不动产登记机构办理房产查封登记的，参照上面规定办理。

❓ 法律依据及相关知识链接

1. 中华人民共和国土地管理法
2. 中华人民共和国城市房地产管理法
3. 土地登记办法
4. 房屋登记办法
5. 不动产登记簿管理试行办法
6. 最高人民法院关于审理房屋登记案件若干问题的规定
7. 不动产登记暂行条例
8. 不动产登记暂行条例实施细则
9. 中华人民共和国物权法

🎓 案例分析与解答

【案情】

赵某向李某借款20万元，李某要求赵某提供抵押，赵某便用自己房屋的《房屋所有权证》作为抵押，并同李某签订了抵押合同，期限一年，并把《房屋所有权证》交予李某。事过一年后，当李某要求赵某还借款时，赵某由于无力偿还，李某便提出向赵某索要其居住的房屋。

【问题】

1. 李某能否将赵某居住的房屋卖掉？为什么？
2. 赵某是否可以挂失？并以此要求房产登记机关补发呢？

【参考答案】

1. 根据《城市房地产管理法》规定："房地产抵押时，应当向县级以上地方人民政府规定的部门办理抵押登记。"同时《城市房地产抵押管理办法》还规定："国家实行房地产抵押登记制度。""房地产抵押合同自签订之日起30日内，抵押当事人应当到房地产所在地的房地产管理部门办理房地产抵押登记。"

本案中，李某与赵某的抵押虽然有合同，但未经登记。因此，李某不能把赵某的房子卖掉，这是赵某依然是该房屋的合法权利人。

2. 赵某不能挂失，也不能补发房屋产权证书。依照有关规定，所有权证书遗失时才能申请补发证，而赵某产权证书在李某处，事实上并未遗失，没有补发的依据。因此房地产管理机关不能给其补发房地产权证书。

练习与思考

单项选择题

1. （　　）是权属登记管理的根本目的和出发点。

    A. 保护房地产权利人的合法权益　　　B. 收取登记费

    C. 行使房管权力　　　D. 保护房管部门的合法权益

2. （　　）是指设定抵押、典权等他项权利而进行的登记。

    A. 注销登记　　　B. 他项权利登记

    C. 变更登记　　　D. 房屋所有权初始登记

3. （　　）主管部门是法定的房屋所有权登记发证机关，其他部门办理的房屋所有权登记和发放的房屋所有权证书，不具有法律效力。

    A. 市（县）建设行政　　　B. 市（县）规划行政

    C. 市（县）房地产行政　　　D. 市（县）土地行政

4. 在一定行政区域和一定时间内进行的房屋权属登记是（　　）。

    A. 定期登记　　　B. 总登记

    C. 初始登记　　　D. 动态登记

5. 房屋的翻、改建或添建而使房屋面积增加或减少，房屋所有人应申请房屋（　　）登记。

    A. 注销　　　B. 转移

    C. 变更　　　D. 初始

6. 不动产权证书和不动产登记证明由（　　）监制和颁发。

    A. 建设部　　　B. 自然资源部

    C. 人社部　　　D. 住房和城乡建设部

多项选择题

1. 房屋权属登记是指房地产行政主管部门代表政府对（　　）进行登记，并依法确认房屋产权归属关系的行为。

    A. 房屋所有权　　　B. 抵押权、典权等房屋他项权利

    C. 土地所有权　　　D. 土地使用权

    E. 房屋使用权

2. 我国的房地产权属登记制度的特点包括（　　）。

    A. 房地产权属登记由不同登记机关分别登记

    B. 房地产权属登记为房地产权利静态登记

    C. 房地产权属登记具有公信力

    D. 房地产权属登记实行及时登记制度

    E. 颁发权利证书

3. 土地登记簿应当载明的内容有（　　）。

　　A. 土地权利人的姓名或者名称、地址

　　B. 土地的权属性质、使用权类型、取得时间和使用期限、权利以及内容变化情况

　　C. 土地的坐落、界址、面积、宗地号、用途和取得价格

　　D. 地上附着物情况

　　E. 房屋基本状况、房屋权利状况以及其他状况

4. 转移登记是指房屋因（　　）等原因致使其权属发生转移而进行的登记，权利人应当自事实发生之日起90日内申请转移登记。

　　A. 买卖、赠与　　　　　　　　　B. 交换、继承

　　C. 划拨、转让　　　　　　　　　D. 咨询、经纪

　　E. 分割、合并、裁决

5. 不动产权证书与原有的房产证区别在于（　　）。

　　A. 监制机关不同　　　　　　　　B. 权证编号不同

　　C. 颁证词不同　　　　　　　　　D. 标注产权信息不同

　　E. 不动产权证书权利高于原房产证

是非题

1. 房地产权属登记是一种不动产物权的公示方式，是房地产权属的设立、转移、变动和废止的法定公示手段。（　　）

2. 当事人对房地产权利的取得、变更、丧失均须依法登记，不经登记，也具有对抗第三人的效力。（　　）

3. 土地登记申请材料不齐全或者不符合法定形式的，主管部门应当当场或者在10日内一次告知申请人需要补正的全部内容。（　　）

4. 房屋权属证书、登记证明与不动产登记簿记载不一致的，除有证据证明不动产登记簿确有错误外，以不动产登记簿为准。（　　）

5. 国土资源行政主管部门应当自受理土地登记申请之日起30日内，办结土地登记审查手续。（　　）

简答题

1. 什么是不动产权属登记？不动产权属登记有哪些作用？

2. 我国房地产权属登记有哪些特征？

3. 什么是土地登记？土地登记有哪些类型？

4. 什么是房屋登记？

5. 简述房屋登记的程序。

6. 房屋登记有哪几种类型？

7. 什么是房屋所有权登记？房屋所有权登记包括哪几种类型？

物业管理制度 9

【学习目标】

1. 掌握物业和物业管理概念，物业服务费的概念和物业服务收费形式，住宅专项维修资金。

2. 熟悉物业管理的内容，物业服务企业，业主和自治组织，管理规约。

3. 了解物业管理的主要环节，物业服务合同，住宅专项维修资金的交存、使用与管理。

物业管理既是房地产开发的延续和完善，又是集服务、管理、经营为一体的服务性行业。它与其他行业相比，在服务、管理的对象上和运作方式上都有其自身的特点。

9.1 物业管理概述

9.1.1 物业和物业管理

1. 物业的含义

物业是一个较为广义的范畴。"物业"一词在香港及东南亚一带是作为房地产的别称或同义语而使用的。物业与房地产既有联系又有区别，物业一般指某项具体的建筑物及相关的设施、设备、场地等，是个微观的概念，房地产则一般泛指一个国家、地区或城市所有的房产和地产，相比之下是个宏观的概念。

本教材中所称的物业，是一个狭义范畴，一般是指具体的房屋建筑及相关的设施、设备、场地。如住宅、工业厂房、商业用房等建筑物及其附属的设施、设备和相关场地。

从物业的概念中可以看出，一个完整的物业，应至少包括以下几个部分：

（1）建筑物。即已建成并投入使用的各类房屋及相关建筑，包括房屋建筑、构筑物等。

（2）设施。即主要与建筑物配套的公共使用的上下水管、供配电、消防、通信网络以及室外公建设施（如幼儿园、医院、运动场馆）等。

（3）设备。即主要与建筑物相配套的专用机械、电气等。如电梯、空调、备用电源等。

（4）场地。即建筑物规划范围以内的所有土地，包括建筑地块、建筑物周围空地、绿地以及物业范围内的非主干交通道路等。

物业可大可小，可以是群体建筑物，如住宅小区；也可以是单体建筑物，如高层住宅、写字楼等。物业还可以分割，如大物业可以划分为小物业，住宅小区物业可以划分为几个小的单体住宅楼等。

根据使用功能的不同，物业可分为以下四类：居住物业、商业物业、工业物业和其他用途物业。不同使用功能的物业，其管理有着不同的内容和要求。

2．物业管理的含义

按照《物业管理条例》第二条的规定："物业管理是指业主通过选聘物业服务企业，由业主和物业服务企业按照物业服务合同约定，对房屋及配套的设施设备和相关场地进行维修、养护、管理，维护相关区域内的环境卫生和秩序的活动。"根据物业管理这个概念的内涵与外延可以这样理解：

（1）物业管理中主要的主体是业主（即物业服务需求主体）和物业服务企业（即物业服务供给主体）；

（2）物业管理的对象是完整的物业，即房屋及配套的设施设备和相关场地等；

（3）物业管理服务的对象是人，即业主或非业主使用人；

（4）物业管理的"劳务"的投入，能提升物业这个特殊商品的使用功能，延长其使用年限，完善内外环境，使其保值增值；

（5）物业管理需要专业化的管理与服务，并采用现代化的管理手段；

（6）物业管理与现代社区建设密切关联，是创建和谐社区的重要载体。

3．物业管理的特性

物业管理具有社会化、专业化、企业化、市场化的基本特性。

（1）社会化。物业管理的社会化有三种含义：第一，是指物业管理将分散的社会分工汇集起来统一管理，诸如房屋和设施设备维修、养护、管理，保洁、保安、绿化服务管理等；第二，是指面向社会的物业管理，房地产开发公司或业主应遵循市场经济客观规律，将开发或持有的物业推向社会，通过公开、公平、公正的市场竞争，把物业交给管理水平高、运作规范的专业服务企业来管理；第三，是指物业管理本身也应社会化，即物业服务企业可将一部分管理项目分离出去，使其成为社会分工中的一个专门行业，这有助于提高物业管理的水平和效率。

（2）专业化。物业管理的专业化是指物业服务企业通过合同或契约的签订，按照业主或使用人的意志和要求去实施专业化管理，它包括物业管理组织机构的专业化、管理人员的专业化、管理手段的专业化、管理技术和方法的专业化等。物业管理专业化是现代化大生产的社会化专业分工的必然结果。

（3）企业化。物业管理是一种企业化的经营管理行为。物业服务企业作为一个独立的法人，应按照《公司法》的规定运行，必须依照物业管理市场的运行规则参与市场竞争，依靠自己的经营能力和优质的服务在物业管理市场上争取自己的位置和拓展业务，用管理与服务的业绩去赢得商业信誉。

（4）市场化。在市场经济条件下，物业管理的属性是经营，它所提供的商品是劳务和服务，其性质是有偿的，方式是等价的，即推行有偿服务，合理收费。业主通过市场化的招标投标方式选聘物业服务企业，物业服务企业向业主或使用人提供劳务和服务，业主或使用人购买并消费这种服务。这种通过市场竞争机制和商品经营的方式所实现的商业行为就是市场化。双向选择和等价有偿是物业管理市场化的集中体现。

4．物业管理的目标与原则

（1）物业管理的目标

物业管理是集服务、管理、经营为一体的服务性行业。它的管理、经营是通过服务来体现的，因此，物业管理寓管理、经营于服务之中。物业管理的目标是通过有效的服务与管理，为业主和使用人提供一个优美整洁、舒适方便、安全文明的工作或生活环境；通过有效的管理与经营，改善物业的内外环境，完善物业的使用功能，提升物业的使用价值和经济价值，促使物业的保值增值；通过有效的服务、管理与经营，最终实现经济、社会、环境三个效益的统一和增长，从而提高城市的现代文明程度。

（2）物业管理的原则

1）以人为本、服务第一的原则

这一原则是物业管理的根本原则和首要原则。物业管理作为服务性行业，它的所有活动归根结底都是为了服务于人。它要求物业服务企业和物业管理的从业人员，必须树立以人为本、服务第一的基本理念，通过提供全面、优质、高效的服务与管理，为业主或使用人营造良好的工作和生活环境。

2）业主自治管理与专业服务管理相结合的原则

这一原则旨在规范业主与物业服务企业的关系，划清业主与物业服务企业的地位、职责、权利和义务。其主要体现：①业主自治管理。它是指业主作为房屋所有权人在物业管理中处于主导地位，选聘物业服务企业实施管理只是业主管理的主要方式，业主还可以根据实际情况决定采取其他方式；业主的自治管理一般通过业主大会、业主委员会这种组织形式来实现的。当然，业主自治管理并不意味业主直接实施管理，目前主要还是通过物业服务合同的形式委托物业服务企业实施各项具体管理实务，体现业主自治管理的权利（决策、选聘、审议和监督权等）和义务（履行合同、规约和规章制度，协助和协调各方关系等）。②专业服务管理。它是指物业管理主要由物业服务企业对物业实施管理和服务，专业管理主要体现在专门的组织机构、专业人员配备、专业工具设备、科学规范的管理措施和工作程序等几个方面。

3）统一管理，综合服务的原则

这一原则体现物业管理的基本特性和要求，包括统一管理和综合服务两方面，并且有机地结合在一起。统一管理实施的前提是"一个相对独立的物业区域，建立一个业主大会，委托一个物业服务企业管理"。这是由物业的房屋以及设施设备相互连接、相互贯通的整体性和系统性以及房屋产权与业主意志的多元性所决定的。综合服务指的是物业服务企业一方面根据物业服务合同为全体业主和使用人提供公共性的基本管理服务；另一方面还要根据业主和使用人多元化、多层次的需求，通过服务项目和收费标准，由全体业主和使用人进行选择性购买或根据个别业主和使用人的委托向其提供特约服务，以满足其个性化的需求。

9.1.2 物业管理的内容

物业管理作为一个新兴行业，是生产特殊的"商品"——劳务和服务。其范围相当广泛，服务项目多层次多元化，涉及的工作内容比较繁琐复杂。按服务的性质和提供的方式，可把物业管理的管理服务内容分为以下三个方面：

1．常规性管理服务

常规性管理服务是指业主与物业服务企业通过物业服务合同约定的公共性服务，它主要直接针对物业和所有业主或使用人的各项管理与服务。一般包括：一是对房屋及配套的设施设备和相关场地进行维修、养护、管理；二是对相关区域内的环境卫生和秩序进行维护。具体地说，它包括以下内容：①房屋管理；②设施设备管理；③环境卫生的管理服务；④绿化管理服务；⑤治安管理服务；⑥消防协助管理服务；⑦车辆道路协助管理服务；⑧物业装饰装修管理服务；⑨物业档案资料的管理；⑩专项维修资金的代管服务；⑪其他管理服务的事项。

2．针对性专项服务

针对性专项服务是物业服务企业为了方便业主和使用人的生活和工作，而提供的全方位、多层次的各项服务，主要涉及：衣着方面、饮食方面、居住方面、行旅方面、娱乐康体方面、购物方面、家政方面、网络社区等方面。

3．委托性特约服务

委托性特约服务是物业服务企业为满足部分业主和使用人的个别需求而接受其委托所提供的个性化的服务，它实际上是专项服务的补充和完善。

在实践中，以上三大类业务项目具有相互促进、相互补充的内在有机联系。其中，第一大类是基本的，也是物业管理的基础工作，一切物业服务企业首先应做好第一大类的工作。第二、三大类是物业管理业务的拓展，是服务广度的拓展和深度的延伸，这可根据各个物业服务企业的实际情况、业主和使用人的实际需求或社区的统一布置来安排。

作为经营管理的物业服务企业，除较好的开展上述三大类的工作，还必须包括客户管理、费用管理、项目谈判、企业内部管理等内容。此外物业服务企业还要协助街道办事处、居委会（村委会）等进行社区精神文明建设等的一系列管理服务活动。

9.1.3　物业管理的主要环节

物业管理是一个复杂而又完整的系统工程，从房地产项目的规划设计开始到物业管理工作的全面运作，物业管理工作一般可分为四个阶段：物业管理的前期策划阶段，物业管理的前期准备阶段，物业管理的启动阶段，物业管理的日常运作阶段。每个阶段都有各自若干基本环节。

1．物业管理的前期策划阶段

这一阶段的工作包括物业管理的早期介入、制定物业管理方案二个基本阶段。

（1）物业管理的早期介入

早期介入的主要内容，包括物业服务企业对早期介入的准备以及在规划设计、施工监理、设备安装、租售代理等阶段的介入，即为建设单位提供有益的建设性意见。早期介入并不要求整个物业服务企业人员的全体介入，而只是物业服务企业或者物业管理处的负责人与技术人员的参与。

（2）制定物业管理方案

在早期介入的同时，就应该着手制定物业管理方案。由于这时物业服务企业还没有正式到位，物业管理方案的制定由房地产开发公司完成，在实际操作中，房地产开发公司往往聘请物业服务企业为其代做物业管理方案。物业管理方案的主要内容包括：确定管理档次；确定服务标准；财务收支预算等。

2．物业管理的前期准备阶段

物业管理的前期准备阶段具体包括物业管理的招标投标、物业管理机构的组建及规章制度的制定等各个基本环节。

（1）物业管理的招标与投标

对房地产开发公司来说，首先需要进行物业管理的招标，选聘合适的物业服务企业，然后才可能有具体的物业管理。而对物业服务企业来讲，则首先需要参加物业管理的投标，取得该项目的物业管理权后，才能做好物业管理的准备并在适当的时候开始具体的物业管理工作。

一般来讲，物业管理的招标与投标需要做的基础工作，就是制定物业管理招标书或投标书以及编制与确定物业管理方案。在这个前提下，进行招标或参与投标。在确定了物业服务企业后，以下的各环节就由物业服务企业来进行。

（2）物业管理机构设置与人员安排

就某一个物业项目而言，物业服务企业可能需要另行组建新的物业管理机构或物业管理处，通过这个机构来具体实施该项目的物业管理。当然，在对物业承接查验前，只需要组织管理层人员参与，临近物业正式承接时，再考虑安排作业层人员到位。如是新招聘人员，要对其进行培训，经考核后才能上岗工作。

（3）规章制度的制定

规章制度是物业服务企业进行物业管理的依据，也是物业管理能否顺利进行的保证。规章制度一般包括内部管理制度和外部管理制度两个方面。在内部管理制度中，最基本的制度就是员工管理办法。该办法主要包括劳动用工制度、员工行为规范、员工福利制度、员工奖惩制度以及岗位责任制等内容。外部管理制度是针对物业服务企业内部管理制度来说的，其主要内容有管理规约、住户手册、各项守则与管理规定等。

3．物业管理的启动阶段

物业管理的全面启动以物业的承接查验为标志。从物业的承接查验开始到业主大会和业主委员会的成立，包括承接查验、入住管理、产权备案与档案资料的建立、首次业主大会的召开与业主委员会成立四个基本环节。

（1）承接查验

承接查验是直接关系到物业管理工作能否正常、顺利开展的重要环节。它包括新建物业和原有物业的承接查验。承接查验的完成，标志着物业管理工作全面开始，也标志着物业管理进入全面启动阶段。

（2）入住管理

入住是指业主或使用人迁入生活或工作的物业，这是物业服务企业与服务对象的首次接触。为了能有一个良好的开端，物业服务企业首先要使自己的服务对象一开始就对其有个基本的认同感和满足感，因此需要做好下列工作：

1）通过宣传使业主或使用人了解和配合物业管理工作；

2）配合业主或使用人搬迁；

3）做好搬迁阶段的安全工作；

4）加强对装饰装修的管理。

（3）产权备案与档案资料的建立

产权备案是物业服务企业必须要做而且一定要做好的一项基础性工作。另外，产权备案也是建立业主或使用人档案的基础。物业服务企业还需要建立物业本身的资料，通过档案资料的建立，帮助物业服务企业顺利、有效实施物业管理。

（4）首次业主大会的召开和业主委员会的成立

当具备一定条件后，同一个物业管理区域内的业主，应当在物业所在地的区、县人民政府房地产行政主管部门或者街道办事处、乡镇人民政府的指导下适时召开首次业主大会，制定和通过有关文件，选举产生业主委员会。

4. 物业管理的日常运作阶段

物业管理的日常运作是物业管理最主要的工作内容，一般由日常的综合服务与管理；系统的协调两个基本环节构成。

（1）日常综合服务与管理

日常综合服务与管理是业主或使用人入住后，物业服务企业在实施物业管理中所做的各项工作。这是物业服务企业最经常、最持久、最基本的工作内容，也是其物业管理水平的集中体现。它涉及的方面很多，例如，房屋修缮管理、物业设施设备管理、环境卫生管理服务、绿化管理服务、治安管理服务、消防管理服务、车辆道路管理服务以及其他各项管理服务工作等等。

（2）系统的协调

物业管理社会化、专业化、企业化、市场化的特征，决定了其具有特定的复杂的系统内部和外部环境条件。系统内部环境条件主要是物业服务企业与业主、业主大会、业主委员会的相互关系的协调；系统外部环境条件主要是物业服务企业与相关部门相互关系的协调，例如，街道办事处、乡镇人民政府、自来水公司、供电部门、煤气公司、通信公司等单位；劳动、工商、物价、税务、环卫、园林、房管、城管办等有关政府主管部门；此外还有居民委员会等，涉及面相当广泛。

9.2　物业管理主体

市场主体是指直接参与或直接影响市场交换的各类行为主体。物业管理的属性是经营，它所提供的商品是劳务和服务。对于物业管理市场主体而言，供给主体是物业服务企业，需求主体是业主和业主自治组织。

9.2.1 物业服务企业

1. 物业服务企业的概念和特征

物业服务企业是依法成立、具备资质等级并具有独立企业法人资格，从事物业管理服务相关活动的经济实体。其特征可以归纳为以下四方面：

（1）物业服务企业依法设立。物业服务企业是严格遵循法定程序设立，并必须符合法定的条件，只有这样才能从事物业管理与服务。

（2）物业服务企业是独立的企业法人。物业服务企业是独立核算、自主经营、自负盈亏的经济实体。

（3）物业服务企业是服务性企业。物业服务企业的主要职能是通过对物业的管理和提供的综合服务，确保物业正常使用，为业主或物业使用人创造一个舒适、方便、安全的工作和居住环境。物业服务企业的"产品"就是劳务与服务，这种劳务与服务是有偿的和盈利性的。

（4）物业服务企业具有一定的公共管理性质的职能。物业服务企业在向物业管理区域内业主和使用人提供管理服务的同时，还承担着该区域内公共秩序的维护、市政设施的配合管理、物业的装修管理等，其内容带有公共管理的性质。

物业服务企业按业务性质划分，一般有：管理服务型物业服务企业、管理型物业服务企业、租赁经营型物业服务企业等。

2. 物业服务企业的设立

根据《公司法》和《物业服务企业资质管理办法》的规定，物业服务企业的设立程序分为工商注册登记和资质审批两个阶段。

（1）物业服务企业的工商注册登记

根据《公司法》规定，企业设立须向工商行政管理部门进行注册登记，在领取营业执照后，方可开业。物业服务企业在办理注册登记时，提交相关资料：

1）企业名称的预先审核证明；

2）企业地址证明；

3）注册资本证明；

4）股东人数和法定代表人相关材料；

5）公司专业人员和管理人员名单；

6）公司章程；

7）其他应提交的审批文件或资料。

物业服务企业如果符合规定的条件，经过工商行政管理部门审核，领取了营业执照后，企业即告成立。物业服务企业在取得营业执照以后，还必须进行银行开户、公章刻制、法人代码登记和税务登记等程序后，方可进行企业的运作。

（2）物业服务企业的资质审批及管理

物业服务企业资质的审批和管理是对物业服务企业注册资本、专业和管理人员、经营规模、经营能力等方面的审批及管理。

1）物业服务企业的资质审批

根据原建设部颁发的《物业服务企业资质管理办法》的规定，物业服务企业资质等级分为一、二、三级。国务院建设主管部门负责一级物业服务企业资质证书的颁发和管理；省、自治区人民政府建设主管部门负责二级物业服务企业资质证书的颁发和管理，直辖市人民政府房地产主管部门负责二级和三级物业服务企业资质颁发和管理，并接受国务院建设主管部门的指导和监督。设区的市级人民政府房地产主管部门负责三级物业服务企业资质的颁发和管理，并接受省、自治区人民政府建设主管部门的指导和监督。

2）在申报资质时需提供的资料

物业服务企业在领取营业执照之日起30天内，向当地的房地产主管部门申请资质。申请资质需提交如下资料：①营业执照；②企业章程；③验资证明；④企业法定代表人的身份证明；⑤物业管理专业人员的职业资格证书和劳动合同；⑥管理和技术人员的职称证书和劳动合同；⑦其他需要的资料。新设立的物业服务企业，其资质等级按最低等级核定，并设一年的暂定期。

3）物业服务企业的资质管理

资质管理是房地产行政主管部门依法对物业服务企业和物业管理行业进行管理的主要内容之一。除资质审批外，资质管理还包括对已设立的物业服务企业是否遵守法律、法规，是否履行合同，以及经营管理、信用等情况进行监督检查。资质管理有利于规范物业管理行为，加强对物业管理活动的监督，维护物业管理市场秩序，提高物业服务企业的管理和服务水平。

9.2.2 业主和自治组织

1．业主及其权利和义务

（1）业主的含义

根据《物业管理条例》的规定，"业主是指房屋的所有权人"，即房屋所有权人和土地使用权人。在物业管理活动中，业主是物业服务企业所提供的物业管理服务的对象。业主可以是个人，也可以是集体或者国家；业主还可以分为单个业主和全体业主。业主基于对房屋所有权的享有从而享有对物业的相关共同事务进行管理的权利。这些权利有些由单个业主享有和行使，有些只能通过业主大会和业主委员会来实现。

（2）业主的权利

业主依法对物业自用部位享有占有、使用、经营、处置、修缮、改建等基本权利和依法使用共用设施及设备、共用部位和公共场所的权利。具体体现在下列两个方面：对物业专有部分享有的专有所有权；对物业共有部分享有的共有所有权。

业主参与物业管理时，要求物业服务企业依据物业服务合同提供相应的管理与服务，拥有对本物业重大管理决策的表决权和对物业服务企业提供物业管理服务的监督、建议、批评、咨询、投诉的权利。业主的权利是由法律和管理规约及物业服务合同来保障和维护的，是通过业主大会和业主委员会来实现的。根据《物业管理条例》的规定，业主在物业管理活动中，享有下列权利：

1）按照物业服务合同的约定，接受物业服务企业提供的服务；

2）提议召开业主大会会议，并就物业管理的有关事项提出建议；

3）提出制定和修改管理规约、业主大会议事规则的建议；

4）参加业主大会会议，行使投票权；

5）选举业主委员会委员，并享有被选举权；

6）监督业主委员会的工作；

7）监督物业服务企业履行物业服务合同；

8）对物业共用部位、共用设施设备和相关场地使用情况享有知情权和监督权；

9）监督物业共用部位、共用设施设备专项维修资金的管理和使用；

10）法律、法规规定的其他权利。

除了上述权利以外，业主还享有法律、法规规定的其他方面权利。如在物业受到侵害时，有请求停止侵害、排除妨碍、消除危险、赔偿损失的权利；有对物业维护、使用等方面的规章制度、各项报告、提案进行审议的权利；有为维护业主的合法权益进行投诉和控告的权利等。

（3）业主的义务

根据《物业管理条例》的规定，业主在物业管理活动中应履行下列义务。

1）遵守管理规约、业主大会议事规则；

2）遵守物业管理区域内物业共用部位和共用设施设备的使用、公共秩序和环境卫生的维护等方面的规章制度；

3）执行业主大会的决定和业主大会授权业主委员会作出的决定；

4）按照国家有关规定交纳专项维修资金；

5）按时交纳物业服务费用；

6）法律、法规规定的其他义务。

业主的义务，要求业主的各项行为必须合法，并且以不损害公众利益和他人利益为前提。也就是说，权利与义务是对等的。业主在享有权利的同时，必须承担相应的义务。

（4）非业主使用人的权利与义务

非业主使用人，即不拥有房屋所有权，是指通过租赁关系和借用关系而获得房屋使用权，并实际使用房屋的人。

业主和非业主使用人在权利上的根本区别是，非业主使用人对物业仅享有占有、使用或者一定条件下的收益权，而没有处分权。就物业管理法律关系而言，物业管理一般只涉及业主和物业服务企业之间的关系，并不涉及非物业使用人。但是，业主通过租赁合同和借用合同，把一部分权利或义务转让给了非业主使用人，只要租赁合同和借用合同是合法有效的，非业主使用人在合同授权范围内，享有一定权利和履行一定义务，也是物业管理法律关系的主体之一，也是物业管理服务的对象。

由于非业主使用人是通过租赁合同和借用合同与业主发生关系，从而成为物业管理法律关系的主体，因此必须在租赁合同和借用合同中阐明业主向非业主使用人转让了哪些权利、义务。

2．业主大会

（1）业主大会的含义

业主大会是指在物业管理区域内由全体业主组成，代表和维护该区域内全体业主在物业管理活动中的合法权益的组织。

业主大会是以会议制形式对物业进行管理的群众性自治机构，是依法管理物业的权力机关。业主大会具有自治性、民主性、代表性和公益性等法律特征。

（2）业主大会的成立和首次业主大会

业主大会是在首次业主大会会议召开之日成立的。

物业管理区域内，已交付的专有部分面积超过建筑物总面积50%时，建设单位应当按照物业所在地的区、县房地产行政主管部门或者街道办事处、乡镇人民政府的要求，及时报送筹备首次业主大会会议所需的文件资料。

符合成立业主大会条件的，区、县房地产行政主管部门或者街道办事处、乡镇人民政府应当在收到业主提出筹备业主大会书面申请后60日内，负责组织、指导成立首次业主大会会议筹备组。

如果物业管理区域内只有一个业主，或者业主人数较少且经全体业主同意，决定不成立业主大会的，由业主共同履行业主大会与业主委员会的职责。业主大会的成立一般须经过以下程序进行：

1）成立业主大会筹备组

根据住房和城乡建设部《业主大会和业主委员会指导规则》（二〇〇九年十二月一日印发）规定："首次业主大会会议筹备组由业主代表、建设单位代表、街道办事处、乡镇人民政府代表和居民委员会代表组成。筹备组成员人数应为单数，其中业主代表人数不低于筹备组总人数的一半，筹备组组长由街道办事处、乡镇人民政府代表担任。筹备组中业主代表的产生，由街道办事处、乡镇人民政府或者居民委员会组织业主推荐"。

筹备组成立后，就首次业主大会召开，应当做好以下筹备工作：

①确认并公示业主身份、业主人数以及所拥有的专有部分面积；

②确定首次业主大会会议召开的时间、地点、形式和内容；

③草拟管理规约、业主大会议事规则；

④依法确定首次业主大会会议表决规则；

⑤制定业主委员会委员候选人产生办法，确定业主委员会委员候选人名单；

⑥制定业主委员会选举办法；

⑦完成召开首次业主大会会议的其他准备工作。

筹备组在完成上述工作后，在首次业主大会会议召开15日前以书面形式在物业管理区域内公告上述内容。业主对公告内容有异议的，筹备组应当记录并作出答复。

2）召开首次业主大会

筹备组应当自组成之日起90日内完成筹备工作，组织召开首次业主大会会议。

业主大会自首次业主大会会议表决通过管理规约、业主大会议事规则，并选举产生业主委员会之日起成立。

在首次业主大会上，还应听取前期物业管理单位的前期物业管理工作报告，物业服务企业还应当作物业承接验收情况的报告。

（3）业主大会的职责

业主大会的职责，是法律确认的业主大会对其所辖职责范围内自治管理事务的支配权限。业主大会决定以下事项：

1）制定和修改业主大会议事规则；

2）制定和修改管理规约；

3）选举业主委员会或者更换业主委员会委员；

4）制定物业服务内容、标准以及物业服务收费方案；

5）选聘和解聘物业服务企业；

6）筹集和使用专项维修资金；

7）改建、重建建筑物及其附属设施；

8）改变共有部分的用途；

9）利用共有部分进行经营以及所得收益的分配与使用；

10）法律法规或者管理规约确定应由业主共同决定的事项。

（4）业主大会会议

1）业主大会的类型

《物业管理条例》规定，业主大会分为定期会议和临时会议。

业主大会定期会议又可以称为"例会"，是指按照业主大会议事规则的规定召开定期会议。业主大会每年至少召开一次。

业主大会临时会议，业主委员会在一定条件下可以召开业主临时大会，以解决物业管理中的重大问题。法律规定，有以下情况之一的，业主委员会应当及时组织召开业主大会临时会议：

①20%以上业主提议的；

②发生重大事故或者紧急事件需要及时处理的；

③业主大会议事规则或者管理规约规定的其他情况。

2）业主大会召开形式

《物业管理条例》规定："业主大会会议可以采用集体讨论的形式，也可以采用书面征求意见的形式，但应当有物业管理区域内专有部分占建筑面积过半数的业主且占总人数过半数的业主参加。"

①集体讨论形式

集体讨论形式就是用会议讨论的形式。这种形式的好处是，业主和业主面对面地交流思想和讨论问题，可以充分阐述自己的观点和主张，集思广益，容易形成最佳的方案。

②书面征求意见形式

书面征求意见形式就是用文字文书的形式，分别向业主征求意见。这种形式的好处，它可以突破时间和空间的限制，使得由于种种原因无法参加业主大会的业主，也能向业主大会阐述自己的观点和主张。

法律规定业主大会"应当有物业管理区域内专有部分占建筑面积过半数的业主且占总人数过半数的业主参加"，这是为了尽可能大地体现业主自治，维护大多数业主的利益。业主因故不能参加业主大会会议的，可以书面委托代理人参加。

业主大会会议应当由业主委员会作书面记录并存档，还应当以书面形式在物业管理区域内及时公告。住宅小区的业主大会会议决议，应当同时告知相关的居民委员会，并认真听取居民委员会的建议。

（5）业主大会的决定

业主大会的决定集中了业主的共同意志，高度体现业主自治，对全体业主都有约束力。业主大会的决定如何形成至关重要。

业主大会会议决定筹集和使用专项维修资金以及改造、重建建筑物及其附属设施的，应当经专有部分占建筑物总面积三分之二以上的业主且占总人数三分之二以上的业主同意；决定其他共有和共同管理权利事项的，应当经专有部分占建筑物总面积过半数且占总人数过半数的业主同意。

业主大会的决定一旦作出，只要符合法律法规的规定，并且遵守了管理规约和业主大会议事规则，便在物业管理区域内对全体业主产生法律效力。即使有个别业主持有不同意见，也必须执行。

3．业主委员会

（1）业主委员会的含义

业主委员会是业主大会的常设执行机构，它是由业主大会选举产生。业主委员会不仅是业主参与民主管理的组织形式，也是业主实现民主管理的最基本的组织形式。业主委员会是业主大会的执行机构，其行为向业主大会负责。

为了规范业主委员会的活动，依据《业主大会和业主委员会指导规则》，业主委员会应当自选举产生之日起30日内，将业主大会成立和业主委员会选举的情况；业主大会议事规则；管理规约；业主大会决定的其他重大事项及业主委员会委员名单等材料向物业所在地的区、县房地产行政主管部门和街道办事处、乡镇人民政府办理备案手续。

业主委员会委员应当由具有完全民事行为能力；遵守国家有关法律、法规；遵守业主大会议事规则、管理规约，模范履行业主义务；热心公益事业、责任心强、公正廉洁；具有一定组织能力；具备必要的工作时间的业主担任。

（2）业主委员会会议

业主委员会是业主大会的执行机构，其日常工作是通过业主委员会会议来运行的。首次业主大会会议上，即选举产生业主委员会。业主委员会的运作是从首次业主委员会会议开始的。

根据规定：业主委员会由5至11人单数组成。业主委员会应当自选举产生之日起7日内召开首次业主委员会会议，推选产生业主委员会主任1人、副主任1~2人。

为了保证业主委员会活动的规范有序，《业主大会和业主委员会指导规则》对业主委员会会议的召开、业主委员会的决定和业主委员会会议的签字存档都作了具体规定：

1）业主委员会应当按照业主大会议事规则的规定及业主大会的决定召开会议；

2）经三分之一以上业主委员会委员的提议，应当在7日内召开业主委员会会议；

3）业主委员会会议由主任召集和主持，主任因故不能履行职责，可以委托副主任召集，业主委员会会议应有过半数的委员出席，作出的决定必须经全体委员半数以上同意；

4）业主委员会会议应当制作书面记录并存档，业主委员会会议作出的决定，应当有参会委员的签字确认，并自作出决定之日起3日内在物业管理区域内公告。

（3）业主委员会的职责

业主委员会作为业主大会的常设执行机构。作为法定机构，业主委员会应当履行法定职责；作为执行机构，业主委员会必须履行业主大会赋予的职责。业主委员会的职责主要有以下几个方面：

①执行业主大会的决定和决议；

②召集业主大会会议，报告物业管理实施情况；

③与业主大会选聘的物业服务企业签订物业服务合同；

④及时了解业主、物业使用人的意见和建议，监督和协助物业服务企业履行物业服务合同；

⑤监督管理规约的实施；

⑥督促业主交纳物业服务费及其他相关费用；

⑦组织和监督专项维修资金的筹集和使用；

⑧调解业主之间因物业使用、维护和管理产生的纠纷；

⑨业主大会赋予的其他职责。

除了以上法定职责外，业主委员会还应当履行业主大会赋予的其他职责。如业主委员会对各类物业管理档案资料、会议记录的保管；对管理规约、业主大会议事规则修订文本的起草；对有关印章、财产的保管；对业主之间和业主与物业服务企业之间纠纷的调解等。

9.3 物业服务合同和管理规约

9.3.1 物业服务合同

1. 物业服务合同的概念

物业服务合同是指作为委托人的物业建设单位或业主、业主自治组织与作为受托人的物业服务企业就相关物业的管理服务事务确立双方权利和义务关系的协议。我国《合同法》第

21章有关服务合同的规定是物业服务合同应遵循的法律。

我国目前物业服务合同分成两类：一类是由物业建设单位与物业服务企业签订的前期物业服务合同；另一类是由业主（或业主大会授权的业主委员会）物业服务企业签订的物业服务合同。

2．物业服务合同的主要内容

物业服务合同一般有三部分组成：合同的部首，合同的正文，合同的结尾。为规范物业管理的行为，原建设部于2004年9月发布了《前期物业服务合同》的示范文本。前期物业服务合同和物业服务合同的主要内容包括以下部分：

（1）合同的部首

部首主要由以下部分组成：合同当事人（委托方和受托方）的名称、住址、物业的名称以及订立合同所依据的法律法规。

（2）合同的正文

正文主要包括以下内容：

1）合同当事人与物业的基本情况

2）双方当事人的权利和义务

3）物业服务内容与服务质量要求

4）物业服务收费的标准和方式

5）物业经营管理活动的内容

6）物业的承接查验

7）物业的使用与维护

8）专项维修资金的使用与管理

9）物业管理用房

10）合同的期限、中止或解除的约定

11）违约责任及解决纠纷的途径

12）双方当事人约定的其他事项

（3）合同的结尾

结尾主要写明合同签订的日期、地点、合同生效日期、合同的份数、开户银行及合同当事人的签名盖章。

9.3.2　管理规约

1．管理规约的概念

管理规约是指由业主大会制定，全体业主承诺，对全体业主（也包括物业使用人）具有约束力的，用以指导、规范和约束所有业主和物业使用人的行为守则。管理规约应当对有关物业的使用、维护、管理，业主的公共利益，业主应当履行的义务，违反管理规约应当承担的责任等事项依法作出约定。管理规约原称为业主公约。管理规约属于协议、合约的性质，它是物业管理中的一个重要的基础性文件。

管理规约分成两类：一类是由物业建设单位制定的临时管理规约；另一类是由业主大会制定并通过的管理规约。

2．管理规约的特征

（1）约束力

管理规约一经制定并正式通过，要求物业管理区域内业主和使用人必须遵守，对违反管理规约的行为，经业主大会决定，业主委员会可以以违反管理规约为由，对特定的业主提起民事诉讼。

（2）明确性

管理规约是业主和使用人的行为规范，所以不论是文字语言，还是具体内容都要清楚、明确，哪些是物业使用中的禁止行为，哪些是业主和使用人应做到的行为规范等，都要具有可操作性和确定性。

（3）系统性

物业管理区域的管理规约基本涵盖物业管理服务的全部内容，要涉及房屋及房屋设施设备的维修、养护管理，以及公共秩序维护、保绿、保洁、道路场地等管理内容，它是一个有机整体，甚至还可涉及困扰城市居民的"群居"、宠物饲养的敏感问题。

3．管理规约制定的程序

（1）拟定讨论稿

可由业主大会筹备组（首次业主大会）讨论，参照有关管理规约示范文本拟定，或直接采用示范文本，对示范文本中空格部分进行讨论并填下适当内容后拟定。

（2）业主大会讨论通过

根据《物业管理条例》精神，制定和修改管理规约是业主大会的职责，业主大会做出制定和修改管理规约的决定，必须经物业管理区域内专有部分占建筑物总面积过半数的业主且占总人数过半数的业主投票通过。

（3）公示、分发管理规约

管理规约一经通过，可在物业管理区域内公告栏中予以公告，并分发给各个业主并执有，以便对照遵守执行。

4．管理规约执行的几个问题

（1）管理规约经业主大会讨论通过即生效。管理规约生效，前期物业管理期间建设单位制定的临时管理规约即废止。

（2）管理规约中可约定，授权给委托的物业服务企业做好管理规约履行的协助督促工作。

（3）管理规约中可授权物业服务企业制定下列方面的规章制度：

1）设施设备使用管理制度；

2）公共秩序维护制度；

3）环境卫生维护制度；

4）道路场地、绿化等管理制度。

（4）管理规约可约定，业主违反管理规约关于业主共同利益的约定，导致全体业主的共同利益受损的，业主委员会或受委托的物业服务企业可根据管理规约向人民法院提起诉讼。

（5）在管理规约执行中，除采用批评教育方式劝阻违反管理规约行为外，还应对业主遵守管理规约，维护业主共同利益的行为予以表扬或表彰。

9.4　物业服务收费

9.4.1　物业服务费的概念和特征

1．物业服务费的概念

物业服务费是指物业服务企业根据物业服务合同的约定，对房屋及配套的设施设备和相关场地进行维修、养护和管理，维护相关区域内的环境卫生和秩序等，向业主所收取的费用。物业服务费应当区分不同物业的性质和特点，分别实行政府指导价和市场调节价。

2．物业服务收费的特征

（1）物业服务收费是物业服务企业的经营收入

物业管理服务是物业服务企业的主要经营内容，物业服务收费是物业服务企业的经营收入，是物业管理经费的长期、稳定的主要来源。物业服务企业必须依法进行工商登记，取得物业管理服务经营项目，才能接受业主的委托，开展物业维修、养护、管理等活动，才能合理收取服务费。

（2）物业服务收费必须签订物业服务合同

只有业主和物业服务企业即被服务和服务的双方签订规范的物业服务合同，明确双方权利和义务，物业服务企业提供物业管理服务后，才能收取物业服务费用。

（3）服务与被服务双方的权利和义务是对等的

两个平等主体这种对等可主要理解为，按约定提供有质有量的服务是物业服务企业的义务，而按约定支付物业服务费是业主应尽的义务。

9.4.2　物业服务收费的依据

1．物业服务收费必须符合法律法规的规定

国家发展改革委员会、原建设部于2003年11月制定了《物业服务收费管理办法》，并于2004年1月1日起执行。这是一部物业服务收费的部委级行政规章，它明确了物业服务收费应区分不同物业的性质和特点分别实行政府指导价和市场调节价。物业服务收费实行政府指导价的，有定价权限的人民政府价格主管部门应会同房地产行政主管部门根据物业管理服务等级标准因素，制定相应的基准价及其浮动幅度，并定期公布。

2．物业服务收费要根据物业服务合同的约定

实行市场调节价的物业服务收费，由业主与物业服务企业在物业服务合同中加以约定。

在物业服务合同中要约定物业管理内容、服务标准及与之相适应的收费标准，以及计费方式及计费起始时间等内容。合同一经约定，双方都要全面履行。

根据业主需求，物业服务企业提供物业服务合同之外的特约服务和代办性服务的，也要进行口头委托或书面委托，一般来说，也应签订委托协议，约定服务项目、内容、要求与收费标准等。

9.4.3 物业服务收费的原则

1. 合理原则

物业服务收费水平应当与我国经济发展状况和群众现实生活水平协调一致。合理首先表现在业主与物业服务企业双方是在通过自愿、平等的协商的基础上达成一致；其次体现在必须符合价格政策的规定；再次收费标准应采用成本构成法，即物业服务费由服务成本、利润及税金构成。

2. 公开原则

物业服务企业应按照规定实行明码标价，在物业管理区域内的显著位置，将服务内容、服务标准以及收费项目、收费标准等有关情况进行公示。

3. 费用与服务水平相适应的原则

这一原则也叫质价相符的原则，它是合理原则的深化。物业服务收费要做到质价相符，要做大量细致的工作，在调查研究的基础上制定和实施物业服务分等定价的规范、规定。2004年1月中国物业管理协会制定了《普通住宅小区物业管理服务等级标准（试行）》，将住宅小区物业服务按基本要求、房屋管理、公用设施设备维修养护、协助维护公共秩序、保洁服务、绿化养护等六大项主要内容，由高到低设定一级、二级、三级三个服务等级，列出各项明细条目内容，为分等定价打下一定的基础。

9.4.4 物业服务收费形式

《物业管理收费管理办法》第九条规定：业主与物业服务企业可以采取包干制或者酬金制等的形式约定物业服务费用。

1. 包干制收费形式

（1）包干制收费形式的概念和物业服务费的构成

包干制是指由业主向物业服务企业支付固定物业服务费用，盈余或亏损均由物业服务企业享有或承担的物业服务计费方式。

包干制的物业服务费用的构成包括九项服务成本（包括人员费、设施设备运行维护费、清洁卫生费用、绿化养护费用、秩序维护费用、办公费用、固定资产折旧、保险费用和经业主同意的其他费用等）、法定税费和物业服务企业的利润。其中物业服务企业利润的基数为物业管理人员工资加上企业办公费和折旧费之和构成，而物业服务企业法定税费的基数是以企业利润为基数。

（2）包干制物业服务费的特点

包干制是目前我国住宅物业服务收费普遍采用的形式。包干制收费形式下，业主按照物业服务合同支付固定的物业服务费用后，物业服务企业必须按照物业服务合同要求和标准完成物业管理服务费。也就是说，物业服务企业的盈亏自负，无论收费率高低或物价波动，物业服务企业都必须按照合同约定的服务标准提供相应服务。包干制收费形式比较简洁，但交易透明度不高。

2．酬金制收费形式

（1）酬金制收费形式的概念和物业服务费的构成

酬金制是指在预收的物业服务资金中按约定比例或者约定数额提起酬金支付给物业服务企业，其余全部用于物业服务合同约定的支出，结余或者不足均由业主享有或者承担的物业服务计费方式。实行物业服务酬金制的，预收的物业服务资金包括物业服务支出和物业服务企业的酬金。

（2）酬金制物业服务费用的特点

酬金制是目前我国在非住宅物业管理服务项目中较多采用的收费形式。酬金制物业服务费用实际上是预收的物业服务资金，其中酬金部分除按约定比例或约定数额由业主向物业服务企业支付足额酬金之外，全部用于物业服务合同约定的管理服务支出，如结余退还业主，如不够由业主补足。对物业服务企业来说，预收的物业服务资金中物业服务成本属于代管性质，其财权仍属交纳的业主所有，物业服务企业不得将其用于物业服务合同约定以外的支出。

3．酬金制形式下对物业服务企业的要求

根据《物业服务收费管理办法》规定，实行物业服务收费酬金制方式的物业服务企业，应当履行以下义务：

（1）物业服务企业应当向业主大会或全体业主公布物业服务资金年度预决算，并每年不少于一次公布物业服务资金的收支情况。

（2）业主、业主大会或业主委员会对物业服务资金年度预决算和物业服务资金的收支情况提出质询时，物业服务企业应及时答复。

（3）物业服务企业应配合业主大会按照服务合同约定聘请有资质的专业中介机构对物业服务资金年度预决算和物业服务资金的收支情况进行审计。审计要请有审计专业资质的会计师事务所进行。

9.4.5 物业服务费用的缴纳

1．物业服务费的缴纳主体是业主，业主应根据物业服务合同的约定交纳物业服务费用。业主是物业的所有权人，在物业管理活动中，物业服务企业是受业主的委托，对业主的物业进行管理，为业主提供服务；业主作为服务的需求者，理所当然必须支付物业服务费。在现实生活中，当业主将其物业出租给承租人使用时，业主可以根据租赁合同的约定，由物业使用人缴纳物业服务费。

2．纳入物业管理范围的已竣工但尚未出售，或者因开发建设单位原因未按时交给物业买受人的物业，物业服务费用或物业服务资金由开发建设单位全额交纳。因为已竣工没有出售物业的产权仍然属于开发建设单位，作为产权人应有义务缴纳物业服务费；对于没有交付给物业买受人的物业而言，物业的实际占有人还是开发建设单位，物业的产权还没有转移给买受人，买受人也没有享受到物业服务。

3．物业管理区域内，供水、供电、供气、供热、通讯、有线电视等单位应向最终用户收取有关费用。物业服务企业接受委托代办上述费用的，应当办理委托协议手续可向委托单位收取手续费，不能向业主收取手续费等额外费用。

9.4.6　物业管理服务其他收费

以业养业、以副补正是物业服务企业经营发展的必由之路。物业服务企业的物业管理收入除物业服务费之外，还包括公众性代办收入和物业大修收入；除物业服务管理收入之外，物业服务企业还应拓展经营项目，根据企业人力、物力、财力开展多种经营，走以业养业的经营之路。

1．公众代办收入

公众性代办是指受业主或使用人委托，代购代定车船票、飞机票，代办学龄儿童晚托班，代理邮政业务，代请家教、保姆，代办房屋出租等。

2．特约服务收入

在合法前提下，受业主或使用人委托，物业服务企业为满足业主、使用人个别要求而提供服务。如接送孩子入学、入托，代购物品，为业主清扫卫生等。

3．物业经营收入

这有两部分，一部分物业服务企业在小区内利用企业产权房或租用房屋场地开展多种经营收入，如社区便民店、饮食店、社区文化场所等经营收入；另一部分是业主提供的公建配套的管理费收入，如小区游泳池、球场等收入，也包括受业主委托利用场地、公共设施停车管理服务、设置广告管理服务收入等。

4．其他业务收入

其他业务收入是指物业服务企业从事主营业务外的其他业务服务的收入，如物业服务企业购置或租赁商铺，进行商业经营的收入。

物业管理服务收入是一项复杂的工作，有待业主和物业服务企业不断在实践中总结经验，也有待于有关行政管理加强监管，使物业管理服务走入正常市场轨道。

9.5　住宅专项维修资金

9.5.1　住宅专项维修资金概述

1．住宅专项维修资金的含义

住宅专项维修资金（原称住宅维修基金）是指由业主交纳，专项用于住房共用部位、共用设施设备保修期满后的维修、更新和改造的资金。专项维修资金又称为物业的养老金，属于业主所有，不得挪作他用。根据《物业管理条例》、《住宅专项维修资金管理办法》规定，

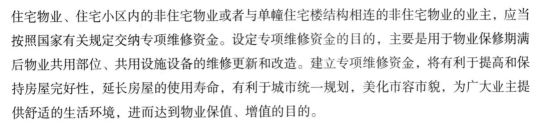

住宅物业、住宅小区内的非住宅物业或者与单幢住宅楼结构相连的非住宅物业的业主，应当按照国家有关规定交纳专项维修资金。设定专项维修资金的目的，主要是用于物业保修期满后物业共用部位、共用设施设备的维修更新和改造。建立专项维修资金，将有利于提高和保持房屋完好性，延长房屋的使用寿命，有利于城市统一规划，美化市容市貌，为广大业主提供舒适的生活环境，进而达到物业保值、增值的目的。

2．住宅专项维修资金使用的范围

住宅专项维修资金主要专项用于住房共用部位、共用设施设备保修期满后的维修、更新和改造，不包括业主住房自用部位和自用设施设备。住宅共用部位、共用设施设备主要包括：

（1）住宅区内全体业主共同所有的部位和设施设备；

（2）单幢住宅内全体或者部分业主共同所有的部位和设施设备；

（3）单幢住宅及与之相连的非住宅物业的全体业主共同所有的部位和设施设备。

确定住宅共用部位、共用设施设备具体范围的主要依据是相关法律法规和住房买卖合同等。

9.5.2　住宅专项维修资金的交存及交存方式

1．住宅专项维修资金的交存

住宅专项维修资金的交存分以下两种情况：

（1）商品房销售

商品房在销售时，商品住宅的业主、非住宅的业主按照所拥有物业的建筑面积交存住宅专项维修资金，每平方米建筑面积交存首期住宅专项维修资金的数额为当地住宅建筑安装工程每平方米造价的5%~8%。每平方米建筑面积交存的首期住宅专项维修资金的数额，由直辖市、市、县人民政府建设（房地产）主管部门根据本地区情况确定并公布。售房单位代为收取的住宅专项维修资金属于全体业主共同所有。

（2）公有住房出售

公房出售以后，住宅专项维修资金由售房单位和购房人双向筹集。

业主按照所拥有物业的建筑面积交存住宅专项维修资金，每平方米建筑面积交存首期住宅专项维修资金的数额为当地房改成本价的2%。

售房单位按照一定比例从售房款中提取，原则上多层住宅不低于售房款的20%、高层住宅不低于售房款的30%，从售房款中一次性提取住宅专项维修资金，该部分维修资金属售房单位所有。

2．住宅专项维修资金的交存方式

（1）商品住宅的业主应当在办理房屋入住手续前，将首期住宅专项维修资金存入住宅专项维修资金专户。

（2）已售公有住房的业主应当在办理房屋入住手续前，将首期住宅专项维修资金存入公有住房住宅专项维修资金专户或者交由售房单位存入公有住房住宅专项维修资金专户。公有住房售房单位应当在收到售房款之日起30日内，将提取的住宅专项维修资金存入公有住房住宅专项维修资金专户。

（3）业主分户账面住宅专项维修资金余额不足首期交存额30%的，应当及时续交。成立业主大会的，续交方案由业主大会决定。未成立业主大会的，续交按照直辖市、市、县人民政府建设（房地产）主管部门会同同级财政部门制定的具体管理办法实施。

3．住宅专项维修资金的交存相关措施

目前，有部分业主尚未交存专项维修资金，导致物业无法进行正常的维修，而物业服务企业垫付维修费用后，又很难向未缴纳专项维修资金的业主收回其应分摊的份额，给物业管理带来困难。在物业管理中往往因此延误了住房共用部位、共用设施设备维修、更新和改造，甚至影响业主的生活和工作，对已缴纳专项维修资金的业主来说，很不公平。因而必须采取措施保障专项维修资金的归集。

（1）房地产行政主管部门配合。各地方行政主管部门可根据各地方的实际措施情况制定地方行政法规，保障住宅专项维修资金的交存和账户的管理。如：未按规定交存首期住宅专项维修资金的，开发建设单位或者公有住房售房单位不得将房屋交付购买人；对不交存住宅专项维修资金的，房地产权属登记部门不予以办理房产证等做法。

（2）物业服务企业配合。住宅专项维修资金的筹集，关系到物业共用部位和共用设施设备维修时是否有足够的资金投入，用于保证及时、正常地进行维修。物业服务企业负有对共用部位和共用设施设备维修的责任，必须对专项维修资金的交存高度关注。

9.5.3　住宅专项维修资金的使用与管理

《物权法》第七十九条规定："建筑物及其附属设施的维修资金，属于业主共有。经业主共同决定，可以用于电梯、水箱等共有部分的维修。维修资金的筹集、使用情况应当公布。"专项维修资金应当在行政主管部门指定的银行专户存储，专款专用。对于如何使用专项维修资金，《物权法》第七十六条明确规定筹集和使用建筑物及其附属设施的维修资金由业主共同决定，应当经专有部分占建筑面积三分之二以上的业主且占总人数三分之二以上的业主同意。所以专项维修资金的使用是按照业主的意愿去做的。

1．住宅专项维修资金的使用

住宅专项维修资金专项用于住宅共用部位、共用设施设备保修期满后的维修和更新、改造。

住宅专项维修资金的使用，应当遵循方便快捷、公开透明、受益人和负担人相一致的原则。

（1）住宅专项维修资金划转业主大会管理前的使用程序

1）物业服务企业根据维修和更新、改造项目提出使用建议；

2）住宅专项维修资金列支范围内的业主讨论通过使用建议；

3）物业服务企业或者相关业主组织实施使用方案；

4）物业服务企业或者相关业主持有关材料，向所在地直辖市、市、县人民政府建设（房地产）主管部门申请列支；其中，动用公有住房住宅专项维修资金的，向负责管理公有住房住宅专项维修资金的部门申请列支；

5）直辖市、市、县人民政府建设（房地产）主管部门或者负责管理公有住房住宅专维修资金的部门审核同意后，向专户管理银行发出划转住宅专项维修资金的通知；

6）专户管理银行将所需住宅专项维修资金划转至维修单位。

（2）住宅专项维修资金划转业主大会管理后的使用程序

1）物业服务企业提出使用方案；

2）业主大会依法通过使用方案；

3）物业服务企业组织实施使用方案；

4）物业服务企业持有关材料向业主委员会提出列支住宅专项维修资金；其中，动用公有住房住宅专项维修资金的，向负责管理公有住房住宅专项维修资金的部门申请列支；

5）业主委员会依据使用方案审核同意，并报直辖市、市、县人民政府建设（房地产）主管部门备案；动用公有住房住宅专项维修资金的，经负责管理公有住房住宅专项维修资金的部门审核同意；

6）业主委员会、负责管理公有住房住宅专项维修资金的部门向专户管理银行发出划转住宅专项维修资金的通知；

7）专户管理银行将所需住宅专项维修资金划转至维修单位。

（3）住宅专项维修资金的使用禁止

根据《住宅专项维修资金管理办法》规定，以下费用不得从住宅专项维修资金中列支：

1）依法应当由建设单位或者施工单位承担的住宅共用部位、共用设施设备维修、更新和改造费用；

2）依法应当由相关单位承担的供水、供电、供气、供热、通信、有线电视等管线和设施设备的维修、养护费用；

3）应当由当事人承担的因人为损坏住宅共用部位、共用设施设备所需的修复费用；

4）根据物业服务合同约定，应当由物业服务企业承担的住宅共用部位、共用设施设备的维修和养护费用；

5）住宅专项维修资金使用的其他规定

①根据规定程序，在保证住宅专项维修资金正常使用的前提下，可利用住宅专项维修资金购买一级市场新发行的国债，并持有到期，但禁止利用住宅专项维修资金从事国债回购、委托理财业务或者将购买的国债用于质押、抵押等担保行为。

②住宅专项维修资金的存储利息、利用住宅专项维修资金购买国债的增值收益、利用住宅共用部位、共用设施设备进行经营的，业主所得收益（但业主大会另有决定的除外）、住宅共用设施设备报废后回收的残值，应当转入住宅专项维修资金滚存使用。

③业主转让房地产所有权时，结余的住宅专项维修资金不予退还，随房屋所有权同时过户。受让人需要持住宅专项维修资金过户的协议、房屋权属证书、身份证等到专户管理银行办理分户账更名手续。

④因房屋拆迁或者其他原因造成住房灭失的，房屋分户账中结余的住宅专项维修资金返还业主；售房单位交存的住宅专项维修资金账面余额返还售房单位。

2．住宅专项维修资金的管理

（1）业主大会成立前住宅专项维修资金的管理

业主大会成立前，商品住宅业主、非住宅业主交存的住宅专项维修资金，由物业所在地直辖市、市、县人民政府建设（房地产）主管部门委托的当地商业银行开立的住宅专项维修资金专户代管。

业主大会成立前，已售公有住房住宅专项维修资金，由物业所在地直辖市、市、县人民政府财政部门或者建设（房地产）主管部门委托所在地商业银行开立公有住房住宅专项维修资金专户负责管理。

（2）业主大会成立后住宅专项维修资金的管理

业主大会应当委托所在地一家商业银行作为本物业管理区域内住宅专项维修资金的专户管理银行，并在专户管理银行开立住宅专项维修资金专户。

业主委员会应当通知所在地直辖市、市、县人民政府建设（房地产）主管部门；涉及已售公有住房的，应当通知负责管理公有住房住宅专项维修资金的部门。

直辖市、市、县人民政府建设（房地产）主管部门或者负责管理公有住房住宅专项维修资金的部门在收到通知之日起30日内，通知专户管理银行将该物业管理区域内业主交存的住宅专项维修资金账面余额划转至业主大会开立的住宅专项维修资金账户，并将有关账目等移交业主委员会。

住宅专项维修资金划转后的账目管理单位，由业主大会建立住宅专项维修资金管理制度进行管理。业主大会开立的住宅专项维修资金账户，应当接受所在地直辖市、市、县人民政府建设（房地产）主管部门的监督。

9.5.4 住宅专项维修资金的监督管理

考虑到住宅专项维修资金牵涉到全体业主的共同利益，《住宅专项维修资金管理办法》对此进一步作出规定：各级建设（房地产）行政主管部门和财政部门负责指导、监督住宅专项维修资金的管理和使用；明确住宅专项维修资金管理单位的法律义务与专户管理银行的法律义务；以及审计、财政部门对住宅专项维修资金的监督管理。

❓ 法律依据及相关知识链接

1. 物业管理条例

2. 物业服务企业资质管理办法

3. 物业服务收费管理办法

4. 住宅专项维修资金管理办法

5. 物业承接查验办法

6. 普通住宅小区物业管理服务等级标准（试行）

7. 业主大会和业主委员会指导规则

案例分析与解答

【案情1】

2003年末，某市某商品房住宅小区共有建筑面积9.5万多平方米，出售率已达65%左右，共有600多户业主购买了该住宅小区的商品房。由部分业主牵头，分头通知所有购买业主于某天在某地点召开第一次业主大会。届时，共有430多名业主到了会议场地。由于会场人多，吵吵嚷嚷。会议开始，主持会议召集人说，今天选举业主委员会，并读了一份候选人名单，介绍这些候选人政治面貌、年龄、原职务等。顿时，会场秩序大乱。有人说，我们不认识这些候选人，也有人说，今天会议不民主，谁召开的……最后，会议不了了之。

【问题】

结合本案例的行为，根据《物业管理条例》的精神，试述该住宅小区应如何规范召开第一次业主大会及成立业主委员会？

【参考答案】

（1）根据《物业管理条例》和《业主大会和业主委员会指导规则》规定，物业管理区域内，已交付的专有部分面积超过建筑物总面积50%时，建设单位应当按照物业所在地的区、县房地产行政主管部门或者街道办事处、乡镇人民政府的要求，及时报送筹备首次业主大会会议所需的文件资料。

（2）如符合成立业主大会条件的，区、县房地产行政主管部门或者街道办事处、乡镇人民政府应当在收到业主提出筹备业主大会书面申请后60日内，负责组织、指导成立首次业主大会会议筹备组。

（3）首次业主大会会议筹备组由业主代表、建设单位代表、街道办事处、乡镇人民政府代表和居民委员会代表组成。筹备组成员人数应为单数，其中业主代表人数不低于筹备组总人数的一半，筹备组组长由街道办事处、乡镇人民政府代表担任。

建设单位和物业服务企业应当配合协助筹备组开展工作。

（4）筹备组应当做好以下筹备工作：

1）确认并公示业主身份、业主人数以及所拥有的专有部分面积；

2）确定首次业主大会会议召开的时间、地点、形式和内容；

3）草拟管理规约、业主大会议事规则；

4）依法确定首次业主大会会议表决规则；

5）制定业主委员会委员候选人产生办法，确定业主委员会委员候选人名单；

6）制定业主委员会选举办法；

7）完成召开首次业主大会会议的其他准备工作。

（5）这些内容应当在首次业主大会会议召开15日前以书面形式在物业管理区域内公告。

（6）筹备组应当自组成之日起90日内完成筹备工作，组织召开首次业主大会会议。

业主大会自首次业主大会会议表决通过管理规约、业主大会议事规则，并选举产生业主委员会之日起成立。

（7）业主委员会应当自选举产生之日起30日内，向物业所在地的区、县房地产行政主管部门和街道办事处、乡镇人民政府办理备案手续。

业主大会和业主委员会的决定应当以书面形式在物业管理区域内及时公告。

【案情2】

本市某物业管理区域住宅的总建筑面积8万㎡，现由某物业服务企业进行管理服务。该企业在进行物业服务方案制定中，先要测算物业服务预算。其中经测算该物业管理区域内全年各项费用如下：

（1）各类管理服务人员的工资、社会保险等62万元

（2）共用部位、共用设施设备的运行维护费24万元

（3）清洁卫生费16万元

（4）绿化养护费12万元

（5）公共秩序维护费12万元

（6）办公费6万元

（7）固定资产折旧3万元

（8）物业共用部位、共用设施设备及公众责任保险费3万元

（9）业主委员会办公费、社区文化活动费等其他费6万元

如果采用酬金制方式，且约定物业管理酬金比例为10%。

【问题】

（1）实行物业服务费酬金制的，物业服务资金包括哪两个部分？

（2）该物业管理区域的物业管理全年各项总费用是多少？

（3）该物业管理区域的物业管理酬金是多少？

（4）经核算该物业管理区域的物业服务费每月每平方米标准为多少？

【参考答案】

（1）实行物业服务费酬金制的，物业服务资金包括物业服务支出和物业服务企业的酬金

（2）该物业管理区域的物业管理全年各项总费用是：

62+24+16+12+12+6+3+3+6=144万元

（3）该物业管理区域的物业管理酬金是多少？

144万元×10%=14.4万元

（4）该物业管理区域的物业服务费每月每平方米标准为：

144万元×（1+10%）÷8万㎡÷12月=1.65元/㎡·月

练习与思考

单项选择题

1. 在物业管理的特征中,(   )是物业管理最主要的特点。

   A. 市场化   B. 企业化   C. 专业化   D. 社会化

2. 物业管理的全面正式启动以(   )为标志。

   A. 业委会成立   B. 物业的竣工验收

   C. 用户入住   D. 物业的承接验收

3. 业主大会代表和维护物业管理区域内全体业主在物业管理活动中的合法权益,有权依据法律法规和(   )的约定,决定物业管理区域内一切物业管理事项。

   A.《物业管理条例》   B.《物业服务合同》

   C.《民法通则》   D.《管理规约》

4. 建设单位与选聘的物业服务企业,应签订书面的(   )。

   A. 物业管理合同   B. 住宅使用公约

   C. 管理规约   D. 前期物业服务合同

5. 下列事项中,应当经专有部分占建筑物总面积过半数且占总人数过半数的业主同意才能作出决定的是(   )。

   A. 筹集电梯大修资金   B. 选聘和解聘物业服务企业

   C. 改建楼顶水箱   D. 重建属于业主共有的停车库

6. 在保证住房专项维修资金正常使用的前提下,可以按照国家有关规定和业主大会的决定,将住房专项维修资金用于购买(   )。

   A. 国家有关规定和业主委员会决定的资产

   B. A股股票

   C. 国有企业债券

   D. 一级市场国债

多项选择题

1. 物业管理是指业主通过选聘物业管理企业,由业主和物业管理企业按照物业服务合同约定,对房屋及配套的设施设备和相关场地进行(   ),维护相关区域的环境卫生和秩序的活动。

   A. 维修   B. 维护

   C. 养护   D. 服务

   E. 管理

2. 下列属于业主在物业管理活中应当履行的义务有(   )。

   A. 及时审查物业服务公司的财务报表和凭证并向全体业主报告

   B. 执行业主大会的决定和业主大会授权业主委员会作出的决定

C. 按照国家有关规定交纳专项维修资金

D. 按时交纳物业服务费用

E. 遵守业主公约、业主大会议事规则

3. 在物业管理运作过程中，物业管理的委托主体一般是（　　）。

A. 房地产开发企业　　　　　　　B. 物业服务企业

C. 业主委员会　　　　　　　　　D. 政府主管部门

E. 居民委员会

4. 下列事项中，属于物业服务内容的有（　　）。

A. 房屋共有部分及共用设施设备的维修、养护与管理

B. 物业管理区域内的环境卫生维护

C. 物业管理区域内的绿化养护

D. 全面负责物业管理区域的治安管理

E. 物业档案资料管理

5. 实行物业服务费用包干制的，物业服务费的构成包括（　　）。

A. 物业服务成本　　　　　　　　B. 法定税费

C. 物业服务支出　　　　　　　　D. 物业服务企业利润

E. 物业服务企业的酬金

是非题

1. 物业是指在建或已建并交付使用的房屋及其附属的设施、设备和相关场地。（　　）

2. 业主大会、业主委员会作出的决定，对物业管理区域内全体业主、使用人具有约束力。（　　）

3. 业主委员会一经业主大会选举产生即告成立。（　　）

4. 尚未出售或者未交给物业买受人的物业，物业服务费用由建设单位交纳。（　　）

5. 业主自治管理与专业服务管理相结合的原则是物业管理的根本原则和首要原则。（　　）

简答题

1. 物业管理包括哪些内容？有哪些主要环节？

2. 业主一般有哪些权利和义务？

3. 简述《物业管理条例》规定的由业主共同决定的事项。

4. 什么是物业服务费？物业服务费有哪些特征？

5. 物业服务收费有哪些形式？物业服务费用的构成包括哪些方面？

6. 简述住宅专项维修资金使用的范围和使用的原则。

房地产税收制度 10

【学习目标】

1. 掌握房地产主要税收的课税对象和计税依据。

2. 熟悉房地产相关税收的课税对象和计税依据，廉租住房、经济适用住房和房屋租赁的相关税收政策。

3. 了解房地产税收的概念和种类。

　　房地产税收制度是调节房地产各经济主体经济利益关系的主要手段，可以加强国家宏观调控，完善房地产经济运行机制。房地产税收在社会经济发展过程中发挥着重要作用。我国的房地产税收制度十分复杂，在房地产税收中，既有涉及房地产经营的综合性税种，如增值税，也有众多的房地产专门税收，如房产税、契税等。本章主要介绍税收制度的一般原理、房地产主要税收和与房地产相关的税费。

10.1　税收制度概述

10.1.1　税收的概念和特征

1．税收的概念

　　税收是国家参与社会剩余产品分配的一种规范形式，其本质是国家凭借政治权力，按照法律规定程序和标准，无偿地取得财政收入的一种手段。

2．税收的特征

　　税收具有强制性、无偿性和固定性三种特征：

　　（1）强制性

　　税收是国家凭借政治权力开征的，国家运用法律手段公布征税标准，并运用行政手段和司法手段来保证征税任务的完成。每个公民、企业单位都有依法纳税的义务。对拒不纳税或者逃避纳税的，国家有权强制征收，并有权给予法律制裁。

　　（2）无偿性

　　税收是国家凭借政治权力强制征收的，其征收的税款归国家所有。国家对具体纳税人既不需要直接偿还，也不必付出任何代价。

　　（3）固定性

　　国家在征税之前就以法律法规的形式，将征税对象、征收比例或数额等标准公布于众，然后按事先公布的标准征收。这种征税对象、征收比例或数额等标准制定公布后，在一定时间内保持稳定不变，使征纳双方都知道该怎么去做。

10.1.2　税收法律关系

国家征税与纳税人纳税，在形式上表现为利益分配的关系。通过法律明确双方的权利与义务后，这种关系就成为一种特定的法律关系。了解税收法律关系，对于正确理解国家税法的本质，依法纳税，依法征税都具有重要的意义。

税收法律关系与民事法律关系一样，包括主体、客体和内容三个要素。

1．税收法律关系主体

税收法律关系主体，是指税收法律关系中享有权利和承担义务的当事人。

在税收法律关系中，主体的一方是代表国家行使征税职责的国家税务机关，包括国家各级税务机关、海关和财政机关；主体的另一方是履行纳税义务的人，包括法人、自然人和其他组织。因为主体双方是行政管理者与被管理者的关系，所以双方的权利与义务不对等。而在民事法律关系中，主体双方的权利与义务平等。因此，这是税收法律关系的一个重要特征。

2．税收法律关系客体

税收法律关系客体，是指税收法律关系之间权利和义务所指向的对象，也就是征税对象。例如，所得税法律关系客体就是生产经营所得和其他所得；财产税法律关系客体即是财产。

税收法律关系客体也是国家利用税收杠杆调整和控制的目标。在某一时期，国家根据宏观经济形势发展的需要，通过扩大或缩小征税范围调整征税对象，以达到限制或鼓励国民经济中某些产业、行业发展的目的。

3．税收法律关系内容

税收法律关系内容，是指在税收法律关系主体之间，基于税收法律关系客体所形成的权利和义务。它规定了税收法律关系主体可以有什么行为，不可以有什么行为，若违反了这些规定，须承担什么样的法律责任。

纳税义务人的权利包括多缴申请退还权、延期纳税权、依法申请减免税权、申请复议和提出诉讼权等；其义务包括按税法规定办理税务登记，进行纳税申报、接受税务检查、依法缴纳税款等。

10.1.3　税收制度

1．税收制度的概念

税收制度简称税制，是国家各项税收法律、法规、规章和税收管理体制等的总称，是国家处理税收分配关系的总规范。其中，税收法律、法规及规章是税收制度的主体。

2．税收制度的构成要素

（1）纳税人

纳税人即纳税义务人，是国家行使课税权所指向的单位和个人，即税法规定的直接负有纳税义务的单位和个人。

纳税人不同于负税人，纳税人是直接向国家交纳税款的单位和个人；负税人是实际负担税款的单位和个人。

（2）课税对象

课税对象又称征税对象，是税法规定的课税目的物，即国家对什么事物征税。

课税对象决定税收的课税范围，是区别征税与不征税的主要界限，也是区别不同税种的主要标志。

（3）计税依据

计税依据也称"课税依据"、"课税基数"，是计算应纳税额的根据。

计税依据按照计量单位的不同，划分为从价计征和从量计征。市场经济条件下，除一些特殊性质税种外，绝大多数的税种都采取从价计征。

（4）税率或税额标准

税率是据以计算应纳税额的比率，即对课税对象的征收比例。税率是税收制度的中心环节，直接关系到国家财政收入和纳税人的负担。

按税率和税基的关系划分，税率主要有比例税率、累进税率和定额税率三类。

比例税率，是指对同一课税对象，不论其数额大小，统一按一个比例征税，同一课税对象的不同纳税人税负相同。

定额税率又称固定税率，是按单位征税对象直接规定应纳税额的一种税率形式。定额税率分为地区差别定额税率、分类分级定额税率、幅度定额税率和地区差别、分类分级和幅度相结合的定额税率四种。

累进税率，是指随着征税对象的数额由低到高逐级增加，所适用的税率也随之逐级提高的税率。即，按照征税对象数额的大小，划分为若干等级，由低到高规定相应的税率，征税对象数额越大，适用的税率越高。累进税率分为全额累进税率，超额累进税率，全率累进税率和超率累进税率四种。

（5）附加、加成和减免

纳税人负担的轻重，主要通过税率的高低来调节。但是，也可以通过附加、加成和减免的措施来调节。

附加和加成是加重纳税人负担的措施。附加是地方附加的简称，是指地方政府在正税之外附加征收的一部分税款。通常把按国家税法规定的税率征收的税款称为正税，把正税以外征收的附加称为副税。加成是加成征收的简称，加一成等于加正税的10%，加二成等于加正税的20%，依此类推。加成与附加不同，加成只对特定的纳税人加征，附加对所有纳税人加征。加成一般是在收益课税中采用，以便有效地调节某些纳税人的收入，附加则不一定。

减税、免税，以及规定起征点和免征额是减轻纳税人负担的措施。减税就是减征部分税款，免税就是免交全部税款。减免税是国家根据一定时期的政治、经济、社会政策的要求而对某些特定的生产经营活动或某些特定的纳税人给予的优惠。

（6）违章处理

违章处理，是指对纳税人违反税法行为的处置。

纳税人的违章行为通常包括偷税、抗税、漏税、欠税等不同情况。偷税，是指纳税人有意识地采取非法手段不交或少交税款的违法行为。抗税，是指纳税人对抗国家税法拒绝纳税的违法行为。漏税是指纳税人并非故意未缴或则少缴税款的行为。欠税即拖欠税款，是指纳税人不按规定期限交纳税款的违章行为。偷税和抗税属于违法犯罪行为；漏税和欠税属一般违章行为，不构成犯罪。

对纳税人的违章行为，可以根据情节轻重，分别采取批评教育、强行扣款、加收滞纳金、罚款、追究刑事责任等方式进行处理。

10.1.4　税收的征管

为了加强税收征收管理，规范税收征收和缴纳行为，保障国家税收收入，保护纳税人的合法权益，促进经济和社会发展，第九届全国人民代表大会常务委员会第二十一次会议于2001年4月28日修订通过《中华人民共和国税收征收管理法》（以下简称为《税收征管法》），并于2001年5月1日起施行。

根据《税收征管法》的规定，税收的开征、停征以及减税、免税、退税、补税，依照法律的规定执行；法律授权国务院规定的，依照国务院制定的行政法规的规定执行。任何机关、单位和个人不得违反法律、行政法规的规定，擅自作出税收开征、停征以及减税、免税、退税、补税和其他同税收法律、行政法规相抵触的决定。

法律、行政法规规定的纳税人和扣缴义务人必须依照法律、行政法规的规定缴纳税款、代扣代缴、代收代缴税款。

纳税人、扣缴义务人有权要求税务机关为纳税人、扣缴义务人的情况保密。税务机关应当依法为纳税人、扣缴义务人的情况保密。

纳税人依法享有申请减税、免税、退税的权利。纳税人、扣缴义务人对税务机关所作出的决定，享有陈述权、申辩权；依法享有申请行政复议、提起行政诉讼、请求国家赔偿等权利，同时还依法享有控告和检举税务机关、税务人员的违法违纪行为的权利。

10.1.5　现行房地产税收

我国现行房地产税收有增值税房产税、城镇土地使用税、耕地占用税、土地增值税、契税。其他与房地产紧密相关的税种主要有固定资产投资方向调节税、城市维护建设税、企业所得税、个人所得税、印花税等。

按照课税对象性质的不同，可将上述税种分为流转税、收益税、财产税、资源税和行为目的税五大类。

10.2　房地产企业税收

10.2.1　营改增后房地产开发企业税费及会计处理

1．税改后税费种类

2016年3月24日，财政部、国家税务总局向社会公布了《关于全面推开营业税改征增值税试点的通知》（财税〔2016〕36号）。

营改增后，房地产开发企业由营业税改为增值税，其他税种不变，涉及的税种主要有增值税、房产税、土地增值税、契税、城镇土地使用税、企业所得税、印花税、城市维护建设税、教育费附加、地方教育附加等，其中增值税、土地增值税、企业所得税是房企的三大税种，房地产开发企业的收费项目有几十种。

税率由原来的营业税5%改为增值税11%，单从税率方面看，税率有较大提高，但是由于增值税存在抵扣链条，只对增值额征税，而营业税是对全部营业额征税，所以从理论上讲，最终会降低整体税负。不过，如果房地产开发企业无法取得足够的增值税专用发票的话，则可能会导致企业整体的税负增加。因此，能否取得增值税专用发票以及今后的土地出让金能否纳入增值税抵扣范围将是企业税负增减的重要因素。

2．各开发环节税费

（1）取得土地环节

开发商品房等经营性用地，以招、拍、挂方式取得土地，主要涉及契税、印花税。

1）契税、应纳税额=土地成交价格×适用税率（3%~5%）

2）印花税、应纳税额=应纳税凭证记载的金额×适用税率

印花税税额=土地使用权出让合同金额×5%

（2）建设开发环节、取得建设用地规划许可证、建设工程规划许可证、施工许可证后进行施工，主要涉及土地使用税、印花税。

1）土地使用税、应纳税额=土地实际占用面积×适用税额

注：有的地方规定，取得预售证后不再缴纳土地使用税，将商品房转为自用或出租的除外，开发企业应注意当地规定

2）印花税

常见的合同如下：

印花税税额=建设工程勘察设计合同金额×0.5%＋建筑安装工程承包合同金额×0.3%＋借款合同金额×0.05%

（3）销售环节、取得预售证后进行预售，需预缴增值税、土地增值税和企业所得税。

1）增值税分别要在预征和实际开发票清算两个环节缴纳。

注：《建筑工程施工许可证》注明的合同开工日期在2016年4月30日前的房地产项目或建筑工程承包合同注明的开工日期在2016年4月30日前的建筑工程项目，适用简易计税。

2）城市维护建设税、教育费附加、地方教育附加

预征及清算时实际缴纳的增值税额作为计税依据，乘以适用税率计缴城建税（7%、5%或1%）。

3）土地增值税（预缴）、预缴税额=（预收款－预缴增值税税款）×预征率

预征率：住宅为2%，非住宅一般为3%或者4%。

4）印花税、印花税税额=商品房销售合同金额×5%

5）企业所得税、销售未完工开发产品取得的收入，先按预计计税毛利率（一般为15%）计算出预计毛利额，计入当期应纳税所得额。

3．营改增后税收计算和缴纳

待开发产品完工后，及时结算此前销售的实际毛利额，将其与预计毛利额之间的差额合并计入当年度应纳税所得额。

房产税全年税额分两次缴纳，纳税期限为4月1日至4月15日和10月1日至10月15日。此外，在纳税人自愿的原则下，经申请，纳税人可在每年4月份的征期中一次征收其全年应纳税款。

土地增值税清算环节：

项目全部竣工并完成销售，或满足其他清算条件，应进行土地增值税清算。

应纳税额=增值额×适用税率－扣除项目金额×速算扣除系数－预缴税额

增值税简易计税：清算收入=含税销售收入/（1+5%）

增值税一般计税：清算收入=（含税销售收入+允许扣除的土地价款×11%）/（1+11%）

增值额=清算收入－（土地出让金及契税+房地产开发成本）×120%－房地产开发费用－印花税－城建税及教育费附加

（1）开发费用中的利息支出，能按项目计算分摊并提供金融机构证明的，可据实扣除，但不能超过按银行同类同期贷款利率计算的金额，其他开发费用按土地出让金及契税与开发成本之和的5%以内扣除。

（2）不能提供证明的，开发费用按土地出让金及契税与开发成本之和的10%以内扣除。

4．税改前后会计处理变化

营改增之前，房地产开发企业按照"销售不动产"税目征收营业税，税率为5%。

假设企业销售商品房取得销售收入1000万元，城市维护建设税、教育费附加、地方教育附加的税率分别为7%、3%、2%。则企业相关的会计处理如下：

借：银行存款1000

贷：主营业务收入1000

借：营业税金及附加50

贷：应交税费——应交营业税50

借：营业税金及附加6

贷：应交税费——应交城市维护建设税3.5

贷：应交税费——应交教育费附加1.5

贷：应交税费——应交地方教育附加1

营改增后，房地产开发企业适用11%的增值税税率。同样的条件，相关的会计处理如下：

借：银行存款1000

贷：主营业务收入900.90

应交税费——应交增值税（销项税额）99.10

不考虑当月增值税进项税额的情况下：

借：营业税金及附加11.89

贷：应交税费——应交城市维护建设税6.94

贷：应交税费——应交教育费附加2.97

贷：应交税费——应交地方教育附加1.98

10.2.2 营改增后不动产经营企业纳税

1. 关于增值税

企业出租房屋取得的收入按"现代服务—租赁服务"缴纳增值税。一般纳税人适用税率为11%。小规模纳税人按5%征收率计算缴纳增值税。

一般纳税人出租其2016年4月30日前取得的不动产，可以选择适用简易计税方法，按照5%的征收率计算应纳税额。纳税人出租其2016年4月30日前取得的与机构所在地不在同一县（市）的不动产，应按照上述计税方法在不动产所在地预缴税款后，向机构所在地主管税务机关进行纳税申报。

一般纳税人出租其2016年5月1日后取得的、与机构所在地不在同一县（市）的不动产，应按照3%的预征率在不动产所在地预缴税款后，向机构所在地主管税务机关进行纳税申报。

小规模纳税人出租其取得的不动产（不含个人出租住房），应按照5%的征收率计算应纳税额。纳税人出租与机构所在地不在同一县（市）的不动产，应按照上述计税方法在不动产所在地预缴税款后，向机构所在地主管税务机关进行纳税申报。

2018年12月31日前，公共租赁住房经营管理单位出租公共租赁住房，免征增值税。

军队空余房产租赁收入，免征增值税。

2. 关于房产税

企业出租房屋，以房产租金收入为房产税的计税依据，税率为12%。

无租使用其他单位房产的应税单位和个人，依照房产余值代缴纳房产税。

对企事业单位、社会团体以及其他组织按市场价格向个人出租用于居住的住房，减按4%的税率征收房产税。

对按政府规定价格出租的公有住房和廉租住房，包括企业和自收自支事业单位向职工出租的单位自有住房；房管部门向居民出租的公有住房；落实私房政策中带户发还产权并以政府规定租金标准向居民出租的私有住房等，暂免征收房产税。

2016年1月1日至2018年12月31日，对公共租赁住房免征房产税。

根据《财政部国家税务总局关于安置残疾人就业单位城镇土地使用税等政策的通知》（财税〔2010〕121号）文件规定，对出租房产，租赁双方签订的租赁合同约定有免收租金期限的，免收租金期间由产权所有人按照房产原值缴纳房产税。

3．印花税

企业出租房屋签订的租赁合同属于财产租赁合同，需按规定缴纳印花税，税率为0.1%。税额不足1元，按1元贴花。

4．关于企业所得税

企业出租房屋取得的收入需按规定计算缴纳企业所得税。

租金收入，按照合同约定的承租人应付租金的日期确认收入的实现。如果交易合同或协议中规定租赁期限跨年度，且租金提前一次性支付的，根据《企业所得税法实施条例》第九条规定的收入与费用配比原则，出租人可对上述已确认的收入，在租赁期内，分期均匀计入相关年度收入。

5．相关税收优惠政策

根据《财政部国家税务总局关于公共租赁住房税收优惠政策的通知》（财税〔2015〕139号）精神，自2016年1月1日至2018年12月31日，对下列情况给予税收优惠：

（1）对公共租赁住房建设期间用地及公共租赁住房建成后占地免征城镇土地使用税，在其他住房项目中配套建设公共租赁住房，依据政府部门出具的相关材料，按公共租赁住房建筑面积占总建筑面积的比例免征建设、管理公共租赁住房涉及的城镇土地使用税。

（2）对公共租赁住房经营管理单位免征建设、管理公共租赁住房涉及的印花税。在其他住房项目中配套建设公共租赁住房，依据政府部门出具的相关材料，按公共租赁住房建筑面积占总建筑面积的比例免征建设、管理公共租赁住房涉及的印花税。

10.3　房地产相关税费征收依据及减免

10.3.1　房产税

房产税，是指以房产为课税对象，按房产的计税余值或租金收入为计税依据，向产权所有人征收的一种财产税。征收房产税的法律依据是：①1986年9月15日国务院发布的《中华人民共和国房产税暂行条例》（以下简称《房产税暂行条例》），并于10月1日起施行；②1986年9月25日财政部、国家税务总局发布的《财政部国家税务总局关于房产税若干具体问题的解释和暂行规定》（以下简称《解释和暂行规定》）；③2005年12月23日财政部、国家税务总局发布的《财政部国家税务总局关于具备房屋功能的地下建筑征收房产税的通知》（以下简称《征税通知》），并于2006年1月1日起施行；④2008年12月31日，财政部、国家税务总局令第152号发布《财政部国家税务总局关于房产税城镇土地使用税有关问题的通知》

（以下简称《有关问题通知》），并于2009年1月1日起执行；⑤2011年1月27日上海市人民政府沪府发（2011）3号发布的《上海市开展对部分个人住房征收房产税试点的暂行办法》，并于2011年1月28日起施行；⑥2011年1月28日重庆市人民政府令第247号发布的《重庆市人民政府关于进行对部分个人住房征收房产税改革试点的暂行办法》和《重庆市个人住房房产税征收管理实施细则》，并于2011年1月28日起施行。

1．纳税人

房产税的纳税人，是指中国境内拥有房屋产权的单位和个人。

根据《房产税暂行条例》的规定，产权属于全民所有的，以经营管理的单位和个人为纳税人；产权出典的，以承典人为纳税人；产权所有人、承典人均不在房产所在地的，或者产权未确定以及租典纠纷未解决的，以房产代管人或者使用人为纳税人。

2008年12月31日，国务院令第546号公布"自2009年1月1日起，外商投资企业、外国企业和组织以及外籍个人，依照《中华人民共和国房产税暂行条例》缴纳房产税。"

2．课税对象

房产税的课税对象是房产。

根据《房产税暂行条例》的规定，房产税在城市、县城、建制镇和工矿区征收。

3．计税依据

房产税的计税依据根据房产是否出租分为两种。

（1）非出租的房产

以房产原值一次减除10%～30%后的余值为计税依据。具体减除幅度由省、自治区、直辖市人民政府确定。没有房产原值作为依据的，由房产所在地税务机关参考同类房产核定。

根据《有关问题通知》的规定，对依照房产原值计税的房产，不论是否记载在会计账簿固定资产科目中，均应按照房屋原价计算缴纳房产税。房屋原价应根据国家有关会计制度规定进行核算。对纳税人未按国家会计制度规定核算并记载的，应按规定予以调整或重新评估。

（2）出租的房产

以房产租金收入为计税依据。租金收入是房屋所有权人出租房产使用权所得的报酬，包括货币收入和实物收入。对以劳务或其他形式为报酬抵付房租收入的，应根据当地房产的租金水平，确定一个标准租金额按租计征。

4．税率

房产税采用比例税率。根据《房产税暂行条例》的规定，依照房产余值计算缴纳的，税率为1.2%；依照房产租金收入计算缴纳的，税率为12%。

5．纳税地点和纳税期限

房产税在房产所在地缴纳。房产不在同一地方的纳税人，应分别向房产所在地的税务机关纳税。

房产税按年计征，分期缴纳。具体纳税期限由各省、自治区、直辖市人民政府规定。

6．免税

根据《房产税暂行条例》的规定，下述房产免征房产税：

（1）国家机关、人民团体、军队自用的房产。但是，上述单位的出租房产以及非自身业务使用的生产、经营用房，不属于免税范围。

（2）由国家财政部门拨付事业经费的单位自用的房产。

（3）宗教寺庙、公园、名胜古迹自用的房产。但是，上述房产附设的营业用房及出租的房产，不属于免税范围。

（4）个人所有非营业用的房产。房地产开发企业开发的商品房在出售前，对房地产开发企业而言是一种产品，因此，对房地产开发企业建造的商品房，在售出前，不征收房产税；但对售出前房地产开发企业已使用或出租、出借的商品房应按规定征收房产税。

2011年1月28日以重庆、上海为试点，房产税开始向个人住房征收。上海市规定房地产税按人均60平方米起征，暂按应税住房市场交易价格的70%计算缴纳，适用税率暂定为0.6%，应税住房每平方米市场交易价格低于本市上年度新建商品住房平均销售价格2倍（含2倍）的，税率暂减为0.4%，此外还规定了几种退还、免征房产税的情况。重庆市规定对在重庆主城9区内个人拥有的独栋别墅、新购高档商品房、在重庆市同时无户籍、无企业、无工作的个人新购的第二套（含第二套）以上的普通住房，将分别征收房产税，其税率为0.5% ~ 1.2%。

7．具备房屋功能的地下建筑的房产税政策

根据《征税通知》的规定，凡在房产税征收范围内的具备房屋功能的地下建筑，包括与地上房屋相连的地下建筑以及完全建在地面以下的建筑、地下人防设施等，均应当依照有关规定征收房产税。上述具备房屋功能的地下建筑，是指有屋面和维护结构，能够遮风避雨，可供人们在其中生产、经营、工作、学习、娱乐、居住或储藏物资的场所。

10.3.2 城镇土地使用税

城镇土地使用税是指以城镇土地为课税对象，向拥有土地使用权的单位和个人征收的一种税。征收城镇土地使用税的法律依据是：1988年9月27日国务院发布的《中华人民共和国城镇土地使用税暂行条例》（以下简称《城镇土地使用税暂行条例》），并于1988年11月1日起施行；2006年12月31日，又对该《城镇土地使用税暂行条例》进行了修订，并于2007年1月1日起施行。

1．纳税人

城镇土地使用税的纳税人，是指拥有土地使用权的单位和个人。

根据《城镇土地使用税暂行条例》的规定，单位包括国有企业、集体企业、私营企业、股份制企业、外商投资企业、外国企业以及其他企业和事业单位、社会团体、国家机关、军队以及其他单位；个人包括个体工商户以及其他个人。

拥有土地使用权的纳税人不在土地所在地的，由代管人或实际使用人缴纳；土地使用权

未确定或权属纠纷未解决的，由实际使用人纳税；土地使用权共有的，由共有各方划分使用比例分别纳税。

2．课税对象

城镇土地使用税的课税对象，是指城市、县城、建制镇和工矿区内的土地。

3．计税依据

城镇土地使用税的计税依据，是指纳税人实际占用的土地面积。

纳税人实际占用的土地面积，是指由省、自治区、直辖市人民政府确定的单位组织测定的土地面积。

4．适用税额

城镇土地使用税采用分类分级的幅度定额税率。根据《城镇土地使用税暂行条例》的规定，每平方米年幅度税额按照城市规模分为大城市1.5～30元；中等城市1.2～24元；小城市0.9～18元；县城、建制镇、工矿区0.6～12元四个档次。

省、自治区、直辖市人民政府，应当在相应的适用税额幅度内，根据市政建设状况、经济繁荣程度等条件，确定所辖地区的适用税额幅度。

市、县人民政府应当根据实际情况，将本地区土地划分为若干等级，在省、自治区、直辖市人民政府确定的税额幅度内，制定相应的适用税额标准，报省、自治区、直辖市人民政府批准执行。

经省、自治区、直辖市人民政府批准，经济落后地区土地使用税的适用税额标准可以适当降低，但降低额不得超过相应档次最低税额的30%。经济发达地区土地使用税的适用税额标准可以适当提高，但须报经财政部批准。

5．纳税地点和纳税期限

城镇土地使用税由土地所在的税务机关征收。土地管理机关应当向土地所在地的税务机关提供土地使用权属资料。纳税人使用的土地不属于同一省（自治区、直辖市）管辖范围的，应由纳税人分别向土地所在地的税务机关缴纳；在同一省（自治区、直辖市）管辖范围内，纳税人跨地区使用的土地，其纳税地点由省、自治区、直辖市税务机关确定。

城镇土地使用税按年计算，分期缴纳。各省、自治区、直辖市可结合当地情况，分别确定按月、季或半年等不同的期限缴纳。

6．免税

（1）政策性免税

根据《城镇土地使用税暂行条例》的规定，下列土地免缴土地使用税：①国家机关、人民团体、军队自用的土地；②由国家财政部门拨付事业经费的单位自用的土地；③宗教寺庙、公园、名胜古迹自用的土地；④市政街道、广场、绿化地带等公共用地；⑤直接用于农、林、牧、渔业的生产用地；⑥经批准开山填海整治的土地和改造的废弃土地，从使用的月份起免缴土地使用税5年至10年；⑦由财政部另行规定免税的能源、交通、水利设施用地和其他用地。

除上述政策性免税规定外，纳税人缴纳土地使用税确有困难，需要定期减免的，由省、自治区、直辖市税务机关审核后，报国家税务局批准。

（2）由地方确定的免税

个人所有的居住房屋及院落用地；房产管理部门在房租调整改革前经租的居民住房用地；免税单位职工家属的宿舍用地；民政部门举办的安置残疾人占一定比例福利工厂用地；集体和个人举办的学校、医院、托儿所、幼儿园用地是否免税，由省、自治区、直辖市税务机关确定。

10.3.3　耕地占用税

耕地占用税是指对占用耕地建房或者从事其他非农业建设的单位和个人征收的一种税。征收耕地占用税的法律依据是：2007年12月1日国务院发布的《中华人民共和国耕地占用税暂行条例》（以下简称《耕地占用税暂行条例》），并于2008年1月1日起施行；2008年2月26日财政部、国家税务总局发布的《中华人民共和国耕地占用税暂行条例实施细则》（以下简称《耕地占用税暂行条例实施细则》），并于公布之日起施行。

1．纳税人

耕地占用税的纳税人，是占用耕地建房或者从事其他非农业建设的单位和个人。

根据《耕地占用税暂行条例》的规定，耕地是指用于种植农作物的土地；单位包括国有企业、集体企业、私营企业、股份制企业、外商投资企业、外国企业以及其他企业和事业单位、社会团体、国家机关、部队以及其他单位；个人包括个体工商户以及其他个人。

对于农民家庭占用耕地建房的，家庭成员中除未成年人和没有行为能力的人外，都可为耕地占用税的纳税人。

2．课税对象

耕地占用税的征税对象，是占用耕地从事其他非农业建设的行为。

根据《耕地占用税暂行条例》的规定，占用林地、牧草地、农田水利用地、养殖水面以及渔业水域滩涂等其他农用地，建房或者从事非农业建设的，征收耕地占用税；建设直接为农业生产服务的生产设施的，不征收耕地占用税。

3．计税依据

耕地占用税以纳税人实际占用耕地面积为计税依据，按照规定税率一次性计算征收。

4．适用税额

耕地占用税实行定额税率。根据《耕地占用税暂行条例》的规定，以县为单位，耕地占用税税率分为人均耕地在1亩以下（含1亩）的地区，$10\sim50$ 元 / m^2；人均耕地在 $1\sim2$ 亩（含2亩）的地区，$8\sim40$ 元 / m^2；人均耕地在 $2\sim3$ 亩（含3亩）的地区，$6\sim30$ 元 / m^2；人均耕地在3亩以上的地区，$5\sim25$ 元 / m^2 四个档次。

5．加成征税

根据《条例》的规定，经济特区、经济技术开发区和经济发达、人均耕地特别少的地区，适用税额可以适当提高，但最高不得超过规定税额的50%；占用基本农田的，适用税额还应当在上述适用税额的基础上再提高50%。

6．纳税地点和纳税期限

根据《耕地占用税暂行条例》的规定，耕地占用税的征收管理，依照《中华人民共和国税收征收管理法》有关规定执行。

耕地占用税由地方税务机关负责征收。土地管理部门在通知单位或者个人办理占用耕地手续时，应当同时通知耕地所在地同级地方税务机关。获准占用耕地的单位或者个人应当在收到土地管理部门的通知之日起30日内缴纳耕地占用税。土地管理部门凭耕地占用税完税凭证或者免税凭证和其他有关文件发放建设用地批准书。

根据《细则》的规定，经批准占用耕地的，耕地占用税纳税义务发生时间为纳税人收到土地管理部门办理占用农用地手续通知的当天。未经批准占用耕地的，耕地占用税纳税义务发生时间为纳税人实际占用耕地的当天。

7．减税、免税

（1）减税范围

1）铁路线路、公路线路、飞机场跑道、停机坪、港口、航道占用耕地，减按每平方米2元的税额征收耕地占用税。根据实际需要，国务院财政、税务主管部门向国务院有关部门并报国务院批准后，可以免征或者减征耕地占用税。

2）农村居民占用耕地新建住宅，按照当地适用税额减半征收耕地占用税。

3）农村烈士家属、残疾军人、鳏寡孤独以及革命老根据地、少数民族聚居区和边远贫困山区生活困难的农村居民，在规定用地标准以内新建住宅缴纳耕地占用税确有困难的，经所在地乡（镇）人民政府审核，报经县级人民政府批准后，可以免征或者减征耕地占用税。

4）农村居民经批准搬迁，原宅基地恢复耕种，凡新建住宅占用耕地不超过原宅基地面积的，不征收耕地占用税；超过原宅基地面积的，对超过部分按照当地适用税额减半征收耕地占用税。

5）占用林地、牧草地、农田水利用地、养殖水面以及渔业水域滩涂等其他农用地建房或者从事非农业建设的，适用税额可以适当低于当地占用耕地的适用税额，具体适用税额按照各省、自治区、直辖市人民政府的规定执行。

（2）免税范围

1）军事设施占用耕地；

2）学校、幼儿园、养老院、医院占用耕地。

根据《耕地占用税暂行条例》的规定，免征或者减征耕地占用税后，纳税人改变原占地用途，不再属于免征或者减征耕地占用税情形的，应当按照当地适用税额补缴耕地占用税。

10.3.4　土地增值税

土地增值税是指房地产经营企业等单位和个人，有偿转让国有土地使用权以及在房屋销售过程中获得的收入，扣除开发成本等支出后的增值部分，要按一定比例向国家缴纳的一种税费。土地价格增值额是指转让房地产取得的收入减除规定的房地产开发成本、费用等支出后的余额。土地增值税只对"有偿转让"的房地产征税，对以"继承、赠与"等方式无偿转让的房地产，不予征税。当前中国的土地增值税实行四级超率累进税率，对土地增值率高的多征，增值率低的少征，无增值的不征，例如增值额大于20%未超过50%的部分，税率为30%，增值额超过200%的部分，则要按60%的税率进行征收。转让自用住房免税，个人转让普通住宅免税。个人因工作调动或改善居住条件而转让原自用住房，凡居住满5年及以上的，免征土地增值税；居住满3年未满5年的，减半征收土地增值税。

征收土地增值税的法律依据是：①1993年12月13日，国务院发布的《中华人民共和国土地增值税暂行条例》（以下简称《土地增值税暂行条例》），并于1994年1月1日起施行；②1995年1月27日，财政部发布的《中华人民共和国土地增值税暂行条例实施细则》（以下简称《土地增值税暂行条例实施细则》），并于发布之日起施行；③1995年5月25日，财政部、国家税务总局发布的《关于土地增值税一些具体问题规定的通知》（以下简称《具体问题规定的通知》）；④2006年3月2日，财政部、国家税务总局发布的《关于土地增值税若干问题规定的通知》（以下简称《若干问题规定的通知》），并于发布之日起施行；⑤2006年10月20日，财政部、国家税务总局发布的《关于土地增值税普通标准住宅有关政策的通知》（以下简称《普通标准住宅的通知》）。

1. 纳税人

根据《土地增值税暂行条例》的规定，转让国有土地使用权（国土资源部于2007年11月1日起将"国有土地使用权"改称为"国有建设用地使用权"）、地上的建筑物及其附着物（以下简称转让房地产）并取得收入的单位和个人，为土地增值税的纳税人。

根据《土地增值税暂行条例实施细则》的规定，转让是指以出售或者其他方式有偿转让房地产的行为，不包括以继承、赠与方式无偿转让房地产的行为；收入包括转让房地产的全部价款及有关的经济收益；单位是指各类企业单位、事业单位、国家机关和社会团体及其他组织；个人包括个体经营者。

2. 课税对象

土地增值税的课税对象是有偿转让房地产所取得的土地增值额。

根据《土地增值税暂行条例》的规定，土地增值额为纳税人转让房地产所取得的收入减除规定扣除项目金额后的余额。纳税人转让房地产所取得的收入，包括货币收入、实物收入和其他收入。

3. 扣除项目

根据《土地增值税暂行条例》的规定，计算增值额的扣除项目包括取得土地使用权所支付的金额；开发土地的成本、费用；新建房及配套设施的成本、费用，或者旧房及建筑物的评估价格；与转让房地产有关的税金；财政部规定的其他扣除项目。

根据《具体问题规定的通知》的规定，纳税人转让旧房及建筑物时因计算纳税的需要而对房地产进行评估，其支付的评估费用允许在计算增值额时予以扣除。

根据《若干问题规定的通知》的规定，纳税人转让旧房及建筑物，凡不能取得评估价格，但能提供购房发票的，经当地税务部门确认，《土地增值税暂行条例》第六条第（一）、（三）项规定的扣除项目的金额，可按发票所载金额并从购买年度起至转让年度止，每年加计5%计算。

对纳税人购房时缴纳的契税，凡能提供契税完税凭证的，准予作为"与转让房地产有关的税金"予以扣除，但不作为加计5%的基数。

对于转让旧房及建筑物，既没有评估价格，又不能提供购房发票的，地方税务机关可以根据《中华人民共和国税收征收管理法》第35条的规定，实行核定征收。

4．计税依据

根据《土地增值税暂行条例》的规定，土地增值税按照纳税人转让房地产所取得的增值额和规定的税率计算征收。

纳税人若有隐瞒、虚报房地产成交价格；提供扣除项目金额不实；转让房地产的成交价格低于房地产评估价格，又无正当理由等情形之一的，按照房地产评估价格计算征收。

5．税率和应纳税额的计算

根据《土地增值税暂行条例》的规定，土地增值税实行四级超额累进税率：

（1）增值额未超过扣除项目金额50%的部分，税率为30%；

（2）增值额超过扣除项目金额50%，未超过100%的部分，税率为40%；

（3）增值额超过扣除项目金额100%，未超过200%的部分，税率为50%；

（4）增值额超过扣除项目金额200%以上部分，税率为60%。

根据《土地增值税暂行条例实施细则》的规定，每级"增值额未超过扣除项目金额"的比例，均包括本比例数。

6．纳税地点和纳税期限

根据《土地增值税暂行条例》的规定，纳税人应当自转让房地产合同签订之日起七日内，向房地产所在地主管税务机关办理纳税申报，并在税务机关核定的期限内缴纳土地增值税。

根据《具体问题规定的通知》的规定，税务机关核定的纳税期限，应在纳税人签订房地产转让合同之后、办理房地产权属转让（即过户及登记）手续之前。

纳税人未按照《土地增值税暂行条例》缴纳土地增值税的，土地管理部门、房产管理部门不得办理有关的权属变更手续。

7．免税

（1）根据《土地增值税暂行条例》的规定，纳税人建造普通标准住宅出售，增值额未超过扣除项目金额20%的；或者，因国家建设需要依法征用、收回的房地产，免征土地增值税。

根据《具体问题规定的通知》的规定，对纳税人既建普通标准住宅又搞其他房地产开发的，应分别核算增值额。不分别核算增值额或不能准确核算增值额的，其建造的普通标准住宅不能适用《土地增值税暂行条例》相应免税规定。

根据《土地增值税暂行条例实施细则》的规定，符合上述免税规定的单位和个人，须向房地产所在地税务机关提出免税申请，经税务机关审核后，免予征收土地增值税。

（2）根据《具体问题规定的通知》的规定，对于以房地产进行投资、联营的，投资、联营的一方以土地（房地产）作价入股进行投资或作为联营条件，将房地产转让到所投资、联营的企业中时，暂免征收土地增值税。对投资、联营企业将上述房地产再转让的，应征收土地增值税。

对于一方出地，一方出资金，双方合作建房，建成后按比例分房自用的，暂免征收土地增值税；建成后转让的，应征收土地增值税。

在企业兼并中，对被兼并企业将房地产转让到兼并企业中的，暂免征收土地增值税。

对个人之间互换自有居住用房地产的，经当地税务机关核实，可以免征土地增值税。

（3）根据《若干问题规定的通知》的规定，对于以土地（房地产）作价入股进行投资或联营的，凡所投资、联营的企业从事房地产开发的，或者房地产开发企业以其建造的商品房进行投资和联营的，均不适用《具体问题规定的通知》第一条暂免征收土地增值税的规定。

10.3.5　契税

契税是指在土地、房屋权属发生转移时，对产权承受人征收的一种税。征收契税的法律依据是：1997年7月7日，国务院发布的《中华人民共和国契税暂行条例》（以下简称《契税暂行条例》），1997年10月28日，财政部发布的《财政部关于印发〈中华人民共和国契税暂行条例细则〉的通知》（以下简称《契税暂行条例细则》），这两部法律规范都于1997年10月1日起施行。

1. 纳税人

根据《契税暂行条例》的规定，在中华人民共和国境内转移土地、房屋权属，承受的单位和个人为契税的纳税人。

根据《契税暂行条例细则》的规定，土地、房屋权属是指土地使用权、房屋所有权；承受是指以受让、购买、受赠、交换等方式取得土地、房屋权属的行为；单位是指企业单位、事业单位、国家机关、军事单位和社会团体以及其他组织；个人，是指个体经营者及其他个人。

2. 课税对象

契税的征税对象是发生产权转移变动的土地、房屋。

根据《契税暂行条例》的规定，转移土地、房屋权属的行为包括国有土地使用权出让；土地使用权转让，包括出售、赠与和交换；房屋买卖；房屋赠与；房屋交换。

根据《契税暂行条例细则》的规定，视同土地使用权转让、房屋买卖或者房屋赠与征税的土地、房屋权属转移方式包括以土地、房屋权属作价投资、入股；以土地、房屋权属抵债；以获奖方式承受土地、房屋权属；以预购方式或者预付集资建房款方式承受土地，房屋权属。

根据《契税暂行条例细则》的规定，土地、房屋权属以下列方式转移的，视同土地使用权转让、房屋买卖或者房屋赠与征税：以土地、房屋权属作价投资、入股；以土地、房屋权属抵债；以获奖方式承受土地、房屋权属；以预购方式或者预付集资建房款方式承受土地、房屋权属。

2004年9月2日，《国家税务总局关于继承土地、房屋权属有关契税问题的批复》（国税函〔2004〕1036号）明确指出，对于《中华人民共和国继承法》规定的法定继承人（包括配偶、子女、父母、兄弟姐妹、祖父母、外祖父母）继承土地、房屋权属，不征契税；非法定继承人根据遗嘱承受死者生前的土地、房屋权属，属于赠与行为，应征收契税。

2005年3月22日，《财政部国家税务总局关于城镇房屋拆迁有关税收政策的通知》（财税〔2005〕45号）明确指出，对拆迁居民因拆迁重新购置住房的，对购房成交价格中相当于拆迁补偿款的部分免征契税，成交价格超过拆迁补偿款的，对超过部分征收契税。

3．计税依据

根据房地产权属转让方式的不同，可将契税的计税依据划分为不同标准。

根据《契税暂行条例》的规定，当国有土地使用权出让、土地使用权出售、房屋买卖时，契税的计税依据为成交价格；当土地使用权赠与、房屋赠与时，契税的计税依据由征收机关参照土地使用权出售、房屋买卖的市场价格核定；当土地使用权交换、房屋交换时，契税的计税依据为所交换的土地使用权、房屋的价格的差额。

4．税率和应纳税额的计算

根据《契税暂行条例》的规定，契税的税率为3%～5%。各地适用税率，由省、自治区、直辖市人民政府按照本地区的实际情况，在规定的幅度内确定，并报财政部和国家税务总局备案。

契税应纳税额依照税率和计税依据计算征收。即，应纳税额=计税依据×税率。

5．纳税地点和纳税期限

根据《契税暂行条例》的规定，契税征收机关为土地、房屋所在地的财政机关或者地方税务机关。具体征收机关由省、自治区、直辖市人民政府确定。

契税的纳税义务发生时间，为纳税人签订土地、房屋权属转移合同的当天，或者纳税人取得其他具有土地、房屋权属转移合同性质凭证的当天。纳税人应当自纳税义务发生之日起10日内，向土地、房屋所在地的契税征收机关办理纳税申报，并在契税征收机关核定的期限内缴纳税款。

6．减税、免税

（1）根据《契税暂行条例》的规定，国家机关、事业单位、社会团体、军事单位承受土地、房屋用于办公、教学、医疗、科研和军事设施的，免征契税；城镇职工按规定第一次购买公有住房的，免征契税；因不可抗力灭失住房而重新购买住房的，酌情准予减征或者免征契税；财政部规定的其他减征、免征契税的项目。

经批准，减征、免征契税的纳税人改变有关土地、房屋的用途，不再属于减征、免征契

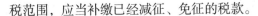

税范围，应当补缴已经减征、免征的税款。

（2）根据《契税暂行条例细则》的规定，土地使用权交换、房屋交换时，交换价值相等的，免征契税；土地、房屋被县级以上人民政府征用、占用后，重新承受土地、房屋权属的，是否减征或者免征契税，由省、自治区、直辖市人民政府确定；纳税人承受荒山、荒沟、荒丘、荒滩土地使用权，用于农、林、牧、渔业生产的，免征契税；依照我国有关法律规定以及我国缔结或参加的双边和多边条约或协定的规定应当予以免税的外国驻华使馆、领事馆、联合国驻华机构及其外交代表、领事官员和其他外交人员承受土地、房屋权属的，经外交部确认，可以免征契税。

7．2016年契税新政

2016年2月22日起执行的契税新政。财政部、国家税务总局、住房城乡建设部三部门近日联合发布《关于调整房地产交易环节契税、营业税优惠政策的通知》，通知明确规定了最新房产契税政策。

（1）对个人购买家庭唯一住房（家庭成员范围包括购房人、配偶以及未成年子女，下同），面积为90平方米及以下的，减按1%的税率征收契税；面积为90平方米以上的，减按1.5%的税率征收契税。

（2）对个人购买家庭第二套改善性住房，面积为90平方米及以下的，减按1%的税率征收契税；面积为90平方米以上的，减按2%的税率征收契税。

家庭第二套改善性住房是指已拥有一套住房的家庭，购买的家庭第二套住房。

（3）纳税人申请享受税收优惠的，根据纳税人的申请或授权，由购房所在地的房地产主管部门出具纳税人家庭住房情况书面查询结果，并将查询结果和相关住房信息及时传递给税务机关。暂不具备查询条件而不能提供家庭住房查询结果的，纳税人应向税务机关提交家庭住房实有套数书面诚信保证，诚信保证不实的，属于虚假纳税申报，按照《中华人民共和国税收征收管理法》的有关规定处理，并将不诚信记录纳入个人征信系统。

按照便民、高效原则，房地产主管部门应按规定及时出具纳税人家庭住房情况书面查询结果，税务机关应对纳税人提出的税收优惠申请限时办结。

（4）具体操作办法由各省、自治区、直辖市财政、税务、房地产主管部门共同制定。

除北京市、上海市、广州市、深圳市暂不实行契税新政策第一条第二项之外，其余地区均适用本政策。但是，北京市、上海市、广州市、深圳市暂不实施二套房优惠政策。

就北上广深而言，相比原来执行的契税政策，北上广深四地区个人购买家庭唯一住房将不再区分普通住宅和非普通住宅，仅以建筑面积90平方米作为契税税率的分界点，为购房者带来了实实在在的好处。取消了关于非普通住宅认定标准中的144平方米的分界点，从而征税标准。

10.3.6　城市维护建设税和教育费附加

城市维护建设税和教育费附加的法律依据是：①1985年2月8日，国务院发布《中华人民共和国城市维护建设税暂行条例》，并于1985年度施行；②1986年4月28日，国务院发布的《征收教育费附加的暂行规定》（2005年8月20日修订），并于2005年10月1日起施行。

1. 城市维护建设税

城市维护建设税是我国为了加强城市的维护建设，扩大和稳定城市维护建设资金的来源，随增值税、消费税附征并专门用于城市维护建设的一个税种。

（1）纳税人

凡缴纳产品税、增值税的单位和个人，都是城市维护建设税的纳税人。包括国有企业、集体企业、私营企业、股份制企业、其他企业和行政单位、事业单位、军事单位、社会团体、其他单位，以及个体工商户及其他个人。目前，对外商投资企业和外国企业缴纳的增值税、消费税不征收城建税。

（2）计税依据

城市维护建设税，以纳税人实际缴纳的增值税、消费税税额为计税依据。城市维护建设税本身并没有特定的、独立的征税对象。

（3）税率和应纳税额的计算

城市维护建设税实行地区差别税率，按照纳税人所在地的不同，税率分别规定为7%、5%、1%三个档次，具体是：纳税人所在地在城市市区的，税率为7%；在县城、建制镇的，税率为5%；不在城市市区、县城、建制镇的，税率为1%。

城市维护建设税的应纳税额大小由纳税人实际缴纳的增值税、消费税税额决定，其计算公式为应纳税额＝纳税人实际缴纳的增值税、消费税税额×适用税率。

（4）纳税地点和纳税时间

城市维护建设税的纳税地点为纳税人缴纳增值税、消费税的地点。

城市维护建设税的纳税期限分别与增值税、消费税的纳税期限一致。

2. 教育费附加

教育费附加是为加快地方教育事业，扩大地方教育经费的资金而征收的一项专用基金。

（1）征收对象

教育费附加的征收对象是缴纳增值税、消费税的单位和个人。

（2）征收依据

教育费附加的征收依据是其实际缴纳的增值税和消费税。分别与增值税和消费税同时缴纳。

（3）计征比率和计算公式

教育费附加计征比率曾几经变化。1986年开征时，规定为1%；1990年5月《国务院关于修改〈征收教育费附加的暂行规定〉的决定》中规定为2%；按照1994年2月7日《国务院关于教育费附加征收问题的紧急通知》的规定，现行教育费附加征收比率为3%。

教育费附加的计算公式为应纳教育费附加＝实纳增值税、消费税×征收比率。

10.3.7 企业所得税

企业所得税是指以企业取得的生产经营所得和其他所得为征收对象所征收的一种税。征收企业所得税的法律依据是：2007年3月16日，发布的《中华人民共和国企业所得税法》（以下简称《企业所得税法》），以及2007年12月6日，国务院发布的《中华人民共和国企业所得税法实施条例》，这两部法律规范都于2008年1月1日起施行。

1．纳税人和课税对象

根据《企业所得税法》的规定，在中华人民共和国境内，企业和其他取得收入的组织（以下统称企业）为企业所得税的纳税人。

个人独资企业和合伙企业征收个人所得税，不适用《企业所得税法》。

企业分为居民企业和非居民企业。

（1）居民企业

居民企业是指依法在中国境内成立，或者依照外国（地区）法律成立但实际管理机构在中国境内的企业。

居民企业应当就其来源于中国境内、境外的所得缴纳企业所得税。

（2）非居民企业

非居民企业是指依照外国（地区）法律成立且实际管理机构不在中国境内，但在中国境内设立机构、场所的，或者在中国境内未设立机构、场所，但有来源于中国境内所得的企业。

非居民企业在中国境内设立机构、场所的，应当就其所设机构、场所取得的来源于中国境内的所得，以及发生在中国境外但与其所设机构、场所有实际联系的所得，缴纳企业所得税。非居民企业在中国境内未设立机构、场所的，或者虽设立机构、场所但取得的所得与其所设机构、场所没有实际联系的，应当就其来源于中国境内的所得缴纳企业所得税。

2．税率

企业所得税的税率为25%。

非居民企业在中国境内未设立机构、场所的，或者虽设立机构、场所但取得的所得与其所设机构、场所没有实际联系的，就其来源于中国境内的所得缴纳企业所得税的，适用税率为20%。

3．应纳税所得额

企业每一纳税年度的收入总额，减除不征税收入、免税收入、各项扣除以及允许弥补的以前年度亏损后的余额，为应纳税所得额。

4．应纳税额

企业的应纳税所得额乘以适用税率，减除依照本法关于税收优惠的规定减免和抵免的税额后的余额，为应纳税额。

5. 与房地产相关的企业所得税相关规定

2009年3月6日，国家税务总局令第31号发布《房地产开发经营业务企业所得税处理办法》（以下简称《处理办法》），并于2008年1月1日起执行。

《处理办法》适用于中国境内从事房地产开发经营业务的企业。

《处理办法》根据《企业所得税法》及其实施条例、《中华人民共和国税收征收管理法》及其实施细则等有关税收法律、行政法规的规定制定，加强了从事房地产开发经营企业的企业所得税征收管理，规范了从事房地产开发经营业务企业的纳税行为。

10.3.8 个人所得税

个人所得税是指以个人（自然人）取得的各项应税所得为征收对象所征收的一种税。征收个人所得税的法律依据是：2007年12月29日发布的《全国人民代表大会常务委员会关于修改〈中华人民共和国个人所得税法〉的决定》，并于2008年3月1日起施行。

1. 纳税人和课税对象

在中国境内有住所，或者无住所而在境内居住满一年的个人，从中国境内和境外取得的所得，应缴纳个人所得税。

在中国境内无住所又不居住或者无住所而在境内居住不满一年的个人，从中国境内取得的所得，应缴纳个人所得税。

个人所得包括工资、薪金所得；个体工商户的生产、经营所得；对企事业单位的承包经营、承租经营所得；劳务报酬所得；稿酬所得；特许权使用费所得；利息、股息、红利所得；财产租赁所得；财产转让所得；偶然所得；经国务院财政部门确定征税的其他所得。

2. 与房地产相关的个人所得税税率

财产租赁所得，财产转让所得，适用比例税率，税率为20%。

3. 与房地产相关的个人所得税应纳税所得额

个人转让住房，以其转让收入额减除财产原值和合理费用后的余额为应纳税所得额。

4. 与房地产相关的个人所得税相关规定

（1）《国家税务总局关于个人住房转让所得征收个人所得税有关问题的通知》

2006年7月18日，《国家税务总局关于个人住房转让所得征收个人所得税有关问题的通知》（国税发〔2006〕108号）发布如下内容：

对住房转让所得征收个人所得税时，以实际成交价格为转让收入。

对转让住房收入计算个人所得税应纳税所得额时，纳税人可凭原购房合同、发票等有效凭证，经税务机关审核后，允许从其转让收入中减除房屋原值、转让住房过程中缴纳的税金及有关合理费用。

纳税人未提供完整、准确的房屋原值凭证，不能正确计算房屋原值和应纳税额的，税务机关可根据《中华人民共和国税收征收管理法》第三十五条的规定，对其实行核定征税，即按纳税人住房转让收入的一定比例核定应纳个人所得税额。

（2）《财政部国家税务总局关于城镇房屋拆迁有关税收政策的通知》

2005年3月22日，《财政部国家税务总局关于城镇房屋拆迁有关税收政策的通知》（财税〔2005〕45号）明确指出，对被拆迁人按照国家有关城镇房屋拆迁管理办法规定的标准取得的拆迁补偿款，免征个人所得税。

10.3.9　印花税

印花税是指对因商事活动、产权转移、权利许可证照授受等行为而书立、领受的应税凭证征收的一种税。征收印花税的法律依据是：1988年8月6日，国务院发布的《中华人民共和国印花税暂行条例》，以及1988年9月29日，财政部发布的《中华人民共和国印花税暂行条例施行细则》，这两部法律规范都于1988年10月1日起施行。

1．纳税人

印花税的纳税人为在中国境内书立、领受税法规定应税凭证的单位和个人，包括国内各类企业、事业、机关、团体、部队及中外合资企业、合作企业、外资企业、外国公司和其他经济组织及其在华机构等单位和个人。

2．应税凭证

印花税的应税凭证主要是经济活动中最普遍、最大量的各种商事和产权凭证。包括购销、加工承揽、建设工程勘察设计、建设安装工程承包、财产租赁、货物运输、仓储保管、借款、财产保险、技术等合同或者具有合同性质的凭证；产权转移书据；营业账簿；权利、许可证照；经财政部确定征税的其他凭证。

3．计税依据

根据应税凭证的种类，印花税的计税依据划分为三种情况。

（1）合同或具有合同性质的凭证，以凭证所载金额作为计税依据。具体包括购销金额、加工或承揽收入、收取费用、承包金额、租赁金额、运输费用、仓储保管费用、借款金额、保险费收入等项；

（2）营业账簿中记载资金的账簿，以固定资产原值和自有流动资金总额作为计税依据；

（3）不记载金额的营业执照，专利证、专利许可证照，以及企业的日记账簿和各种明细分类账簿等辅助性账簿，按凭证或账簿的件数纳税。

4．税率

印花税的税率采用比例税率和定额税率两种。

5．免税

财产所有人将财产捐赠给政府、社会福利单位、学校所书立的书据；已纳印花税凭证的副本或抄本；外国政府或者国际金融组织向我国政府及国家金融机构提供优惠贷款所立的合同；有关部门根据国家政策需要发放的无息、贴息贷款合同；经财政部批准免税的其他凭证，免征印花税。

10.4 廉租房、经济适用房和其他住房租赁税收政策

为了促进廉租住房、经济适用住房制度建设和住房租赁市场的健康发展，2008年9月18日，财政部、国家税务总局发布《关于廉租住房经济适用住房和住房租赁有关税收政策的通知》（财税〔2008〕24号）。

10.4.1 支持廉租住房、经济适用住房建设的税收政策

自2007年8月1日起，廉租住房、经济适用住房市场执行以下税收政策：

1. 对廉租住房经营管理单位按照政府规定价格、向规定保障对象出租廉租住房的租金收入，免征营业税、房产税。

2. 对廉租住房、经济适用住房建设用地以及廉租住房经营管理单位按照政府规定价格、向规定保障对象出租的廉租住房用地，免征城镇土地使用税。

开发商在经济适用住房、商品住房项目中配套建造廉租住房，在商品住房项目中配套建造经济适用住房，如能提供政府部门出具的相关材料，可按廉租住房、经济适用住房建筑面积占总建筑面积的比例免征开发商应缴纳的城镇土地使用税。

3. 企事业单位、社会团体以及其他组织转让旧房作为廉租住房、经济适用住房房源且增值额未超过扣除项目金额20%的，免征土地增值税。

4. 对廉租住房、经济适用住房经营管理单位与廉租住房、经济适用住房相关的印花税以及廉租住房承租人、经济适用住房购买人涉及的印花税予以免征。

开发商在经济适用住房、商品住房项目中配套建造廉租住房，在商品住房项目中配套建造经济适用住房，如能提供政府部门出具的相关材料，可按廉租住房、经济适用住房建筑面积占总建筑面积的比例免征开发商应缴纳的印花税。

5. 对廉租住房经营管理单位购买住房作为廉租住房、经济适用住房经营管理单位回购经济适用住房继续作为经济适用住房房源的，免征契税。

6. 对个人购买经济适用住房，在法定税率基础上减半征收契税。

7. 对个人按《廉租住房保障办法》（原建设部等9部委令第162号）规定取得的廉租住房货币补贴，免征个人所得税；对于所在单位以廉租住房名义发放的不符合规定的补贴，应征收个人所得税。

8. 企事业单位、社会团体以及其他组织于2008年1月1日前捐赠住房作为廉租住房的，按《中华人民共和国企业所得税暂行条例》（国务院令第137号）、《中华人民共和国外商投资企业和外国企业所得税法》有关公益性捐赠政策执行；2008年1月1日后捐赠的，按《中华人民共和国企业所得税法》有关公益性捐赠政策执行。个人捐赠住房作为廉租住房的，捐赠额未超过其申报的应纳税所得额30%的部分，准予从其应纳税所得额中扣除。

10.4.2　支持住房租赁市场发展的税收政策

自2008年3月1日起，房租赁市场执行以下税收政策：

1．对个人出租住房取得的所得减按10%的税率征收个人所得税。

2．对个人出租、承租住房签订的租赁合同，免征印花税。

3．对个人出租住房，不区分用途，在3%税率的基础上减半征收营业税，按4%的税率征收房产税，免征城镇土地使用税。

4．对企事业单位、社会团体以及其他组织按市场价格向个人出租用于居住的住房，减按4%的税率征收房产税。

自2016年5月1日起，个人出租住房，按照5%的征收率减按1.5%计算应纳税额，向不动产所在地主管地税机关申报纳税。

应纳税款=含税销售额÷（1+5%）×1.5%

税收优惠：

其他个人采取一次性收取租金的形式出租不动产，取得的租金收入可在租金对应的租赁期内平均分摊，分摊后的月租金收入不超过3万元的，可享受小微企业免征增值税优惠政策。

？ 法律依据及相关知识链接

1. 中华人民共和国税收征收管理法
2. 中华人民共和国房产税暂行条例
3. 财政部国家税务总局关于房产税若干具体问题的解释和暂行规定
4. 财政部国家税务总局关于具备房屋功能的地下建筑征收房产税的通知
5. 财政部国家税务总局关于房产税城镇土地使用税有关问题的通知
6. 上海市开展对部分个人住房征收房产税试点的暂行办法
7. 重庆市人民政府关于进行对部分个人住房征收房产税改革试点的暂行办法
8. 中华人民共和国耕地占用税暂行条例
9. 中华人民共和国营业税暂行条例
10. 财政部国家税务总局关于调整个人住房转让营业税政策的通知
11. 中华人民共和国城市维护建设税暂行条例
12. 征收教育费附加的暂行规定
13. 关于廉租住房经济适用住房和住房租赁有关税收政策的通知
14. 2016年财政部、国家税务总局《关于全面推开营业税改征增值税试点的通知》（财税〔2016〕36号）

案例分析与解答

【案情】

2007年5月17日，林先生经过中介推荐，看中了黄民（化名）夫妇所有的位于海沧沧林路的某套房屋，面积为60多平方米。4天后，买卖双方签订了一份"房屋买卖协议"。

该协议约定，房产成交价位52.5万元，当日支付3万元定金，同年6月10日前买方支付19.5万元，余款30万元向银行申请贷款，由银行直接转给卖方账户。

此后，林先生支付了270381元，黄民一方先行将房屋产权过户给了林先生。此后，林先生便没有再支付房款，也没有办理银行按揭贷款。

因此，黄民夫妇认为，林先生已经违约，要求他支付余款224619元，并支付违约金。不料，林先生却出示了另外一份合同，声称房屋的购价实际应为421581元。

两份合同差价10万元，这究竟是怎么回事呢？据了解，两张合同均为双方所签，属"阴阳合同"。那么第二份"阳合同"又是如何冒出来的呢？

原来，双方在2007年6月7日前往厦门市国土资源与房产管理局办理交易登记手续，签订了"厦门市房地产买卖合同"，在合同第二条约定，该房屋总价款为421581元。

一份是当事人在中介的服务下签订的"房屋买卖合同"，另一份是土地与房产管理局提供的标准格式的"厦门市房地产买卖合同"，哪一份合同才应该是正确的呢？双方僵持不下，最终诉诸公堂。

【问题】

1. 原告与被告签订的"房屋买卖协议"是否有效？

2. 人民法院如何作出判决？

【参考答案】

法院经审理认为，原告与被告签订的"房屋买卖协议"（"阴合同"），系双方当事人的真实意思表示，其形式、内容合法，为有效合同。最终判决林先生应该支付余款224619元并支付相应违约金。

评析：依法纳税是每个公民应尽的义务，为避税签假合同视为无效。因为本案中的"厦门市房地产买卖合同"（"阴合同"），实际上是为避税而为，该约定损害了国家利益，我国相关法律规定损害国家利益的合同条款应认定为无效，但该无效条款并不影响合同的整体效力，而其余条款均具有法律效力。因此"厦门市房地产买卖合同"项下有关权利义务设定与"房产买卖协议"并不冲突，视为对"房产买卖协议"的补充，对买卖双方均有约束力。对于严重违反了税收规定的行为，有关部门查实后，有权给予偷税额的1~5倍罚款、拘留等行政处罚；如果偷税数额较大、次数较多，则应以犯罪论处。法院的判决明确了"阴阳合同"之间的关系，同时对类似的"阴阳合同"，发出了警示。

三　练习与思考

单项选择题

1. 土地增值额未超过扣除项目金额50%的部分，土地增值税税率为（　　　）。

   A. 30%　　　　　　　　　　　　B. 40%

   C. 50%　　　　　　　　　　　　D. 60%

2. 城镇土地使用税的计税依据是纳税人（　　　）。

   A. 占用的土地价值　　　　　　　B. 购买土地的价值

   C. 实际占用的土地面积　　　　　D. 使用的土地价值

3. 甲向乙购买房屋一套，契税的计税依据为（　　　）。

   A. 成交价格　　　　　　　　　　B. 卖方报价

   C. 参考价格　　　　　　　　　　D. 买方报价

4. 对个人出租住房取得的所得减按（　　　）的税率征收个人所得税。

   A. 5%　　　　　　　　　　　　　B. 10%

   C. 15%　　　　　　　　　　　　D. 20%

多项选择题

1. 税收在法律形式上具有（　　　）特征。

   A. 强制性　　　　　　　　　　　B. 连续性

   C. 无偿性　　　　　　　　　　　D. 有序性

   E. 固定性

2. 房地产契税的征税对象为转移土地、房屋权属的行为，主要包括（　　　）。

   A. 房屋买卖　　　　　　　　　　B. 房屋交换

   C. 房屋租赁　　　　　　　　　　D. 国有土地使用权出让

   E. 土地使用权转让

3. 下列属于免征城镇土地使用税的有（　　　）。

   A. 国家机关、人民团体、军队自用的土地

   B. 宗教寺庙、公园、名胜古迹自用的土地

   C. 间接用于农、林、牧、渔业的生产用地

   D. 市政街道、广场、绿化地等公共用地

   E. 由国家财政部门拨付事业经费的单位自用的土地

是非题

1. 国家征税与纳税人纳税，在形式上表现为利益均等的关系。（　　　）

2. 房产税的课税对象是房产所有者。（　　　）

3. 土地增值税的课税对象是无偿转让房地产所取得的土地增值额。（　　　）

4. 对个人购买经济适用住房，在法定税率基础上减半征收契税。（　　　）

简答题

1. 简述税收法律关系。

2. 什么是税收制度？税收制度的基本构成要素有哪些？

3. 我国现行的房地产业有哪些税种？

4. 房产税的计税依据和税率有哪些？

5. 城镇土地使用税的课税对象有哪些？适用税额是多少？

6. 土地增值税的税率具体有哪些规定？

住房公积金制度 11

【学习目标】

1. 掌握我国住房公积金制度的概念和基本原则。
2. 熟悉住房公积金的缴存、提取和使用。
3. 了解我国住房公积金的作用、管理机构及其职责。

为建立适应社会主义市场经济要求的新的城镇住房制度，形成稳定的住房资金来源，促进住房资金的积累、周转和政策性抵押贷款等制度的建立，转换住房分配机制，提高职工解决自住住房能力，根据《国务院关于深化城镇住房制度改革的决定》，1999年我国开始施行了《住房公积金管理条例》（2002年3月24日进行了修改）。

11.1　住房公积金概述

11.1.1　住房公积金的概念

住房公积金是指国家机关、国有企业、城镇集体企业、外商投资企业、城镇私营企业及其他城镇企业、事业单位及其在职职工缴存的长期住房储金。住房储金在职工工作期间，职工个人和所在单位均应按职工个人工资和职工工资总额的一定比例逐月缴纳，归职工个人所有，作为职工个人住房基金，专户储存、统一管理、专项使用。所有党政机关、群众团体、事业单位和企业的固定职工、劳动合同制职工以及三资企业中方员工，均应缴纳住房公积金。

住房公积金的这一定义包含以下五个方面的涵义：

1. 住房公积金只在城镇建立，农村不建立住房公积金制度。

2. 只有在职职工才建立住房公积金制度。无工作的城镇居民不实行住房公积金制度，离退休职工也不实行住房公积金制度。

3. 住房公积金由两部分组成，一部分由职工所在单位缴存，另一部分由职工个人缴存，职工个人缴存部分由单位代扣后，连同单位缴存部分一并缴存到住房公积金个人账户内。

4. 住房公积金缴存的长期性。住房公积金制度一经建立，职工在职期间必须不间断地按规定缴存，除职工离退休或发生《住房公积金管理条例》规定的其他情形外，不得中止和中断。体现了住房公积金的稳定性、统一性、规范性和强制性。

5. 住房公积金是职工按规定存储起来的专项用于住房消费支出的个人住房储金，具有两个特征：一是积累性，即住房公积金虽然是职工工资的组成部分，但不以现金形式发放，并且必须存入住房公积金管理中心在受委托银行开设的专户内，实行专户管理；二是专用性；即住房公积金实行专款专用，存储期间只能按规定用于购、建、大修自住住房，或交纳

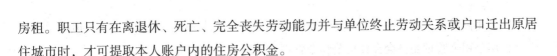

房租。职工只有在离退休、死亡、完全丧失劳动能力并与单位终止劳动关系或户口迁出原居住城市时，才可提取本人账户内的住房公积金。

11.1.2 住房公积金制度的作用

住房公积金把住房改革和住房发展紧密地结合起来，解决了长期困扰我国的住房机制转换问题和政策性住房融资问题。其作用有：

1. 在职工工作年限内，住房公积金不仅仅由职工本人按工资的一定比例缴存，职工所在单位也要按职工工资的一定比例给予资助。这两笔钱作为住房公积金储存在职工个人住房公积金账户内，计算利息，且连本带息全归职工个人所有。

2. 每月缴存住房公积金相当于为职工自身的住房消费做储蓄，职工只要发生购房等政策允许的情况，就可以按照规定的限额及频率提取使用。

3. 职工或职工家庭遇政策规定范围内的突发事件，可以按照规定提取账户内的住房公积金，以缓解由此造成的经济压力。

4. 当职工退休时，职工个人账户内尚未提取的住房公积金，可以一次性结算本息后予以销户提取，这样，相当于一笔养老金。

5. 职工建立住房公积金满足一定条件后，在购建住房时，可以申请住房公积金贷款，该贷款较之普通银行商业性个人住房贷款具有利率低等优势。

6. 按照规定缴存的住房公积金，免征个人所得税和利息所得税，即可以获得税收优惠。

11.1.3 住房公积金管理的基本原则

1. 职工个人缴存的住房公积金和职工所在单位为职工缴存的住房公积金，属于职工个人所有。

2. 住房公积金的管理实行住房公积金管理委员会决策、住房公积金管理中心运作、银行专户存储、财政监督的原则。

3. 住房公积金应当用于职工购买、建造、翻建、大修自住住房，任何单位和个人不得挪作他用。

4. 住房公积金的存、贷利率由中国人民银行提出，经征求国务院建设行政主管部门的意见后，报国务院批准。

5. 国务院建设行政主管部门会同国务院财政部门、中国人民银行拟定住房公积金政策，并监督执行。省、自治区人民政府建设行政主管部门会同同级财政部门以及中国人民银行分支机构，负责本行政区域内住房公积金管理法规、政策执行情况的监督。

11.1.4 住房公积金管理机构及其职责

直辖市和省、自治区人民政府所在地的市以及其他设区的市（地、州、盟），应当设立住房公积金管理委员会，作为住房公积金管理的决策机构。住房公积金管理委员会的成员中，人民政府负责人和建设、财政、人民银行等有关部门负责人以及有关专家占1/3，工会代表和职工代表占1/3，单位代表占1/3。住房公积金管理委员会主任应当由具有社会公信力的人士担任。

住房公积金管理委员会在住房公积金管理方面履行下列职责：

1. 依据有关法律、法规和政策，制定和调整住房公积金的具体管理措施，并监督实施；

2. 根据《住房公积金管理条例》第十八条的规定，拟订住房公积金的具体缴存比例；

3. 确定住房公积金的最高贷款额度；

4. 审批住房公积金归集、使用计划；

5. 审议住房公积金增值收益分配方案；

6. 审批住房公积金归集、使用计划执行情况的报告。

直辖市和省、自治区人民政府所在地的市以及其他设区的市（地、州、盟）应当按照精简、效能的原则，设立一个住房公积金管理中心，负责住房公积金的管理运作。县（市）不设立住房公积金管理中心。住房公积金管理中心可以在有条件的县（市）设立分支机构。住房公积金管理中心与其分支机构应当实行统一的规章制度，进行统一核算。住房公积金管理中心是直属城市人民政府的不以营利为目的的独立的事业单位。

住房公积金管理中心履行下列职责：

1. 编制、执行住房公积金的归集、使用计划；

2. 负责记载职工住房公积金的缴存、提取、使用等情况；

3. 负责住房公积金的核算；

4. 审批住房公积金的提取、使用；

5. 负责住房公积金的保值和归还；

6. 编制住房公积金归集、使用计划执行情况的报告；

7. 承办住房公积金管理委员会决定的其他事项。

住房公积金管理委员会应当按照中国人民银行的有关规定，指定受委托办理住房公积金金融业务的商业银行；住房公积金管理中心应当委托受委托银行办理住房公积金贷款、结算等金融业务和住房公积金账户的设立、缴存、归还等手续。住房公积金管理中心应当与受委托银行签订委托合同。

11.2　住房公积金缴存、提取和使用

11.2.1　住房公积金缴存

住房公积金管理中心应当在受委托银行设立住房公积金专户。单位应当到住房公积金管理中心办理住房公积金缴存登记，经住房公积金管理中心审核后，到受委托银行为本单位职工办理住房公积金账户设立手续。每个职工只能有一个住房公积金账户。住房公积金管理中心应当建立职工住房公积金明细账，记载职工个人住房公积金的缴存、提取等情况。

新设立的单位应当自设立之日起30日内到住房公积金管理中心办理住房公积金缴存登

记，并自登记之日起20日内持住房公积金管理中心的审核文件，到受委托银行为本单位职工办理住房公积金账户设立手续。单位合并、分立、撤销、解散或者破产的，应当自发生上述情况之日起30日内由原单位或者清算组织到住房公积金管理中心办理变更登记或者注销登记，并自办妥变更登记或者注销登记之日起20日内持住房公积金管理中心的审核文件，到受委托银行为本单位职工办理住房公积金账户转移或者封存手续。

单位录用职工的，应当自录用之日起30日内到住房公积金管理中心办理缴存登记，并持住房公积金管理中心的审核文件，到受委托银行办理职工住房公积金账户的设立或者转移手续。

单位与职工终止劳动关系的，单位应当自劳动关系终止之日起30日内到住房公积金管理中心办理变更登记，并持住房公积金管理中心的审核文件，到受委托银行办理职工住房公积金账户转移或者封存手续。

住房公积金月缴存额，为职工本人上一年度月平均工资分别乘以职工和单位住房公积金缴存比例后的和，即：住房公积金月缴存额=（职工本人上一年度月平均工资×职工住房公积金缴存比例）+（职工本人上一年度月平均工资×单位住房公积金缴存比例），职工单位对职工缴存住房公积金的工资基数每年核定一次，汇缴基数为上年7月1日到当年6月30日。

新参加工作的职工从参加工作的第二个月开始缴存住房公积金，月缴存额为职工本人当月工资乘以职工住房公积金缴存比例。单位新调入的职工从调入单位发放工资之日起缴存住房公积金，月缴存额为职工本人当月工资乘以职工住房公积金缴存比例。

职工和单位住房公积金的缴存比例均不得低于职工上一年度月平均工资的5%；有条件的城市，可以适当提高缴存比例，原则上不高于12%。具体缴存比例由住房公积金管理委员会拟订，经本级人民政府审核后，报省、自治区、直辖市人民政府批准。

职工个人缴存的住房公积金，由所在单位每月从其工资中代扣代缴。单位应当于每月发放职工工资之日起5日内将单位缴存的和为职工代缴的住房公积金汇缴到住房公积金专户内，由受委托银行计入职工住房公积金账户。单位应当按时、足额缴存住房公积金，不得逾期缴存或者少缴。对缴存住房公积金确有困难的单位，经本单位职工代表大会或者工会讨论通过，并经住房公积金管理中心审核，报住房公积金管理委员会批准后，可以降低缴存比例或者缓缴；待单位经济效益好转后，再提高缴存比例或者补缴。

住房公积金自存入职工住房公积金账户之日起按照国家规定的利率计息。职工当年缴存的住房公积金按结息日挂牌公告的活期存款利率计算，上年结转的按结息日挂牌公告的3个月整存整取存款利率计算。职工住房公积金自存入职工住房公积金个人账户之日起计息，按年结息，本息逐年结转。每年6月30日为结息日。住房公积金管理中心应当为缴存住房公积金的职工发放缴存住房公积金的有效凭证。

单位为职工缴存的住房公积金，按照下列规定列支：

1. 机关在预算中列支；

2. 事业单位由财政部门核定收支后，在预算或者费用中列支；

3. 企业在成本中列支。

11.2.2　住房公积金的提取和使用

职工有下列情形之一的，可以提取职工住房公积金账户内的存储余额：

1. 购买、建造、翻建、大修自住住房的；

2. 离休、退休的；

3. 完全丧失劳动能力，并与单位终止劳动关系的；

4. 出境定居的；

5. 偿还购房贷款本息的；

6. 房租超出家庭工资收入的规定比例的。

依照第2、3、4项规定，提取职工住房公积金的，应当同时注销职工住房公积金账户。职工死亡或者被宣告死亡的，职工的继承人、受遗赠人可以提取职工住房公积金账户内的存储余额；无继承人也无受遗赠人的，职工住房公积金账户内的存储余额纳入住房公积金的增值收益。

职工提取住房公积金账户内的存储余额的，所在单位应当予以核实，并出具提取证明。职工应当持提取证明向住房公积金管理中心申请提取住房公积金。住房公积金管理中心应当自受理申请之日起3日内作出准予提取或者不准提取的决定，并通知申请人；准予提取的，由受委托银行办理支付手续。

缴存住房公积金的职工，在购买、建造、翻建、大修自住住房时，可以向住房公积金管理中心申请住房公积金贷款。住房公积金管理中心应当自受理申请之日起15日内作出准予贷款或者不准贷款的决定，并通知申请人；准予贷款的，由受委托银行办理贷款手续。住房公积金贷款的风险，由住房公积金管理中心承担。申请人申请住房公积金贷款的，应当提供担保。

住房公积金管理中心在保证住房公积金提取和贷款的前提下，经住房公积金管理委员会批准，可以将住房公积金用于购买国债。住房公积金管理中心不得向他人提供担保。住房公积金的增值收益应当存入住房公积金管理中心在受委托银行开立的住房公积金增值收益专户，用于建立住房公积金贷款风险准备金、住房公积金管理中心的管理费用和建设城市廉租住房的补充资金。住房公积金管理中心的管理费用，由住房公积金管理中心按照规定的标准编制全年预算支出总额，报本级人民政府财政部门批准后，从住房公积金增值收益中上交本级财政，由本级财政拨付。住房公积金管理中心的管理费用标准，由省、自治区、直辖市人民政府建设行政主管部门会同同级财政部门按照略高于国家规定的事业单位费用标准制定。

11.2.3　住房公积金的监督

地方有关人民政府财政部门应当加强对本行政区域内住房公积金归集、提取和使用情况的监督，并向本级人民政府的住房公积金管理委员会通报。住房公积金管理中心在编制住房公积金归集、使用计划时，应当征求财政部门的意见。住房公积金管理委员会在审批住房公积金归集、使用计划和计划执行情况的报告时，必须有财政部门参加。住房公积金管理中心编制的住房公积金年度预算、决算，应当经财政部门审核后，提交住房公积金管理委员会审

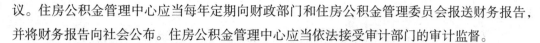

议。住房公积金管理中心应当每年定期向财政部门和住房公积金管理委员会报送财务报告，并将财务报告向社会公布。住房公积金管理中心应当依法接受审计部门的审计监督。

住房公积金管理中心和职工有权督促单位按时履行下列义务：

1．住房公积金的缴存登记或者变更、注销登记；

2．住房公积金账户的设立、转移或者封存；

3．足额缴存住房公积金。

住房公积金管理中心应当督促受委托银行及时办理委托合同约定的业务。受委托银行应当按照委托合同的约定，定期向住房公积金管理中心提供有关的业务资料。职工、单位有权查询本人、本单位住房公积金的缴存、提取情况，住房公积金管理中心、受委托银行不得拒绝。职工、单位对住房公积金账户内的存储余额有异议的，可以申请受委托银行复核；对复核结果有异议的，可以申请住房公积金管理中心重新复核。受委托银行、住房公积金管理中心应当自收到申请之日起5日内给予书面答复。职工有权揭发、检举、控告挪用住房公积金的行为。

11.3 违反住房公积金管理规定的行为和处罚

11.3.1 违反住房公积金管理规定的行为

根据我国《住房公积金管理条例》的规定，下列行为违反住房公积金管理规定：

1．单位不办理住房公积金缴存登记或者不为本单位职工办理住房公积金账户设立手续的；

2．单位逾期不缴或者少缴住房公积金的；

3．非法审批住房公积金使用计划的；

4．住房公积金管理中心有下列行为之一的：

（1）未按照规定设立住房公积金专户；

（2）未按照规定审批职工提取、使用住房公积金；

（3）未按照规定使用住房公积金增值收益；

（4）委托住房公积金管理委员会指定的银行以外的机构办理住房公积金金融业务；

（5）未建立职工住房公积金明细账；

（6）未为缴存住房公积金的职工发放缴存住房公积金的有效凭证；

（7）未按照规定用住房公积金购买国债。

5．挪用住房公积金的；

6．国家机关工作人员在住房公积金监督管理工作中滥用职权、玩忽职守、徇私舞弊的。

11.3.2 处罚标准

1．对不办理住房公积金缴存登记或者不为本单位职工办理住房公积金账户设立手续的单位，根据《住房公积金管理条例》第三十七条之规定，由住房公积金管理中心责令限期办理；逾期不办理的，处1万元以上5万元以下的罚款。

2. 对逾期不缴或者少缴住房公积金的单位，根据《住房公积金管理条例》第三十八条之规定，由住房公积金管理中心责令限期缴存；逾期仍不缴存的，可以申请人民法院强制执行。

3. 对住房公积金管理委员会违法审批住房公积金使用计划的，根据《住房公积金管理条例》第三十九条之规定，由国务院建设行政主管部门会同国务院财政部门或者由省、自治区人民政府建设行政主管部门会同同级财政部门，依据管理职权责令限期改正。

4. 对住房公积金管理中心未按照规定设立住房公积金专户、未按照规定审批职工提取、使用住房公积金、未按照规定使用住房公积金增值收益、委托住房公积金管理委员会指定的银行以外的机构办理住房公积金金融业务、未建立职工住房公积金明细账、未为缴存住房公积金的职工发放缴存住房公积金的有效凭证、未按照规定用住房公积金购买国债的，根据《住房公积金管理条例》第四十条之规定，由国务院建设行政主管部门或者省、自治区人民政府建设行政主管部门依据管理职权，责令限期改正；对负有责任的主管人员和其他直接责任人员，依法给予行政处分。

5. 对挪用住房公积金的，根据《住房公积金管理条例》第四十一条之规定，由国务院建设行政主管部门或者省、自治区人民政府建设行政主管部门依据管理职权，追回挪用的住房公积金，没收违法所得；对挪用或者批准挪用住房公积金的人民政府负责人和政府有关部门负责人以及住房公积金管理中心负有责任的主管人员和其他直接责任人员，依照刑法关于挪用公款罪或者其他罪的规定，依法追究刑事责任；尚不够刑事处罚的，给予降级或者撤职的行政处分。

6. 对住房公积金管理中心违反财政法规的，由财政部门依法给予行政处罚。

7. 对住房公积金管理中心向他人提供担保的，根据《住房公积金管理条例》第四十三条之规定，对直接负责的主管人员和其他直接责任人员依法给予行政处分。

8. 对国家机关工作人员在住房公积金监督管理工作中滥用职权、玩忽职守、徇私舞弊，构成犯罪的，依法追究刑事责任；尚不构成犯罪的，依法给予行政处分。

❓ 法律依据及相关知识链接

1. 住房公积金管理条例
2. 住房公积金行政监督办法
3. 关于住房公积金管理几个具体问题的通知

🎓 案例分析与解答

【案情】

王先生到某市住房公积金管理中心，投诉原单位某实业公司在其劳动关系存续期间未按规定为其缴交住房公积金。但实业公司却坚持不愿补缴住房公积金，理由是：

王先生进单位工作，单位在劳动合同中写明住房公积金单位应缴纳部分直接以工资形式发放给本人，因此单位不用再为该职工缴交住房公积金。

【问题】

住房公积金能否以工资形式发放呢？

【参考答案】

在本案中，该实业公司违反了国务院《住房公积金管理条例》的相关规定："单位应当于每月发放职工工资之日起5日内将单位缴存的和为职工代缴的住房公积金汇缴到住房公积金专户内，由受委托银行计入职工住房公积金账户。"法规不仅明文规定缴交住房公积金是单位的一项法定义务，同时也明确了其缴交应当按照规定的形式，即由单位将从职工工资中代扣部分连同单位应缴部分共同汇缴至职工的个人公积金账户内，才算缴交行为的完成。因此，单位将住房公积金以工资形式发放给个人，不能作为单位已履行住房公积金缴交义务，实业公司必须为王先生补缴其存在劳动关系期间的住房公积金。

练习与思考

单项选择题

1. 职工个人缴存的住房公积金和职工所在单位为职工缴存的住房公积金，属于（　　　）所有。

    A. 当地政府　　　　　　　　　　　　B. 单位

    C. 职工个人　　　　　　　　　　　　D. 单位和职工个人共有

2. 住房公积金管理的决策机构是（　　　）。

    A. 地方人民政府　　　　　　　　　　B. 住房公积金管理委员会

    C. 住房公积金管理中心　　　　　　　D. 住房公积金使用管理办公室

3. 新参加工作的职工参加工作的（　　　）开始缴存住房公积金。

    A. 第一个月　　　B. 第二个月　　　C. 半年后　　　D. 一年

4. 《住房公积金管理条例》规定：职工和单位住房公积金缴存比例均不得低于职工上一年度月平均工资的（　　　）。

    A. 4%　　　　　B. 5%　　　　　C. 8%　　　　　D. 10%

5. 单位应当（　　　）缴存住房公积金，不得逾期缴存或者少缴。

    A. 按时、足额　　　B. 按时　　　　C. 足额　　　　D. 及时、实付

多项选择题

1. 职工在（　　　）情况下，可以提取个人住房公积金。

    A. 购买、建造、翻建、大修自住住房的

    B. 偿还购房贷款本息的

C．装修住房的

D．完全丧失劳动能力，并与单位终止劳动关系的

E．支付房屋租金

2．职工在（　　　）情况下，可以提取个人住房公积金的存储余额，同时注销个人账户。

A．达到国家规定离退休年龄，并已正式办理离退休手续的

B．出境定居的

C．用于偿还个人购房贷款本息的

D．死亡或宣布死亡的

E．购买、建造、翻建、大修自住住房的

3．住房公积金管理实行的原则是：（　　　）。

A．住房公积金管理委员会决策　　　　B．住房公积金管理中心运作

C．银行专户储存　　　　　　　　　　D．财政监督

E．住房公积金使用管理办公室参与

4．住房公积金管理中心违反条例规定，有下列（　　　）行为之一的，由国务院建设行政主管部门或省、自治区人们政府建设行政主管部门依据管理职权，责令限期改正；对负有责任的主管人员和其他直接责任人员，依法给予行政处分。

A．未按规定设立住房公积金专户的

B．未按规定使用住房公积金增值收益的、未建立职工住房公积金明细账的

C．委托住房公积金管理委员会指定的银行办理住房公积金金融业务的

D．未为缴存住房公积金的职工发放缴存公积金的有效凭证的、未按照规定使用公积金购买国债的

E．未按规定审批职工提取、使用住房公积金的

是非题

1．住房公积金只在城镇建立，农村不建立住房公积金制度。（　　　）

2．区县可设立住房公积金管理中心。（　　　）

3．住房公积金管理中心可在任何金融机构设立住房公积金专户。（　　　）

4．装修自住住房时不可以申请住房公积金支取。（　　　）

5．住房公积金自存入职工住房公积金账户之日起按照国家规定的利率计息。（　　　）

简答题

1．什么是住房公积金？住房公积金包括哪些方面的涵义？

2．简述住房公积金制度给国家、企业及职工个人带来的好处。

3．简述住房公积金管理的基本原则。

4．住房公积金的缴存的基数以及单位及个人上缴住房公积金的比例如何确定？

5．住房公积金的提取和使用各有何要求？

6．哪些行为违反住房公积金管理规定？

房地产中介服务 12
管理制度

【学习目标】

1. 掌握房地产中介服务的概念，房地产中介服务的特点，房地产经纪活动管理，房地产中介服务收费。

2. 熟悉房地产中介服务人员的资格管理，房地产中介服务机构的资质管理，房地产中介服务行业信用档案的建立范围和构成。

3. 了解房地产中介服务的作用，房地产中介服务行业信用档案管理。

随着房地产业的繁荣和发展，房地产市场的日趋活跃，房地产中介服务行业应运而生。为了维护房地产市场秩序的正常化，有效规范房地产中介服务活动，保障当事人的合法权益，加强房地产中介服务的行业行为，国家有关部门颁布了一系列规章制度，这些政策制度的建立和实施，都为我国房地产中介服务的正规化、法制化进程奠定了坚实的基础。

12.1 房地产中介服务概述

中介服务行业是市场发展到一定程度出现的一种特殊行业，在国外，"中介机构"或"中介机构管理"一般称为"专门职业"或"专门职业管理"。凡需要专业知识或技能，并涉及社会公众需求及利益的职业，均属专门职业的范畴，也就是中介服务的范畴。

改革开放以后，我国房地产市场快速发展、逐渐壮大，并发挥越来越重要的作用。由于房地产具有价值量大、位置固定、使用期长和办理交易复杂等特点，相关当事人在房地产交易活动过程中需要专门的知识和可靠的信息相助，于是房地产中介服务行业应运而生。

《城市房地产管理法》颁布实施后，使地产中介服务行业的法律地位得到确认。2003年8月12日，《国务院关于促进房地产市场持续健康发展的通知》指出，要健全房地产中介服务市场规则，严格执行房地产经纪人、房地产估价师执（职）业资格制度，为房地产产权人或使用人提供准确的信息和便捷的服务。

进一步加强房地产中介服务管理，维护房地产市场秩序，保护房地产交易及经纪活动当事人的合法权益，原建设部颁布的《城市房地产中介服务管理规定》和住房和城乡建设部、国家发展改革委、人力资源社会保障部共同颁布的《房地产经纪管理办法》等一系列法规，有力促进了房地产市场健康发展。

随着我国房地产市场发展，房地产中介服务活动日益成为房地产活动中最活跃的环节。

12.1.1 房地产中介服务的概念

房地产中介服务是指具有专业执业资格的人员在房地产投资、开发、销售、交易等各个

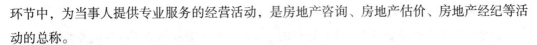

环节中，为当事人提供专业服务的经营活动，是房地产咨询、房地产估价、房地产经纪等活动的总称。

1．房地产咨询

房地产咨询是指为从事房地产活动的当事人提供法律、法规、政策、信息、技术等方面服务的经营活动。如公民之间签订房屋租赁合同，要向有关机构咨询有关租金及国家和地方政策法规的具体要求等方面的情况；如房地产开发商要向有关机构咨询地价、土地使用权的出让条件与出让方式、待出让地块的具体情况等。

从事房地产咨询业务的机构，称为房地产咨询机构。房地产咨询机构可以单独设立，也可以附设于房地产经营公司或房地产交易市场。房地产咨询机构根据其经营的业务，一般应配备各种既有理论基础又有实践经验的专业人员，如房地产经纪人、房地产估价师、会计师、建筑设计师、律师等。

2．房地产估价

房地产估价是指专业房地产估价人员根据特定的估价目的，遵循公认的估价原则，按照严谨的估价程序，运用科学的估价方法，在对影响房地产价值的因素进行综合分析的基础上，对房地产在特定时点的价值进行测算和判定的活动。无论是房地产的买卖、交换、租赁入股、抵押贷款、征用赔偿、课税、保险、典当、纠纷处理，还是企业合资、合作、承包经营、股份制改组、兼并、分割、破产清算，以及房地产管理和会计成本分析等，都需要房地产估价。房地产评估是房地产开发经营全过程中一项必不可少的基础性工作。

从事房地产估价业务的机构，称为房地产估价机构。房地产估价机构分为两类，即政府房地产估价机构和非政府房地产估价机构（即房地产估价事务所）。

3．房地产经纪

房地产经纪是指以收取佣金为目的，为促成他人房地产交易而从事居间或代理等专业服务的经济活动。在现实生活中常出现当事人对房地产市场行情，交易对手等了解，从而不知如何进行交易的情况，而房地产经纪则恰好满足了当事人的需要。当事人可通过房地产经纪机构准确、及时地了解市场行情、交易对手等情况，积极稳妥地进行交易。

从事房地产经纪业务的机构，称为房地产经纪机构。房地产经纪机构可以单独设立，也可以附设于房地产咨询机构。单独设立的房地产经纪机构也可以是个体经营。

12.1.2 房地产中介服务的特点

1．房地产中介活动具有人员的特定性

从事房地产中介服务的人员必须是具有特定资格的专业人员。这些特定资格的专业人员都有一定的学历和丰富的专业经历，通过了专业资格考试，掌握了一定的专业技能。在中介活动过程中，这些特定资格的专业人员凭借自身了解市场、熟悉各类物业特点的优势，节约了流通时间和费用，同时，也刺激了房地产商品的生产和流通。

2．房地产中介活动具有内容的服务性

房地产中介活动是受当事人委托进行的，并在当事人委托的范围内提供各类信息、咨询、估价、代理服务的经营活动。这个行业的产品就是服务，服务的质量、水平标志着产品的质量、水平。在整个服务过程中，中介机构既不占有商品也不占有货币，主要是依靠自己的专业知识、技术、劳务等为房地产各种部门和个人提供中介代理和相关服务。

3．房地产中介活动具有非连续性和流动性

房地产中介机构在为客户提供服务时，就形成了中介人与委托人的关系，即服务和被服务的关系，这种关系不是长期的和固定的，而是就某一事项达成的一种契约关系，这种服务一旦完成，原有的契约关系也就解除，即委托服务一终止，房地产中介机构就再去与其他的委托人建立新的服务与被服务的关系。房地产中介服务的这种特点容易引发两类问题：一是导致部分房地产中介机构忽略自身的责任，在提供短期服务的过程中以获取佣金作为唯一目的而采用欺骗、误导等手段故意损害委托方的利益；二是在中介行业竞争激烈的情况下，由于中介方与委托方通常缺乏长期合作的可能而导致委托方故意损害中介方的利益，如经纪人可能被交易双方"甩掉"导致其投入的时间、精力和知识等无法得到补偿，以及开发商违约导致代理商机构的佣金无法兑现等。

4．房地产中介活动具有极大的灵活性

在房地产中介活动中，房地产中介服务机构与服务对象之间没有固定的联系和关系，不受交易对象的限制，也不受交易主体的制约，从而使它具有极大的灵活性。也就是说，它可以不受时间、地点、交易对象和交易方式的限制。

5．房地产中介活动具有服务的有偿性

房地产中介服务是一种服务性的经营活动，委托人一般都应按照一定的标准向房地产中介服务机构支付相应的报酬或佣金。

12.1.3　房地产中介服务的作用

1．宣传与房地产相关的法律常识

房地产中介服务是专业人员在房地产投资、开发、销售、交易等各个环节中，为当事人提供专业服务的经营活动。房地产投资、开发、销售、交易等各个环节中往往涉及大量的法律法规。房地产中介服务的过程就是信息汇集与交流的过程，也是向广大客户宣传房地产法律、法规、政策、知识的过程，两者从客观上促进了房地产交易市场的发展。

2．提供指导性意见

从事房地产中介服务的专业人员可以利用自身在知识、技术和信息等方面的优势，为当事人提供投资分析、市场预测和可行性研究等，从而帮助房地产交易当事人作出决定。

3．利于实现房地产交易

房地产中介服务通过发布大量的房地产供求信息，可使房地产供求双方对市场情况有所了解，使供求双方能在较短的时间内达到自己交易的目的。

4．利于稳定房地产价格

由于房地产具有不可移动性和独一无二性，使房地产的价格与一般商品的价格不同，不易掌握。通过房地产中介服务，可以为买者确定合理的买价，或为卖者确定合理的卖价，这一作用在房地产三级市场尤为明显。房地产中介服务采用科学的估价方法，结合丰富的交易资料和估价经验，为当事人的房地产交易提供合理的参考价格，有利于稳定房地产价格，规范房地产市场。

5．避免盲目行为

房地产交易涉及许多专业知识，如房地产产权、房地产交易手续及房地产交易税收等，双方当事人对于这些专业知识不一定精通。房地产中介服务可以为双方当事人代办产权过户登记，代办抵押贷款，代签合同，代交有关税费等。通过房地产中介服务的指导和办理，可以避免许多盲目行为的发生。

12.1.4　发展房地产中介服务的意义

1．房地产中介服务有助于我国房地产市场的完善

房地产中介服务通过房地产交易市场，为房地产业参与者提供交易信息、居间和代理服务、价格评估等，从而使其成为健全房地产市场机制的重要手段。

2．房地产中介服务有助于房地产业的健康发展

通过房地产中介服务所提供的各种服务，房地产开发、交易行为更趋于规范化、合法化，买卖双方当事人的合法权益也及时得到了保护。

3．房地产中介服务有助于解决就业问题

由于房地产业属于第三产业，所以为房地产开发、交易提供中介服务和管理的房地产中介服务业也属于第三产业。房地产中介服务要发展，就需要大量专业技术人员和管理人员来予以补充，这样就可以在社会上吸收一定数量的就业者，解决他们的就业问题。

12.2　房地产中介服务管理

12.2.1　房地产中介服务人员的资格管理

为了与房地产市场发展相适应，我国对房地产中介服务人员实行资格认证制度。房地产行政主管部门采用系统的培训与考核，资格认证与执业注册，继续教育与续期注册等方式进行监督管理，确保从业人员达到从业要求。

《中介服务管理规定》对从事房地产咨询、房地产估价、房地产经纪活动的人员要求如下：

1．房地产咨询人员

从事房地产咨询业务的人员，必须是具有房地产及相关专业中等以上学历，有与房地产咨询业务相关的初级以上专业技术职称并取得考试合格证书的专业技术人员。

房地产咨询人员的考试办法，由省、自治区人民政府建设行政主管部门和直辖市房地产管理部门制定。

2．房地产估价人员

国家实行房地产价格评估人员水平认证制度。房地产估价师执业水平考试，由国务院建设行政主管部门和人事行政主管部门共同负责。

（1）房地产估价师执业资格考试

房地产估价师是指经全国统一考试或者通过认定、互认，取得房地产估价师执业资格，并经注册登记取得《房地产估价师注册证书》后，从事房地产估价活动的人员。

1）执业资格考试报名

凡中华人民共和国公民，遵纪守法并具备下列条件之一的，可申请参加房地产估价师执业资格考试：取得房地产估价相关学科（包括房地产经营、房地产经济、土地管理、城市规划等，下同）中等专业学历，具有8年以上相关专业工作经历，其中从事房地产估价实务满5年；取得房地产估价相关学科大专学历，具有6年以上相关专业工作经历，其中从事房地产估价实务满4年；取得房地产估价相关学科学士学位，具有4年以上相关专业工作经历，其中从事房地产估价实务满3年；取得房地产估价相关学科硕士学位或第二学位、研究生班毕业，从事房地产估价实务满2年；取得房地产估价相关学科博士学位的；不具备上述规定学历，但通过国家统一组织的经济专业初级资格或审计、会计、统计专业助理级资格考试并取得相应资格，具有10年以上相关专业工作经历，其中从事房地产估价实务满6年，成绩特别突出的。

2）考试组织与考试内容

房地产估价师执业资格考试实行全国统一组织、统一大纲、统一命题、统一考试的制度。住房和城乡建设部负责组织考试大纲的拟定和命题等工作，统一规划并会同人力资源和社会保障部组织或授权组织考前培训等有关工作。

房地产估价师执业资格考试分为基础理论和估价实务两部分。重点考察估价人员对基础理论知识及相关知识的掌握程度、估价技术与技巧的熟练程度、综合而灵活地应用基础理论和估价技术解决实际问题的能力。

考试科目有4科，包括如下内容：

第1科为《房地产基本制度与政策》和《房地产估价相关知识》，主要包括房地产管理制度与法规，其中以《物权法》、《城市房地产管理法》、《城市规划法》、《土地管理法》、《国有土地上房屋征收与补偿条例》、《城市房地产抵押管理办法》、《房地产估价机构管理办法》、《注册房地产估价师管理办法》等法律、法规、规章为重点。此外，还包括房地产估价人员应当掌握的经济、金融、保险、证券、统计、会计、建筑、测绘、法律等相关学科的知识。

第2科为《房地产开发经营与管理》，主要包括房地产投资分析、房地产市场分析、房地产开发等方面的知识。

第3科为《房地产估价理论与方法》，主要包括房地产估价的基本理论、房地产估价中应用的基本方法及其具体应用。

第4科为《房地产估价案例与分析》，主要包括不同估价目的和不同类型房地产估价的特点与估价技术路线，通过对不同估价目的和不同类型房地产估价案例的分析，考察其实际工作能力与业务水平。

3）考试合格认证

房地产估价师执业资格考试合格者，由住房和城乡建设部及人力资源和社会保障部联合公告合格人员名单。由人力资源和社会保障部或其授权的部门颁发统一印制的《房地产估价师执业资格证书》。

（2）房地产估价师注册

为了加强对房地产估价师的管理，不断提高房地产估价师的水平，2006年3月7日，经原建设部第86次常务会议讨论通过，原建设部发布了《注册房地产估价师管理办法》（建设部令第151号），并于2007年3月1日起施行。《注册房地产估价师管理办法》对注册管理机构、注册种类、注册条件、注册申请、注册提交的材料、注册期限、注册证书、注销注册、撤销注册等事项作出了一系列的规定。

3．房地产经纪人员

房地产经纪人员职业资格，包括房地产经纪人执业资格和房地产经纪人协理从业资格。取得房地产经纪人执业资格是进入房地产经纪活动关键岗位和发起设立房地产经纪机构的必备条件。取得房地产经纪人协理从业资格，是从事房地产经纪活动的基本条件。

（1）房地产经纪人员职业资格考试

1）职业资格考试报名

凡中华人民共和国公民，遵守国家法律、法规，已取得房地产经纪人协理资格并具备以下条件之一者，可以申请参加房地产经纪人执业资格考试：取得大专学历，工作满6年，其中从事房地产经纪业务工作满3年；取得大学本科学历，工作满4年，其中从事房地产经纪业务工作满2年；取得双学士学位或研究生班毕业，工作满3年，其中从事房地产经纪业务工作满1年；取得硕士学位，工作满2年，从事房地产经纪业务工作满1年；取得博士学位，从事房地产经纪业务工作满1年。

凡中华人民共和国公民，遵守国家法律、法规，具有高中以上学历，愿意从事房地产经纪活动的人员，均可申请参加房地产经纪人协理从业资格考试。

2）考试组织与考试内容

房地产经纪人执业资格考试实行全国统一大纲、统一命题、统一组织的考试制度。住房和城乡建设部负责编制房地产经纪人执业资格考试大纲，编写考试教材和组织命题工作，组织或授权组织房地产经纪人执业资格的考前培训等有关工作。人力资源和社会保障部负责审定房地产经纪人执业资格考试科目、考试大纲和考试试题，组织实施考务工作，并会同住房和城乡建设部对房地产经纪人执业资格考试进行检查、监督、指导和确定合格标准。

房地产经纪人执业资格考试重点考察房地产经纪人对基础理论知识及相关知识的掌握程度、

经纪技术与技巧的熟练程度、综合而灵活地应用基础理论和经纪技术解决实际问题的能力。

考试科目有4科，包括如下内容：

第1科为《房地产基本制度与政策》。主要包括房地产管理制度与法规，其中以《城市房地产管理法》、《城市规划法》、《土地管理法》、《国有土地上房屋征收与补偿条例》、《城市房地产抵押管理办法》、《城市房地产中介服务管理规定》等法律、法规、部门规章为重点。

第2科为《房地产经纪相关知识》。主要包括房地产经纪人应当了解的建筑、房地产测绘、城市规划、环境、房地产市场和投资、房地产估价、金融、保险、统计、心理学等知识。

第3科为《房地产经纪概论》。主要包括房地产经纪业和房地产经纪人的管理，房地产经纪人职业道德，房地产经纪业务分类及管理，国外房地产经纪介绍等。

第4科为《房地产经纪实务》。主要内容包括房地产市场营销环境分析、房地产市场调查和预测、房地产市场营销组合策略、房地产代理、居间业务的知识及运用所学知识对房地产经纪案例进行分析等，主要考察其实际工作能力与业务水平。

凡已经取得房地产估价师执业资格者，报名参加房地产经纪人执业资格考试可免试《房地产基本制度与政策》科目。

房地产经纪人协理从业资格实行全国统一大纲，各省、自治区、直辖市命题并组织考试的制度。住房和城乡建设部负责拟定房地产经纪人协理从业资格考试大纲。人力资源和社会保障部负责审定考试大纲。各省、自治区、直辖市人事厅（局）、房管局，按照国家确定的考试大纲和有关规定，在本地区组织实施房地产经纪人协理从业资格考试。

3）考试合格认证

房地产经纪人执业资格考试合格者，由各省、自治区、直辖市人事部门颁发人力资源和社会保障部统一印制，人力资源和社会保障部、住房和城乡建设部用印的《中华人民共和国房地产经纪人执业资格证书》。该证书全国范围有效。

房地产经纪人协理从业资格考试合格，由各省、自治区、直辖市人事部门颁发人力资源和社会保障部、住房和城乡建设部统一格式的《中华人民共和国房地产经纪人协理从业资格证书》。该证书在所在行政区域内有效。

（2）房地产经纪人注册

我国实行房地产经纪人执业资格注册管理与自律管理相结合的管理模式。

1）注册管理

中国房地产估价师与房地产经纪人学会为房地产经纪人执业资格注册的管理机构，住房和城乡建设部负责监督。房地产经纪人执业资格注册，由本人提出申请，经聘用的房地产经纪机构送省、自治区、直辖市房地产管理部门或其指定的房地产经纪行业组织初审。申请注册的人员必须取得房地产经纪人执业资格证书；无犯罪记录；身体健康，能坚持在注册房地产经纪人岗位上工作；经所在经纪机构考核合格。

初审合格后，由省、自治区、直辖市房地产管理部门或其指定的房地产经纪行业组织统一报中国房地产估价师与房地产经纪人学会审核。准予注册的申请人,由中国房地产估价师与房地产经纪人学会核发住房和城乡建设部监制的《房地产经纪人注册证书》。房地产经纪人执业资格注册有效期一般为3年,有效期满前3个月,持证者应到原注册管理机构办理再次注册手续。再次注册者,除符合上述四项规定外,还须提供接受继续教育和参加业务培训的证明。在注册有效期内,变更执业机构者,应当及时办理变更手续。

各省级房地产管理部门或其授权的机构负责房地产经纪人协理从业资格注册登记管理工作。每年度房地产经纪人协理从业资格注册登记情况应报住房和城乡建设部备案。

2)继续教育

按照《房地产经纪人员职业资格制度暂行规定》规定,房地产经纪人须接受继续教育。房地产经纪人注册期满,申请再次注册,须提供接受继续教育和参加业务培训的证明。

12.2.2 房地产中介服务机构的资质管理

对中介服务机构的管理主要从市场准入抓起,采取资质核准、资质分级、资信评价与日常监督相结合的管理模式。根据《城市房地产管理法》、《中介服务管理规定》的规定,设立房地产中介服务机构应当具备的条件包括有自己的名称、组织机构;有固定的服务场所;有规定数量的财产和经费;有足够数量的专业人员(其中,从事房地产咨询业务的,具有房地产及相关专业中等以上学历、初级以上专业技术职称人员须占总人数的50%以上;从事房地产估价业务的,须有规定数量的房地产估价师;从事房地产经纪业务的,须有规定数量的房地产经纪人);法律、法规规定的其他条件。

设立房地产中介服务机构,应当向当地工商行政管理部门申请设立登记。房地产中介服务机构在领取营业执照后的一个月内,应当到登记机关所在地的县级以上房地产行政主管部门备案。

1. 房地产估价机构

(1)组织形式

房地产估价机构由自然人出资,主要由房地产估价师个人发起设立,组织形式分为合伙制和有限责任制。

合伙制的房地产估价机构由2名以上(含2名)专职注册房地产估价师合伙发起设立。合伙人按照协议约定或法律规定,以各自的财产承担法律责任,对机构的债务承担无限连带责任。

有限责任制房地产估价机构由3名以上(含3名)专职注册房地产估价师共同出资发起设立。出资人以其出资额为限承担法律责任,房地产估价机构以其全部财产对其债务承担责任。

(2)资质等级

房地产估价机构资质等级分为一、二、三级。新设立中介服务机构的房地产估价机构资质等级核定为三级资质,设1年的暂定期。

各资质等级在机构名称、法定代表人或执行合伙人、专职注册房地产估价师股份或者出资额比例、经营场所、制度、估价报告质量、行为等方面均应符合通用标准的要求。除此之外，各资质等级还应满足时间要求、注册资本金与出资额要求、股东或合伙人要求、注册房地产估价师人数要求及业绩要求等相应标准。

2．房地产经纪机构

房地产经纪机构设立应符合《公司法》及其实施细则和工商登记管理的规定。

房地产经纪机构的权利包括享有工商行政管理部门核准的业务范围内的经营权利，依法开展各项经营活动，并按规定标准收取佣金；按规定制定各项规章制度，并以此约束在本机构中执业的经纪人员的执业行为；隐瞒与委托业务有关的重要事项、提供不实信息或要求提供违法服务的，经纪机构有权中止经纪业务；由于委托人的原因，造成经纪机构或经纪人员的经济损失的，有权向委托人提出赔偿要求；可向房地产管理部门提出实施专业培训的要求和建议；法律、法规和规章规定的其他权利。

房地产经纪机构的义务包括依法律、法规和政策开展经营活动；认真履行房地产经纪合同，督促经纪人员认真开展经纪业务；维护委托人的合法权益，按约定为委托人保守商业秘密；严格按规定标准收费；接受房地产管理部门的监督和检查；依法缴纳各项税金和行政管理费；法律、法规和规章规定的其他义务。

12.2.3　注册房地产估价师执业管理

《行政许可法》实施后，原建设部发布了《注册房地产估价师管理办法》。由《房地产估价师注册管理办法》变为《注册房地产估价师管理办法》，不仅是一部规章名称的改变，还是国务院建设行政主管部门在规范房地产估价师注册的同时，加强了对注册房地产估价师执业行为的监管。

1．注册房地产估价师管理体制

县级以上三级人民政府房地产主管部门，对注册房地产估价师的注册、执业和继续教育情况实施监督检查。国务院建设主管部门对全国注册房地产估价师注册、执业活动实施统一监督管理。省、自治区、直辖市人民政府房地产主管部门对本行政区域内注册房地产估价师的注册、执业活动实施监督管理。市、县、市辖区人民政府房地产主管部门对本行政区域内注册房地产估价师的执业活动实施监督管理。

2．注册房地产估价师的权利和义务

注册房地产估价师享有以下权利：使用注册房地产估价师名称；在规定范围内执行房地产估价及相关业务；签署房地产估价报告；发起设立房地产估价机构；保管和使用本人的注册证书；对本人执业活动进行解释和辩护；参加继续教育；获得相应的劳动报酬；对侵犯本人权利的行为进行申诉的权利。

注册房地产估价师应当履行以下义务：遵守法律、法规、行业管理规定和职业道德规范；执行房地产估价技术规范和标准；保证估价结果的客观公正，并承担相应责任；保守在执业中知悉的国家秘密和他人的商业、技术秘密；与当事人有利害关系的，应当主动回避；接受继续教育，努力提高执业水准；协助注册管理机构完成相关工作。

3．注册房地产估价师执业

取得房地产估价师执业资格的人员，受聘于一个具有房地产估价机构资质的单位，经国务院建设行政主管部门准予房地产估价师执业资格注册后，方能以注册房地产估价师的名义执业。

4．注册房地产估价师继续教育

注册房地产估价师继续教育由中国房地产估价师与房地产经纪人学会负责组织。注册房地产估价师在每一注册有效期（即3年）内，接受继续教育的时间为120学时。其中，必修课和选修课每一注册有效期各为60学时。注册房地产估价师经继续教育，达到合格标准的，由中国房地产估价师与房地产经纪人学会颁发继续教育合格证书。取得执业资格超过3年申请初始注册的房地产估价师，也需经继续教育达到合格后，方准予初始注册。

5．注册房地产估价师禁止行为

注册房地产估价师不得有下列行为：不履行注册房地产估价师义务；在执业过程中，索贿、受贿或者谋取合同约定费用外的其他利益；在执业过程中实施商业贿赂；签署有虚假记载、误导性陈述或者重大遗漏的估价报告；在估价报告中隐瞒或者歪曲事实；允许他人以自己的名义从事房地产估价业务；同时在两个或者两个以上房地产估价机构执业；以个人名义承揽房地产估价业务；涂改、出租、出借或者以其他形式非法转让注册证书；超出聘用单位业务范围从事房地产估价活动；严重损害他人利益、名誉的行为；法律、法规禁止的其他行为。

6．建立信用档案

注册房地产估价师及其聘用单位应当按照要求，提供真实、准确、完整的注册房地产估价师信用档案信息。注册房地产估价师信用档案包括注册房地产估价师的基本情况、业绩、良好行为、不良行为等内容。违法违规行为、被投诉举报处理、行政处罚等情况应当作为注册房地产估价师的不良行为记入其信用档案。注册房地产估价师信用档案信息按照有关规定向社会公示。

7．违规处罚

县级以上地方人民政府房地产主管部门依法给予注册房地产估价师或其聘用单位行政处罚的，应当将行政处罚决定以及给予行政处罚的事实、理由和依据，报国务院建设主管部门备案。

12.2.4　房地产经纪活动管理

凡从事房地产经纪活动的人员，必须取得房地产经纪人员职业资格并经注册后执业。未取得职业资格证书的人员，一律不得以房地产经纪人、房地产经纪人协理或注册房地产经纪人、注册房地产经纪人协理的名义从事房地产经纪活动。

1．房地产经纪业务的承接

房地产经纪业务应当由房地产经纪机构统一承接，服务报酬由房地产经纪机构统一收取。分支机构应当以设立该分支机构的房地产经纪机构名义承揽业务。

房地产经纪人员不得以个人名义承接房地产经纪业务和收取费用。

2．房地产经纪实行公示制度

房地产经纪机构及其分支机构应当在其经营场所醒目位置公示下列内容：

（1）营业执照和备案证明文件；

（2）服务项目、内容、标准；

（3）业务流程；

（4）收费项目、依据、标准；

（5）交易资金监管方式；

（6）信用档案查询方式、投诉电话及12358价格举报电话；

（7）政府主管部门或者行业组织制定的房地产经纪服务合同、房屋买卖合同、房屋租赁合同示范文本；

（8）法律、法规、规章规定的其他事项。

分支机构还应当公示设立该分支机构的房地产经纪机构的经营地址及联系方式。

房地产经纪机构代理销售商品房项目的，还应当在销售现场明显位置明示商品房销售委托书和批准销售商品房的有关证明文件。

3．房地产经纪服务合同的签订

根据房地产经纪机构接受委托提供房地产信息、实地看房、代拟合同等房地产经纪服务的，应当与委托人签订书面房地产经纪服务合同。

（1）房地产经纪服务合同的内容

房地产经纪服务合同应当包含下列内容：

1）房地产经纪服务双方当事人的姓名（名称）、住所等情况和从事业务的房地产经纪人员情况；

2）房地产经纪服务的项目、内容、要求以及完成的标准；

3）服务费用及其支付方式；

4）合同当事人的权利和义务；

5）违约责任和纠纷解决方式。

建设（房地产）主管部门或者房地产经纪行业组织可以制定房地产经纪服务合同示范文本，供当事人选用。

房地产经纪机构提供代办贷款、代办房地产登记等其他服务的，应当向委托人说明服务内容、收费标准等情况，经委托人同意后，另行签订合同。

（2）房地产经纪服务合同签订规定

1）房地产经纪机构签订的房地产经纪服务合同，应当加盖房地产经纪机构印章，并由从事该业务的一名房地产经纪人或者两名房地产经纪人协理签名。

2）房地产经纪机构签订房地产经纪服务合同前，应当向委托人说明房地产经纪服务合同和房屋买卖合同或者房屋租赁合同的相关内容，并书面告知下列事项：

①是否与委托房屋有利害关系；

②应当由委托人协助的事宜、提供的资料；

③委托房屋的市场参考价格；

④房屋交易的一般程序及可能存在的风险；

⑤房屋交易涉及的税费；

⑥经纪服务的内容及完成标准；

⑦经纪服务收费标准和支付时间；

⑧其他需要告知的事项。

3）房地产经纪机构根据交易当事人需要提供房地产经纪服务以外的其他服务的，应当事先经当事人书面同意并告知服务内容及收费标准。书面告知材料应当经委托人签名（盖章）确认。

4）房地产经纪机构与委托人签订房屋出售、出租经纪服务合同，应当查看委托出售、出租的房屋及房屋权属证书，委托人的身份证明等有关资料，并应当编制房屋状况说明书。经委托人书面同意后，方可以对外发布相应的房源信息。

房地产经纪机构与委托人签订房屋承购、承租经纪服务合同，应当查看委托人身份证明等有关资料。

5）委托人与房地产经纪机构签订房地产经纪服务合同，应当向房地产经纪机构提供真实有效的身份证明。委托出售、出租房屋的，还应当向房地产经纪机构提供真实有效的房屋权属证书。委托人未提供规定资料或者提供资料与实际不符的，房地产经纪机构应当拒绝接受委托。

6）房地产交易当事人约定由房地产经纪机构代收代付交易资金的，应当通过房地产经纪机构在银行开设的客户交易结算资金专用存款账户划转交易资金。交易资金的划转应当经过房地产交易资金支付方和房地产经纪机构的签字和盖章。

7）房地产经纪机构应当建立业务记录制度，如实记录业务情况。房地产经纪机构应当保存房地产经纪服务合同，保存期不少于5年。

4．房地产经纪服务实行明码标价制度

房地产经纪机构应当遵守价格法律、法规和规章规定，在经营场所醒目位置标明房地产经纪服务项目、服务内容、收费标准以及相关房地产价格和信息。

房地产经纪机构不得收取任何未予标明的费用；不得利用虚假或者使人误解的标价内容和标价方式进行价格欺诈；一项服务可以分解为多个项目和标准的，应当明确标示每一个项目和标准，不得混合标价、捆绑标价。

房地产经纪机构未完成房地产经纪服务合同约定事项，或者服务未达到房地产经纪服务合同约定标准的，不得收取佣金。

两家或者两家以上房地产经纪机构合作开展同一宗房地产经纪业务的，只能按照一宗业务收取佣金，不得向委托人增加收费。

5．房地产经纪机构和房地产经纪人员禁止行为

根据《房地产经纪管理方法》规定，房地产经纪机构和房地产经纪人员不得有下列行为：

（1）捏造散布涨价信息，或者与房地产开发经营单位串通捂盘惜售、炒卖房号，操纵市场价格；

（2）对交易当事人隐瞒真实的房屋交易信息，低价收进高价卖（租）出房屋赚取差价；

（3）以隐瞒、欺诈、胁迫、贿赂等不正当手段招揽业务，诱骗消费者交易或者强制交易；

（4）泄露或者不当使用委托人的个人信息或者商业秘密，谋取不正当利益；

（5）为交易当事人规避房屋交易税费等非法目的，就同一房屋签订不同交易价款的合同提供便利；

（6）改变房屋内部结构分割出租；

（7）侵占、挪用房地产交易资金；

（8）承购、承租自己提供经纪服务的房屋；

（9）为不符合交易条件的保障性住房和禁止交易的房屋提供经纪服务；

（10）法律、法规禁止的其他行为。

6．房地产经纪活动监管

（1）建设（房地产）主管部门、价格主管部门应当通过现场巡查、合同抽查、投诉受理等方式，采取约谈、记入信用档案、媒体曝光等措施，对房地产经纪机构和房地产经纪人员进行监督。

被检查的房地产经纪机构和房地产经纪人员应当予以配合，并根据要求提供检查所需的资料。

（2）建设（房地产）主管部门、价格主管部门、人力资源和社会保障主管部门应当建立房地产经纪机构和房地产经纪人员信息共享制度。建设（房地产）主管部门应当定期将备案的房地产经纪机构情况通报同级价格主管部门、人力资源和社会保障主管部门。

（3）直辖市、市、县人民政府建设（房地产）主管部门应当构建统一的房地产经纪网上管理和服务平台，为备案的房地产经纪机构提供下列服务：

1）房地产经纪机构备案信息公示；

2）房地产交易与登记信息查询；

3）房地产交易合同网上签订；

4）房地产经纪信用档案公示；

5）法律、法规和规章规定的其他事项。

经备案的房地产经纪机构可以取得网上签约资格。

（4）县级以上人民政府建设（房地产）主管部门应当建立房地产经纪信用档案，并向社会公示。

县级以上人民政府建设（房地产）主管部门应当将在日常监督检查中发现的房地产经纪机构和房地产经纪人员的违法违规行为、经查证属实的被投诉举报记录等情况，作为不良信用记录记入其信用档案。

12.2.5　房地产中介服务收费

原国家计委、原建设部在1995年联合下发了《关于房地产中介服务收费的通知》（计价格〔1995〕971号）。房地产中介服务收费分为房地产咨询收费、房地产估价收费、房地产经纪收费。

1．房地产咨询收费

按照服务形式，房地产咨询收费分为口头咨询费和书面咨询费。口头咨询费按照咨询服务所需时间结合咨询人员专业技术等级由双方协商议定标准。书面咨询按照咨询报告的技术难点，工作繁简结合标的额的大小计收。国家指导性参考价格为普通咨询报告，每份收费300～1000元；技术难度大、情况复杂、耗用人员和时间较多的咨询报告，可适当提高收费标准，但一般不超过咨询标的的0.5%。

2．房地产估价收费

房地产估价收费，必须由具备房地产估价资格并经房地产行政主管部门、物价主管部门确认的机构按规定的收费标准计收，承办估价业务的个人不能私自向委托人收取费用。

以房产为主的房地产价格评估费，根据不同情况，采用差额定率累进计费，即按房地产价格总额大小划分计费率档次，分档计算各档次的收费，各档收费额累计之和为收费总额。表12-1、表12-2、表12-3分别为以房产为主、一般宗地、城镇基准地价评估收费标准。

以房产为主的房地产估价收费标准　　　　　　　　　　　表12-1

档次	房地产价格总额（万元）	累进计费率（‰）
1	100以下（含100）	5
2	101～1000	2.5
3	1001～2000	1.5
4	2001～5000	0.8
5	5001～8000	0.4
6	8001～10000	0.2
7	10000以上	0.1

宗地地价评估收费标准		表12-2
档次	房地产价格总额（万元）	累进计费率（‰）
1	100以下（含100）	4
2	101～200	3
3	201～1000	2
4	1001～2000	1.5
5	2001～5000	0.8
6	5001～10000	0.4
7	10000以上	0.1

城镇基准地价的评估收费标准		表12-3
档次	城镇面积（km²）	收费标准（万元）
1	5以下（含5）	4～8（含8）
2	5～20（含20）	8～12（含12）
3	20～50（含50）	12～20（含20）
4	50以上	20～40

3. 房地产经纪收费

根据代理项目的不同，房地产经纪收费实行不同的收费标准。

房屋租赁代理收费，无论成交的租赁期限长短，均按半月至一月成交租金额标准，由双方协商一次性收取。

房屋买卖代理收费，按成交价格总额的0.5%～2.5%计收。实行独家代理的，由双方协商，但最高不超过成交价格的3%。

上述房地产估价、房地产经纪收费为国家制定的最高限标准。各地可根据当地实际情况，由省，自治区、直辖市价格部门会同房地产、土地管理部门制定当地具体执行的相应的收费标准。对经济特区的收费标准可适当规定高一些，但最高不能超过上述标准的30%。

12.3 房地产中介服务行业信用档案管理

12.3.1 我国房地产中介服务行业信用管理体系的发展

为了适应建立社会主义市场经济的需要，规范房地产市场行为，维护消费者合法权益，进一步启动住宅消费，促进住宅与房地产业健康发展，拉动国民经济增长和保持社会稳定，国家有关部门颁布了一系列规章制度。

2002年5月，原建设部、原国家计委、原国家经贸委、财政部、原国土资源部、原国家工商总局、原监察部联合印发的《关于整顿和规范房地产市场秩序的通知》要求"要充分利用网络信息手段，将各类房地产企业和中介服务机构及相关人员的基本情况，经营业绩，经营中违规、违法劣迹以及受到的处罚等记入企业和个人的信用档案，向社会公示，接受社会监督。要营造强大的舆论攻势，使有不良记录者付出代价"，"通过网上公示制度，促进诚信制度的建立"。

2002年8月，原建设部印发了《关于建立房地产企业及执（从）业人员信用档案系统的通知》（建住房函〔2002〕192号），对全国房地产信用档案系统建设工作进行了统一部署，建立了包括房地产中介服务行业在内的房地产企业及执业人员或从业人员信用档案系统方案。其建设的目标是以房地产电子政务系统、房地产行业协（学）会自律管理系统和企业（中介机构）经营管理系统为基础，形成覆盖房地产行业所有企业、中介机构及执业人员或从业人员的信用档案系统，并通过中国住宅与房地产信息网实现各级房地产行政主管部门、协（学）会网站的互联互通。《房地产估价机构管理办法》规定，资质许可机关或者房地产估价行业组织应当建立房地产估价机构信用档案。房地产估价机构应当按照要求提供真实、准确、完整的房地产估价信用档案信息。

2006年7月，原建设部、国家发展改革委、原国家工商总局联合印发的《关于进一步整顿规范房地产交易秩序的通知》（建住房〔2006〕166号）重申要"建立房地产交易诚信机制。房地产管理部门要加快构筑房地产交易信息服务平台。进一步完善房地产信用档案体系。"

12.3.2　房地产中介服务行业信用档案管理概述

1. 房地产中介服务行业信用档案的建立范围

根据《关于建立房地产企业及执（从）业人员信用档案系统的通知》的规定，房地产信用档案的建立范围是房地产开发企业、房地产中介服务机构、物业管理企业和房地产估价师、房地产经纪人、房地产经纪人协理等专业人员（统称执（从）业人员）。

2002年9月，原建设部开通了中国房地产估价信用档案，建立健全了一级资质房地产估价机构和注册房地产估价师信用档案。各省级房地产行政主管部门也陆续建立了二、三级资质房地产估价机构的信用档案。

2006年10月，中国房地产估价师与房地产经纪人学会开通了中国房地产经纪信用档案，并通过中国房地产经纪人网向社会公开。

根据《房地产估价机构管理办法》和《注册房地产估价师管理办法》的规定，注册房地产估价师或者其聘用单位违反规定，未按照要求提供房地产估价师信用档案信息的，由县级以上地方人民政府房地产主管部门责令限期改正；逾期未改正的，可处以1000元以上1万元以下的罚款。

2. 房地产中介服务行业信用档案的构成

房地产中介服务行业信用档案是房地产信用档案的重要组成部分。房地产中介服务行业信用档案包括房地产估价机构信用档案、注册房地产估价师信用档案、注册房地产经纪人信用档案等房地产中介服务机构及其执（从）业人员信用档案。

3．房地产中介服务行业信用档案的内容

房地产中介服务行业信用档案记录房地产中介服务机构和注册房地产估价师、注册房地产经纪人等执（从）业人员的信用信息。

房地产估价机构、房地产经纪机构信用档案的主要内容包括机构基本情况、机构良好行为记录、机构不良行为记录、估价项目汇总、估价项目基本情况、股东（合伙人）情况、注册房地产估价师基本情况、机构资质年审情况、投诉情况等。房地产估价机构和注册房地产估价师的违法违规行为，被投诉举报处理、行政处罚等情况，作为其不良行为记入其信用档案。

注册房地产估价师、注册房地产经纪人信用档案的主要内容包括个人基本情况、个人业绩汇总、继续教育情况、科研能力表现、良好行为记录、不良行为记录、投诉情况等。按照《房地产估价机构管理办法》的规定，房地产估价机构的不良行为也作为该机构法定代表人或者执行合伙人的不良行为记入其信用档案。

4．建立房地产中介服务行业信用档案的作用

通过建立房地产中介服务行业信用档案为各级政府部门和社会公众监督房地产中介服务行业及执（从）业人员市场行为提供依据，为社会公众查询企业和个人信用信息提供服务，为社会公众对房地产中介服务领域违法违规行为提供投诉途径的信息管理系统，减少或避免商业欺诈、弄虚作假、损害消费者合法利益等行为的发生，使失信者在扩大经营范围、拓展业务等方面受到限制。

5．建立房地产中介服务行业信用档案的意义

（1）建立房地产中介服务行业信用档案是规范房地产市场行为，维护消费者合法权益，进一步启动住宅消费，促进住宅与房地产业健康发展，拉动国民经济增长和保持社会稳定的客观需要。

客观反映房地产价值是房地产估价师和房地产估价机构的使命，为委托方提供真实可靠的信息是房地产经纪人的责任。市场经济是以契约为基础的信用经济，因此，诚实信用是保障房地产估价活动客观公正的基石，是保障房地产经纪活动真实、可靠的基础。

过去，由于缺乏有效的失信惩戒机制，个别房地产估价师、房地产经纪人诚信观念淡薄，房地产估价行业存在通过"回扣"等不正当手段承揽业务、迎合委托方要求出具估价报告等不良现象；房地产经纪行业存在把发布不实信息视为营销策略的误导行为。这些都严重损害了房地产中介服务行业的整体形象。

（2）加快房地产估价机构和房地产估价师、房地产经纪人诚信体系建设，大力提倡诚信为本的企业发展理念，不仅是政府构建公平竞争的市场经济秩序的需要，更是房地产估价、房地产经纪行业自身发展的必然要求。

（3）通过建立房地产中介服务行业信用档案，为各级政府部门和社会公众监督房地产中介服务行业及执（从）业人员的市场行为提供了依据，为社会公众查询企业和个人的信用信息提供了服务，为社会公众对房地产中介服务领域的违法违规行为提供了投诉途径，减少或避免了商业欺诈、弄虚作假、损害消费者合法利益等行为的发生，使失信者在扩大经营范

围、拓展业务等方面受到了限制。

12.3.3 房地产中介服务行业信用档案管理

随着政府电子政务的发展，房地产信用档案系统将逐步与有关政府部门（如银行、工商、税收、质检、社保等）的信息系统互联互通，从同业征信向联合征信过渡，实现信息共享，以更加全面地反映房地产中介服务行业和执（从）业人员的信用状况。

1．管理原则

房地产中介服务行业信用档案按照"统一规划、分级建设、分步实施、信息共享"的原则进行，逐步实现房地产中介服务行业信用档案系统覆盖全行业的目标。各级房地产行政主管部门负责组织所辖区内房地产信用档案系统的建设与管理工作。

2．实施组织

住房和城乡建设部组织建立一级资质房地产估价机构及执业人员信用档案系统。

中国房地产估价师与房地产经纪人学会为房地产中介服务行业信用档案的系统管理部门，在住房和城乡建设部领导下，负责一级资质房地产机构估价机构和房地产中介执业人员信用档案的日常管理工作。

3．信息采集

信用档案信息充分利用现有信息资源，依法从政府部门、房地产中介行业自律组织、房地产中介服务机构、执（从）业人员、其他中介机构及社会公众等多种途径获得，并与机构资质审批、专业人员执（从）业资格注册工作有机结合。

对于不良行为记录，除了要求房地产中介服务机构自报外，各级房地产行政主管部门、各级房地产中介行业自律组织也应及时报送房地产中介服务机构和有关责任人员的违法违规处理情况，房地产信用档案将按规定予以公示。

房地产中介服务机构或执业人员获部省级表彰或荣誉称号的，即可作为良好行为记录载入该企业或执业人员的信用档案。对于良好行为记录，由房地产企业及执业人员直接报送，或由各级建设（房地产）行政主管部门、房地产中介行业自律组织采集并审核后提交系统管理部门。

房地产中介服务机构或执（从）业人员出现违反房地产法律法规及相关法律法规、标准规范的行为，并受到行政处罚的，即可作为不良行为载入该企业或执业人员的信用档案。不良行为记录以企业自报为主，房地产企业应在受到行政处罚后10日内将有关信息直接报送系统管理部门；也可通过各级建设（房地产）行政主管部门、房地产中介行业自律组织将行政处罚意见和其他不良行为记录提交系统管理部门。

4．信息维护和更新

房地产中介服务行业信用档案是由政府组织建立的，由系统管理部门对信息进行维护和更新。

对涉及企业商业秘密的信息要注意保密，实行授权查询。未经核实的信息不得在网上公示。不良记录在公示前，必须经过严格的审核批准程序。

5．投诉处理

根据《关于建立房地产企业及执（从）业人员信用档案系统的通知》的规定，系统管理部门对收到的投诉信息，要进行登记、整理、分类，并根据被投诉对象和投诉内容，或转交有关行政部门进行核查、处理，或转给被投诉机构进行处理。

房地产中介服务机构对系统管理部门转去的投诉在15日内反馈意见（包括处理结果或正在处理情况）。无正当理由未按时反馈的，将在网上公示投诉情况。

机构对已公示的违法违规行为进行整改后，可提请相关行政主管部门组织考核验收，并在网上公布整改结果。如要撤销公示，须由被公示单位提出申请，经相关行政主管部门同意，方可从网上撤销。

6．信息查询

按照依法合理保护企业商业秘密和分类分级管理的原则，房地产中介服务机构、执（从）业人员信用档案内容分为公示信息和授权查询信息两大类。

公示信息可直接在中国住宅与房地产信息网、中国房地产估价师网和中国房地产经纪人网上免费查询。任何单位和个人有权查阅信用档案公示信息。

授权信息（如房地产估价机构信用档案中估价项目名称、委托人名称、委托人联系电话等内容）需按照房地产信用档案管理规定的条件和程序进行查询。

？ 法律依据及相关知识链接

1. 城市房地产中介服务管理规定
2. 房地产估价机构管理办法
3. 注册房地产估价师管理办法
4. 房地产经纪管理办法
5. 国务院关于促进房地产市场持续健康发展的通知
6. 关于房地产中介服务收费的通知（计价格［1995］971号）
7. 关于建立房地产企业及执（从）业人员信用档案系统的通知（建住房函［2002］192号）
8. 关于进一步整顿规范房地产交易秩序的通知（建住房［2006］166号）

🎓 案例分析与解答

【案情】

2008年4月，某市王先生看中了一套两室一厅的二手房，在房屋中介人员的操作下，他和卖家李某依据谈妥的80万元价格签订房屋买卖合同。可是，在签订合同的时候，中介人员提出以个人身份操作此次中介，其经纪费用按事先约定直接给他本人。同时又多准备了两份合同。中介向买卖双方解释道，因为王先生是以按揭的方式购房，为了能够得到更多的贷款，可以签订一份成交价格为85万元的买卖合同，用于向银行申请贷款；另外一份可以用来登记备案和缴税时用，成交价格可以写少一点，写75万元就可以，这样就能少交点税费。

【问题】

1. 房地产中介人员在承接房屋中介业务时，有何规定？

2. 房屋中介多准备了两份合同的做法合理吗？为什么？

【参考答案】

1. 房地产经纪业务应当由房地产经纪机构统一承接，服务报酬由房地产经纪机构统一收取。分支机构应当以设立该分支机构的房地产经纪机构名义承揽业务。

房地产经纪人员不得以个人名义承接房地产经纪业务和收取费用。

2. 中介人员在中介过程中提供两份合同是错误的，根据《房地产经纪管理方法》规定，房地产经纪机构和房地产经纪人员不得为交易当事人规避房屋交易税费等非法目的，就同一房屋签订不同交易价款的合同提供便利；同时有私自收取中介费用，损害了房地产中介机构的利益。整个中介行为既违法又违规。

练习与思考

单项选择题

1. 房地产估价机构按照专业人员状况、经营业绩和注册资本等条件，资质等级分为（　　）。

A. 甲、乙、丙   B. 一、二、三级

C. 甲、乙、丙、丁   D. 一、二、三、四级

2. 房地产经纪人职业资格注册有效期一般是（　　）年。

A. 1   B. 2

C. 3   D. 4

3. 下列关于房地产经纪人职业资格考试报名条件的叙述中，错误的是（　　）。

A. 取得大专学历，工作满6年，其中从事房地产经纪业务工作满3年

B. 取得大学本科学历，工作满4年，其中从事房地产经纪业务工作满2年

C. 取得双学士学位或研究生班毕业，工作满3年，其中从事房地产经纪业务工作满1年

D. 取得硕士学位，工作满2年

4. 房地产一般普通咨询报告，每份收费300~1000元；技术难度大、情况复杂、耗用人员和时间多咨询报告，可适当提高收费标准，但一般不超过咨询标的的（　　）。

A. 0.2%

B. 0.3%

C. 0.4%

D. 0.5%

5. 下列选项中，（　　）不是房地产中介服务机构的业务管理内容。

A. 承办业务管理

B. 中介服务行为管理

C. 委托管理

D. 收费管理

多项选择题

1. 为规范房地产中介服务收费，维护房地产中介服务当事人的合法权益，国家计委、建设部在1995年联合下发了"关于房地产中介服务收费的通知"。对房地产中介服务收费分为（　　）等。

A. 房地产咨询收费

B. 房地产顾问收费

C. 房地产估价收费

D. 房地产代理收费

E. 房地产经纪收费

2. 下列关于房地产经纪收费的叙述中，正确的有（　　）。

A. 根据代理项目的不同，房地产经纪收费实行不同的收费标准

B. 房屋租赁代理收费，租赁期长时，可按一月成交租金额标准收取

C. 房屋买卖代理收费，按成交价格总额的0.5%~2.5%计收

D. 实行独家代理的，由双方协商，但最高不超过成交价格的3%

E. 100万元以上（含100万元）的房产，按累进计费5%来收取房地产估价费

3. 甲房地产经纪机构独家代理了一宗房屋买卖，交易标的额为200万元，该机构收费符合国家现行收费标准的有（　　）万元。

A. 1

B. 3

C. 5

D. 6.5

E. 8

4. 房地产中介服务行业信用档案包括（　　）等房地产中介服务机构及其执（从）业人员信用档案。

A. 房地产估价机构信用档案

B. 注册房地产估价师信用档案

C. 注册房地产经纪人信用档案

D. 房地产咨询员信用档案

E. 房地产开发企业信用档案

5. 房地产中介服务行业信用档案按照（　　）的原则进行，逐步实现房地产中介服务行业信用档案系统覆盖全行业的目标。

A. 统一规划

B. 分级建设

C. 分步实施

D. 公开公正

E. 信息共享

是非题

1. 根据《房地产经纪管理办法》，房地产经纪机构在领取营业执照后的1个月内，应当到登记机构所在地的县级以上房地产行政主管部门备案。（　　　）

2. 参加房地产经纪人资格的考试人员，必须在报考约定的两个考试年度内通过应试全部4个的科目，才视为考试通过。（　　　）

3. 房地产经纪机构应当建立业务记录制度，如实记录业务情况。房地产经纪机构应当保存房地产经纪服务合同，保存期不少于3年。（　　　）

4. 房地产经纪机构应当在经营场所醒目位置标明房地产经纪服务项目、服务内容、收费标准以及相关房地产价格和信息。（　　　）

5. 2008年10月，国家工商总局开通了中国房地产经纪信用档案，并通过中国房地产经纪人网向社会公开。（　　　）

简答题

1. 什么是房地产中介服务的概念？房地产中介服务包括哪些内容？

2. 房地产中介服务有哪些特点？

3. 设立房地产估价机构须具备哪些条件？

4. 什么是房地产经纪？房地产经纪服务合同应当包含哪些内容？

5. 建立房地产中介服务行业信用档案有哪些意义？

房地产纠纷 13
处理制度

【学习目标】

1. 掌握房地产法律责任的内涵与一般特征，房地产行政复议的概念，房地产行政诉讼的概念，房地产纠纷仲裁概念，房地产民事诉讼的概念。

2. 熟悉房地产法律责任的构成要件，房地产行政复议的范围，房地产纠纷仲裁原则，民事诉讼的适用范围和基本原则。

3. 了解房地产法律责任的种类，行政复议的程序，房地产行政诉讼的受案范围和程序，仲裁协议的法律效力，房地产民事诉讼的管辖和诉讼程序。

随着房地产业的快速发展，房地产已经成为社会组织和个人财产权利的重要内容之一。在现实生活中，一方面，国家出台了大量房地产的法律法规；另一方面，在房地产的开发、经营、交易、管理过程中出现了大量权利纠纷。正确处理房地产纠纷将有利于房地产业的健康发展。房地产纠纷处理制度是房地产法律制度的重要组成部分，也是维护房地产权利人合法权益的保障。

13.1　房地产纠纷概述

13.1.1　房地产纠纷的概念

房地产是财产的重要组成部分。在我国随着社会主义市场经济深入发展，房地产所具有的价值日益充分显现。特别是房地产的增值和公民、法人以及各种社会组织法律意识的增强，使房地产在社会经济生活中的作用日益重要。随着整个社会的房地产商品意识的提高，伴之而来的房地产纠纷也日益增多。

纠纷一般是指争执的事情。它存在于社会生产与生活的各个领域，只要人的存在，人与人之间必然会产生争执。房地产纠纷是指公民之间、法人之间、公民与法人之间等，因房地产所有权、使用权、买卖、租赁、抵押、转让、交换以及与房地产行政管理部门在管理过程中发生的争执。房地产纠纷一般包括两个方面：一是因房地产的权益归属问题而发生的争执；二是因房地产所有权、使用权以及他项权利在行使过程中所发生的争执，如房屋转让、租赁、抵押、交换等纠纷。社会生活中的房地产纠纷是复杂多样的，既有历史遗留下来的房地产纠纷，又有在社会经济发展过程中产生的新类型的房地产纠纷。这些纠纷涉及面广，情况不一，复杂程度也不同。因此，在解决处理房地产纠纷争执时，应查清事实，分清是非，以事实为依据，以法律为准绳，客观、公平、合理地解决。

房地产纠纷一般可分为三大类：一是发生在平等民事主体之间（即公民之间、法人之间、公民与法人之间等）的民事纠纷；二是指发生在行政管理机关在行使房地产管理职权过程中的行政纠纷，一般表现为行政管理机关和与房地产相关的自然人、法人以及各种社会组织之间的纠纷；三是指房地产纠纷当事人的行为触犯刑事法律而引起的刑事纠纷。前两种纠纷特别是第一种纠纷在房地产开发、经营、交易、管理等环节中不仅数量大，而且占主导地位。

13.1.2　房地产纠纷的特征

1．纠纷主体具有多样性

房地产纠纷主体，不仅涉及各种类型的自然人、法人以及各种社会组织，还涉及国家行政机关。不仅自然人之间、法人之间、各种社会组织之间可能发生纠纷，还可能是自然人、法人以及各种社会组织与政府房地产主管部门以及其他主管部门发生纠纷，如与规划部门、建设主管部门、市政管理部门、土地管理部门、房产管理部门甚至当地人民政府等发生纠纷。有的一幢房地产纠纷就涉及几个家庭、几代人。

2．纠纷客体具有特定性

大量的房地产纠纷是房地产所有权和使用权以及他项权利的行使过程中发生的问题。如共有房地产中的共有人之间就房地产转让、房地产抵押、房屋出租或由赠与等民事行为所产生的纠纷。又如房地产开发过程中参建、联建所产生的房地产权益纠纷等。

3．纠纷内容具有复杂性

首先，房地产纠纷涉及民事纠纷、行政纠纷，由此所承担的责任有民事责任、行政责任，甚至会有刑事责任；其次，有的房地产纠纷涉及产权产籍，特别是牵涉到历史遗留问题，因年代久远、权属更迭等原因致使取证困难；再次，有的房地产纠纷涉及房屋质量认定、价格评估、面积测算等，需要专业人员的鉴定或参与，具有较强的专业性和技术性。

4．纠纷处理具有难度性

房地产纠纷涉及房地产的标的比较大，往往涉及利害关系当事人的切身利益，因而调处难度大。从处理房地产纠纷的实践分析，房地产纠纷的解决通过房地产仲裁、诉讼等途径不在少数。特别是近年来房地产纠纷出现的许多新问题、新情况更增加了房地产纠纷解决的难度。可见，房地产纠纷案件的调解难度很大，政策性也很强。

13.1.3　房地产纠纷的类型

房地产开发、经营、管理是一项由众多主体参加的涉及多项内容的系统活动，其纠纷表现为多样性、特定性、复杂性、难度性等特征，因此房地产纠纷的类型多种，一般涉及以下几个方面：

1．房地产权属纠纷。房地产权属纠纷是指涉及房地产的所有权或使用权纠纷。一般而言，房地产纠纷都直接或间接地涉及产权问题。房地产的所有权归属问题是一切房屋纠纷的核心。所以，明确或确认产权是正确处理各类房地产纠纷的关键。

2．房地产转让纠纷。房地产转让纠纷是指涉及房地产权利人通过各种方式转移房地产过程中所发生的纠纷。由于房地产转让方式的多样性，由此产生的纠纷纷繁复杂、广泛众多，有关这类纠纷的投诉较多，且有上升的趋势。它是当前房地产行政管理部门非常关注的问题之一。

3. 房屋租赁纠纷。房屋租赁纠纷是指出租方和承租方关于房屋租赁中权利与义务发生的纠纷。房屋租赁纠纷多数涉及租赁房屋的用途、租金、房屋维修以及公房承租权等方面的法律问题。如房地产开发公司擅自将属于业主的共用部位、共用设施设备出租或借给其他人；物业服务企业未经业主的同意，擅自将业主未入住的房屋出租给其他人使用；租赁双方对租赁合同约定的有关条款是否履行的事宜；未经同意将房屋转租或转借情况等。

4. 房地产抵押纠纷。房地产抵押纠纷是指以房地产作抵押担保债权的实现过程产生的纠纷。随着房地产金融信用的进一步发展，房地产抵押也已是现实生活中的常见现象，为此也随之带来一系列的纠纷。

5. 房地产开发纠纷。房地产开发纠纷是指房地产开发公司在房地产开发中与相关企业（如建筑企业、设计单位、动拆迁等单位）和政府主管部门（规划部门、土地管理部门、市政管理部门、房地产管理等部门）以及供水、供电、供暖、供气、通信、交通等单位之间因房地产开发所引起的纠纷。主要指在房地产用地、拆迁、工程建设、工程监理、竣工验收等方面的纠纷。

6. 房地产经营纠纷。房地产经营纠纷是指房地产开发公司与相关企业（房地产销售代理企业、装饰装修企业、房地产中介服务等企业）和业主以及房地产管理部门之间因房地产经营管理所引起的纠纷。主要指房地产销售、销售代理、售后服务等纠纷。

7. 房地产行政纠纷。房地产行政纠纷是指公民、法人或者其他组织对房地产行政管理机关处理决定不服而发生的纠纷。这类纠纷以诉讼方式解决，就是"民"告"官"的行政案件纠纷。

8. 房地产相邻关系纠纷。房地产相邻关系纠纷是指由相邻房地产的所有人或使用人因通行、排水、采光、空间延伸、管线设置等问题引起的纠纷。

9. 物业管理纠纷。物业管理纠纷是指在物业使用、维修、管理中各物业管理主体之间所发生的争执。物业管理纠纷主要有：前期物业管理的纠纷、物业使用中的纠纷、物业维修的纠纷、物业管理服务的纠纷、物业服务收费的纠纷、物业服务企业与各管理部门、服务部门之间的纠纷、公有房屋管理等纠纷。

此外，还有房产继承纠纷、房产分户、宅基地使用权纠纷等其他方面的纠纷。

13.1.4　房地产纠纷处理的原则

在一般情况下，发生房地产纠纷时处理的原则是：有约定的按约定，无约定的按法律规定。按法律规定处理房地产纠纷，应该体现的基本原则是：以事实为依据，以法律为准绳。以事实为依据，就是在处理房地产纠纷是只能以客观事实作为依据，不能以主观的想象、推测或者想当然为依据；以法律为准绳，就是在处理房地产纠纷时，必须建立在产生纠纷事实的基础上，以国家的法律为标准，对纠纷作出正确的处理。其中证明事实是关键，正确适用法律是结果，二者不可偏废。

13.2 房地产法律责任

13.2.1 房地产法律责任的内涵与一般特征

1．房地产法律责任的内涵

法律责任是由特定法律事实所引起的对损害予以赔偿、补偿或接受惩罚的特殊义务，即由于违反第一性义务而引起的第二性义务。

房地产法律责任是指房地产法律关系主体由于违反房地产法律而应依法承担的对损害予以赔偿、补偿或接受惩罚的义务。房地产法律责任具有国家强制性，它是促使房地产各方当事人自觉履行义务，维护房地产市场良好秩序的可靠保障。

2．房地产法律责任的一般特征

（1）具有法定性。房地产法律责任的法定性主要表现了法律的强制性，即违反法律时必然要受到法律的制裁，它是国家强制力在法律规范中的一个具体体现。

（2）法律关系的主体违反了法律会引起法律责任。法律关系的主体违反的法律不仅包括没有履行法定义务，而且包括超越法定权利。任何违反法定义务或超越法律权利的行为，都是对法律秩序的破坏，因而必然要受到国家强制力的修正或制裁。

（3）法律责任的大小同违反法律义务的程度相适应。违反法律义务的内容多、程度大，法律责任就大；相反，法律责任就小。

（4）法律责任须由专门的国家机关或部门来认定。法律责任是根据法律的规定让违法者承担一定的责任，是法律适用的一个组成部分。因此，它必须由专门的国家机关或部门来认定。

13.2.2 房地产法律责任的构成要件

通常，有违法行为就要承担法律责任，受到法律制裁。但是，并不是每一个违法行为都要引起法律责任，只有符合一定条件的违法行为才能引起法律责任。这种能引起法律责任的各种条件的总和称之为法律责任的构成要件。

房地产法律责任的构成要件有两种：一是一般构成要件，即只要具备了这些条件就可以引起法律责任，法律无须明确规定这些条件；二是特殊要件，即只有具备法律规定的要件，才能构成法律责任。特殊要件必须有法律的明确规定。

1．房地产法律责任的一般构成要件

房地产法律责任的一般构成要件由以下4个条件构成，它们之间互为联系、互为作用、缺一不可。

（1）房地产违法或违约行为。它是法律责任产生的前提条件，有行为才可能有责任。但行为包括作为和不作为两类。作为是行为主体主动积极的身体活动，行为人从事了法律所禁止或合同所不允许的事情，如开发商未取得房屋销售（预售）许可证就销售房屋。不作为是指人的消极的身体活动，行为人在能够履行自己应尽义务的情况下不履行该义务，也应承担法律责任，如隐蔽工程在隐蔽前，施工方通知开发商及时验收，而开发商不及时验收造成工期延误，迟延房屋交付使用。

（2）有损害事实发生。损害事实就是违法行为对法律所保护的社会关系和社会秩序造成的侵害。首先，这种损害事实具有客观性，即已经存在；不存在损害事实，则不构成法律责任。其次，损害事实不同于损害结果，损害结果是违法行为对行为指向的对象所造成的实际损害。由此可见，有些违法行为尽管没有损害结果，但已经侵犯了一定的社会关系或社会秩序，因而也要承担法律责任，如犯罪的预备、未遂、中止等。损害结果是房地产违法行为或违约行为侵犯他人或社会的权利和利益所造成的损失和伤害。它可以是人身损害、财产损害或者精神损害。例如，施工单位强令冒险作业造成人员伤亡，即可能承担精神损害赔偿责任。

（3）违法行为与损害事实之间有因果关系。因果关系是指房地产违法或违约行为与损害事实之间的必然联系。它是一种引起与被引起的关系，即一现象的出现是由于先前存在的另一现象引起的，这二者之间就具有因果关系。因果关系是归责的基础和前提，是认定法律责任的基本依据。

（4）违法者主观上有过错。主观过错是指行为人实施房地产违法行为或违约行为时的主观心理状态。不同的主观心理状态对认定某一行为是否有责及承担何种法律责任有着直接的联系。主观过错包括故意和过失两类。如果行为人在主观上既没有故意也没有过失，则行为人对损害结果一般不必承担法律责任。例如，企业在施工过程中遇到严重的暴风雨，造成停工，从而延误了工期，在这种情况下，停工行为和延误工期造成的损失的结果并非出自施工者的故意和过失，而属于意外事件，因而不应承担法律责任。

2. 房地产法律责任的特殊构成要件

房地产法律责任的特殊构成要件是指由法律特殊规定的法律责任的构成要件，它们不是有机地结合在一起的，而是分别同一般构成要件构成法律责任。

（1）特殊主体。在一般构成要件中对违法者（即承担责任的主体）没有特殊规定，只要具备了相应的行为能力即可成为责任主体。而特殊主体则不同，它是指法律规定违法者必须具备一定的身份和职务才能承担法律责任。这种特殊主体主要指刑事责任中的职务犯罪（如贪污、受贿等）和行政责任中的职务违法（如徇私舞弊、以权谋私等）。不具备这一条件时，不承担这类责任。

（2）特殊结果。在一般构成要件中，只要有损害事实的发生就要承担相应的法律责任，而在特殊结果中一般要求后果严重，损失重大，否则不能构成法律责任。例如，质量监督人员对工程的质量监督工作粗心大意，不负责任，没有发现应当发现的隐患，造成严重的质量事故，因此他就要承担玩忽职守的法律责任。

（3）无过错责任。一般构成要件都要求违法者主观上必须有过错，但许多民事责任的构成要件不要求行为者主观上是否有过错，只要有损害责任的发生，受益人就要承担一定的法律责任。这种责任主要反映了法律责任的补偿性，不具有法律制裁意义。

（4）转承责任。一般构成要件都要求实施违法行为者承担法律责任，但在民法和行政法中，有些法律责任要求与违法者有一定关系的第三人来承担。例如，未成年人将他人打伤的侵权赔偿责任，应由未成年人的监护人来承担。

13.2.3　房地产法律责任的种类

1．刑事法律责任

刑事法律责任是指当事人由于违反刑事法律规定的义务构成刑事违法而依法承担法律上的后果。承担刑事法律责任的刑罚种类主要有以下两类：一是主刑，即管制、拘役、有期徒刑、无期徒刑、死刑；二是附加刑，包括罚金、剥夺政治权利、没收财产。

2．行政法律责任

行政法律责任是指行政法律关系主体由于违反行政法律规范规定的义务构成行政违法及行政不当而依法承担法律上的消极后果。它包括两种情况：一是自然人和法人因违反行政管理法律、法规的行为而应承担的行政责任；二是国家工作人员在执行职务时违反行政法规的行为。与此相适应的行政法律责任的承担方式分为两类：一是行政处罚，即由国家行政机关或授权的企事业单位、社会团体，对自然人和法人违反行政管理法律和法规的行为所实施的制裁，主要有警告、罚款、拘留、没收、责令停业整顿、吊销营业执照等；二是行政处分，即由国家机关、企事业单位对其工作人员违反行政法规或政纪的行为所实施的制裁，主要有警告、记过、记大过、降职、降薪、撤职、留用察看、开除等。

3．民事法律责任

民事法律责任是指违反合同或其他民事义务而应负的法律责任。民事法律责任与刑事法律责任、行政法律责任相比有如下不同的法律特征。

（1）责任性质不同。民事法律责任主要是补偿性的，以财产补偿为主，非财产性的排除措施为辅（停止侵害、排除妨碍、消除影响、赔礼道歉等）。

（2）处理原则不同。一般经济赔偿只能等于不能高于受害人所受的损失。

（3）财产归属不同。补偿归受害人。

（4）强制程度不同。民事法律责任除法律规定外，往往还允许当事人自由处分，可以自行协商，或减或免，国家一般不干预。在《民法》中，根据责任发生的原因，将民事责任分为违反合同的民事法律责任和侵权（侵犯国家、集体和自然人的财产权利，以及侵犯法人名称权和自然人的人身权）的民事责任两类。

4．经济法律责任

经济法律责任是指经济法主体因违反经济法律和法规而应承担的法律责任。由于经济法律关系包含了行政、民事法律关系的内容，因此，其法律责任的承担方式主要是行政法律责任和民事法律责任的承担方式，如果违反经济法律关系的行为触犯了《中华人民共和国刑法》（以下简称《刑法》）的规定，那么，必须承担刑事法律责任。

13.3 房地产行政复议和行政诉讼

房地产行政复议是国家房地产行政机关审查行政决定或行政处罚是否合法和适当的一种行政监督，是有复议权的行政机关对复议申请进行审查和裁定的行政行为。房地产行政诉讼是人民法院通过审理行政案件对房地产管理机关及其工作人员的行政行为实施监督的一种制度。

13.3.1 房地产行政复议

1．房地产行政复议的概念

房地产行政复议是行政相对人认为行政主体的具体行政行为侵犯其合法权益，依法向行政复议机关提出重新审定该具体行政行为的申请，行政复议机关依法对被申请的具体行政行为进行合法性、适当性审查，并作出复议决定的一种法律制度。行政复议机关通过行政复议，对下级房地产管理机关所作的行政处罚或行政处理进行复查，维持正确合法的行政决定，纠正或撤销不合法、不适当的行政决定，这种复查的过程，就是实施监督的过程。这样做，有利于房地产管理机关依法行政，正确贯彻国家的房地产政策，正确实施房地产法律、法规，做好房地产开发、交易、使用、管理等工作。

2．房地产行政复议的范围

根据《行政复议法》第六条规定，有下列情形之一的，行政相对人可以提出行政复议的申请：

（1）对行政机关作出的警告、罚款、没收违法所得、没收非法财物、责令停产停业、暂扣或者吊销许可证、暂扣或者吊销执照、行政拘留等行政处罚决定不服的；

（2）对行政机关作出的限制人身自由或者查封、扣押、冻结财产等行政强制措施决定不服的；

（3）对行政机关作出的有关许可证、执照、资质证、资格证等证书变更、中止、撤销的决定不服的；

（4）对行政机关作出的关于确认土地、矿藏、水流、森林、山岭、草原、荒地、滩涂、海域等自然资源的所有权或者使用权的决定不服的；

（5）认为行政机关侵犯合法的经营自主权的；

（6）认为行政机关变更或者废止农业承包合同，侵犯其合法权益的；

（7）认为行政机关违法集资、征收财物、摊派费用或者违法要求履行其他义务的；

（8）认为符合法定条件，申请行政机关颁发许可证、执照、资质证、资格证等证书，或者申请行政机关审批、登记有关事项，行政机关没有依法办理的；

（9）申请行政机关履行保护人身权利、财产权利、受教育权利的法定职责，行政机关没有依法履行的；

（10）申请行政机关依法发放抚恤金、社会保险金或者最低生活保障费，行政机关没有依法发放的；

（11）认为行政机关的其他具体行政行为侵犯其合法权益的。

此外，房地产行政复议机关还可受理法律、法规、规章规定可以申请复议的房地产行政案件。但是，对房地产民事纠纷的仲裁或处理不服的，不得申请行政复议。

3．行政复议的管辖

行政复议的管辖即行政相对人对具体行政行为不服应向哪个行政复议机关提出申请，并由其受理和审查。

（1）对县级以上地方各级人民政府工作部门的具体行政行为不服的，由申请人选择，可以向该部门的本级人民政府申请行政复议，也可以向上一级主管部门申请行政复议。

（2）对地方各级人民政府的具体行政行为不服的，向上一级地方人民政府申请行政复议。

对省、自治区人民政府依法设立的派出机关所属的县级地方人民政府的具体行政行为不服的，向该派出机关申请行政复议。

（3）对国务院部门或者省、自治区、直辖市人民政府的具体行政行为不服的，向作出该具体行政行为的国务院部门或者省、自治区、直辖市人民政府申请行政复议。对行政复议决定不服的，可以向人民法院提起行政诉讼；也可以向国务院申请裁决，国务院依照本法的规定作出最终裁决。

申请人申请行政复议，行政复议机关已经依法受理的；或者法律、法规规定应当先向行政复议机关申请行政复议的，在法定行政复议的期限内不得向人民法院提起诉讼。

申请人向人民法院提起行政诉讼，人民法院已经依法受理的，不得申请行政复议。

4．行政复议申请、受理、审理和决定

（1）申请。申请人应自知道该具体行政行为侵犯其合法权益之日起60日内提出行政复议申请。但是法律规定的申请期限超过60日的除外。因不可抗力或者其他正当理由耽误法定申请期限的，申请期限自障碍消除之日起继续计算。

申请的形式：申请人申请行政复议一般采用书面形式，也可以采用口头形式。

（2）受理。行政复议机关收到行政复议申请后，应当在5日内进行审查，对不符合《行政复议法》规定的行政复议申请，决定不予受理，并书面告知申请人，对符合《行政复议法》规定，但是不属于本机关受理的行政复议申请，应当告知申请人向有关行政复议机关提出。

（3）审理。行政复议机关应当自行政复议申请受理之日起7日内，将行政复议申请书副本或行政复议申请笔录复印件发送到被申请人。被申请人自收到之日起10日内提出书面答

复，并提交当初作出具体行政行为的证据、依据和其他有关材料。为防止行政主体违反"先取证后决定"的行政程序，在行政复议过程中，被申请人不得自行向申请人和其他有关组织或个人收集证据。

对申请人在申请行政复议时，一并提出的对有关行政规定的审查申请，行政复议机关有权处理的应当在30日内依法处理；无权处理的应在7日内转有权处理的行政机关依法处理，有权处理的行政机关应当在60日内依法处理。处理期间，中止行政复议程序。

行政复议期间行政行为不停止执行，但有下列情形的除外：①被申请人认为需要停止执行的；②行政复议机关认为需要停止执行的；③申请人申请停止执行，行政复议机关认为其要求合理，决定停止执行的；④法律规定停止执行的。

（4）决定。行政复议机关经过审理后，根据具体情况，可以作出以下决定：

1）具体行政行为认定事实清楚，证据确凿，适用依据正确，程序合法，内容适当，应作出维持具体行政行为决定。

2）被申请人不履行法定职责，应作出限期履行决定。

3）具体行政行为主要事实不清、证据不足的；适用依据错误的；违反法定程序的；超越或滥用职权的，应作出撤销决定，变更决定或确认违法决定。

4）被申请的具体行政行为侵犯申请人的合法权益造成损害，申请人据此请求赔偿的，行政复议机关在作出撤销决定、变更决定或确认违法决定的同时，应当责令被申请人依法赔偿申请人的损失。申请人没有提出行政赔偿请求的，行政复议机关在作出撤销决定、变更决定或确认违法决定时，应当责令被申请人返还申请人财产、解除对财产的查封、扣押、冻结措施，或者赔偿相应的价款。

行政复议机关应当在自受理行政复议申请之日起60日内作出行政复议决定。对情况复杂，不能在规定期限内作出行政复议决定的，经行政复议机关负责人批准可以适当延长，并告知申请人和被申请人，但延长期限最多不得超过30日。

13.3.2 房地产行政诉讼

1. 房地产行政诉讼的概念

房地产行政诉讼是指公民、法人和其他组织对国家行政机关就有关当事人的房地产管理所作出的具体行政行为不服依法向人民法院提起诉讼，人民法院在当事人以及其他诉讼参与人的参与下，对具体行政行为的合法性进行审查并作出裁决的活动。因房地产纠纷提起的行政诉讼，由房地产所在地法院管辖。我国1990年10月1日起实施的《中华人民共和国行政诉讼法》（以下简称《行政诉讼法》）是审理房地产行政诉讼案件的程序法，是诉讼活动的准则，它具有以下特点：

（1）被告必须是国家行政机关，即行政主体。不是以国家行政机关作为被告的诉讼不是房地产行政诉讼。

（2）房地产行政诉讼是针对行政机关和行政机关工作人员作出的有关房地产内容的具体

行政行为而提起的诉讼。也就是说必须是因公民、法人或者其他组织，认为行政机关和行政机关工作人员的具体行政行为侵犯其合法权益而提起的。

（3）房地产行政诉讼中的原告是公民、法人或者其他组织，是相对于房地产行政机关而言的，因此称为行政相对人。这些相对人单方认为行政机关的具体行政行为侵犯其合法权益，就可以提起房地产行政诉讼。

（4）房地产行政诉讼必须是向人民法院提起，由人民法院受理才能成立。

2．房地产行政诉讼的特别原则

房地产行政诉讼是行政诉讼的一部分，在行政诉讼中应当遵循的基本原则，在房地产行政诉讼中同样应当遵守。但是，由于房地产自身特点决定了房地产行政诉讼的特别原则：

（1）对公民起诉权给予充分保障的原则

在房地产行政诉讼中，只有公民、法人或者其他组织享有起诉权，这是房地产行政诉讼中的原告；作出具体行政行为的行政机关无权提起行政诉讼，只能是房地产行政诉讼中的被告。行政机关只有上诉权，没有反诉权。

（2）被告负有举证责任原则

在房地产行政诉讼中，行政机关负有主要举证责任。应当提供作出该具体行政行为的证据和所依据的规范性文件。在一般情况下，房地产具体行政行为的作出是被告单方面意思表示，因此应当有事实证据和法律依据。

（3）诉讼期间原行政行为不停止执行的原则

行政机关作出的具体行政行为被提起诉讼后，该具体行政行为不停止执行。这是为了保障国家行政管理的权威性和连续性，不因提起诉讼而中断或贻误，而使国家和公众利益受到损失。《行政诉讼法》也规定了诉讼期间只有在以下三种情况下，才能停止具体行政行为的执行：一是被告认为需要停止执行的；二是原告申请停止执行，人民法院认为该具体行政行为的执行会造成难以弥补的损失，并且停止执行不损害社会公共利益，裁定停止执行的；三是法律、法规规定停止执行的。

（4）不得调解原则

房地产行政诉讼，不得采用调解作为审理程序或结案方式，应以判决方式解决房地产纠纷案件。

（5）审查具体行政行为的合法性原则

《行政诉讼法》规定："人民法院审理行政案件，对具体行政行为是否合法进行审查。"这一原则完全适用于房地产纠纷的行政诉讼。

3．房地产行政诉讼的受案范围

房地产行政诉讼案件的受案范围是指那些房地产行政案件由法院受理并负责解决的。与刑事案件、民事案件统一由人民法院管理的不同，房地产行政案件只有一部分由人民法院受理并负责解决。根据《行政诉讼法》的规定，房地产行政诉讼的受案范围主要有：

（1）对罚款、吊销许可证和执照、责令停产停业、没收房地产等行政处罚不服的；

（2）认为房地产行政管理机关侵犯法律规定的房地产企业经营自主权的；

（3）认为符合条件申请房地产行政管理机关颁发产权证、许可证和执照，房地产行政机关拒绝颁发或不予答复的；

（4）申请房地产行政管理机关履行保护人身权、财产权的法定职责，房地产行政管理机关拒绝履行或不予答复的；

（5）法律、法规规定可以提起诉讼的其他行政案件。

4．行政诉讼的第一审程序

房地产行政诉讼的第一审程序主要包括：起诉与受理、开庭审理、判决或裁定等。

（1）起诉与受理

起诉是指公民、法人或者其他组织认为房地产行政管理机关的具体行政行为侵犯其合法权益，依法请求人民法院行使国家审判权给予司法保护的诉讼行为。

1）起诉的条件

根据《行政诉讼法》的规定，提起房地产行政诉讼必须具备以下条件：

①原告必须是认为具体行政行为侵犯其合法权益的公民、法人或者其他组织。

②有明确的被告。

③有具体的诉讼请求和事实根据。

④属于人民法院受案范围和受诉人民法院管辖。

起诉必须同时具备以上四个法定条件，缺一不可，否则，起诉不能成立。

2）起诉的方式

起诉应以书面形式进行。原告起诉时，已委托他人代为诉讼的，应当将授权委托书随诉状一同递交人民法院。

3）起诉的期限

房地产行政诉讼期限是指房地产管理机关的行政相对人（公民、法人或其他组织）不服房地产管理机关的具体行政行为，向人民法院提起行政诉讼的法定期限。当事人只有在法定期限内行使自己的权利，才能得到法律的保护，否则，当事人便丧失了向法院提起行政诉讼的权利。

①直接向人民法院起诉的期限。《行政诉讼法》规定："公民、法人或者其他组织直接向人民法院提起诉讼的，应当在知道作出具体行政行为之日起3个月内提出。"但是，这一诉讼期限的规定并不完全适宜于房地产管理中的行政诉讼。《行政诉讼法》还规定："直接提起诉讼的一般期限，法律另有规定的除外"。房地产案件诉讼的期限除适用于行政诉讼的一般期限规定外，对法律另有规定的，适用法律规定。如依据《土地管理法》的规定："当事人对有关人民政府的处理决定不服的，可以在接到处理决定通知之日起30日内，向人民法院起诉。"另外《土地管理法》还规定："当事人对行政处罚决定不服的，可以在接到处罚决定通知书之日起15日内向人民法院起诉。"房地产案件诉讼的期限应该适用《土地管理法》中关于期限的规定，即分别为15天和30天。

②不服行政复议提起诉讼的期限。《行政诉讼法》和《行政复议条例》都规定："申请人不服复议决定的，可以在收到复议决定书之日起15日内向人民法院提起诉讼。法律法规另有规定的除外。"另外，根据《行政诉讼法》的规定："复议机关应当自收到复议申请书之日起两个月内对复议申请作出决定，复议机关逾期不作决定的，申请人可以在复议期满之日起15日内向人民法院提起诉讼。"不服行政复议提起的房地产行政诉讼的期限一般为15日。

4）受理

人民法院收到原告的房地产行政纠纷案件起诉状后，应当认真进行审查，以决定是否受理。法院应当在7日内立案或作出裁定不予受理。原告对不予受理的裁定不服的，可以提出上诉。

（2）开庭审理

开庭审理是要核实证据、查明事实、分清是非、解决纠纷。因此，开庭审理是行政诉讼的重要阶段。房地产行政诉讼案件一般以公开审理为原则，经过开庭准备、法庭调查、法庭辩论、合议庭评议四种程序后，能够当庭宣判的，当庭宣判；不能当庭宣判的，可以定期宣判。

（3）判决或裁定

1）判决

判决是人民法院在审理房地产行政案件终结后，根据事实和法律，以国家审判机关的名义，就房地产行政案件做出的处理决定。

根据《行政诉讼法》的规定，第一审人民法院可以做出以下判决：①维持判决；②撤销判决；③履行判决；④变更判决、⑤赔偿判决。

2）裁定

裁定是指人民法院对案件审理过程所发生的程序问题做出的处理决定。

对一审法院判决不服的，行政诉讼当事人自一审判决书送达之日起15日内提起上诉；对一审裁定不服的，行政诉讼当事人自一审裁定书送达之日起10日内提起上诉。

5．行政诉讼的第二审程序

房地产纠纷行政诉讼的第二审程序，是指人民法院根据房地产纠纷行政诉讼当事人上诉，对下级人民法院尚未发生法律效力的房地产纠纷行政诉讼的判决、裁定进行审理的程序。

（1）上诉

上诉是指当事人不服第一审人民法院对房地产行政案件做出的判决、裁定，在法定期限内请求上级人民法院对第一审的判决、裁定进行审理，并要求撤销或变更原判决、裁定的诉讼行为。

（2）上诉的受理

当事人依法提起上诉，第二审人民法院接到上诉状后，经认真审理认为符合上诉条件的，应立案受理。

（3）上诉案件的审理

1）审理范围

第二审人民法院对上诉案件的审理，必须全面审查第一审法院所认定的事实是否清楚，适用法律、法规是否正确，有无违反法定程序。不受上诉范围的限制。

2）审理方式

根据《行政诉讼法》的规定，第二审人民法院审理上诉案件可以开庭审理，也可以书面审理。书面审理的适用条件是上诉案件事实清楚。

3）审理期限

《行政诉讼法》规定，人民法院审理对判决的上诉案件，应当在第二审立案之日起两个月内审结。

（4）宣判

第二审法院宣告判决，可以自行宣判，也可以委托原审法院或者当事人所在地人民法院代行宣判。

（5）上诉案件的裁判

《行政诉讼法》规定，第二审法院对房地产行政纠纷上诉案件，经过审理，按下列情形分别处理：维持原判、依法改判、撤销原判，发回重审。

13.4 房地产纠纷的仲裁和民事诉讼

13.4.1 房地产纠纷的仲裁

1.房地产纠纷仲裁概念

仲裁是指争议双方在争议发生前或争议发生后达成协议，自愿将争议提请无直接利害关系的第三者作出裁决，双方有义务执行的一种解决争议的办法。

房地产纠纷仲裁是当公民之间、法人之间、公民与法人之间，在房地产所有权、使用权、买卖、租赁和拆迁等方面发生纠纷，经过协商不能妥善解决时，提请仲裁机构依照国家法律、法规和地方性行政规章、规定作出仲裁的活动。它是一种准司法性的专业化仲裁，既非司法行为，又有部分司法行为的效力；它既区别于人民法院对房地产纠纷的审判活动，也区别于房地产行政管理机关的管理活动。房地产纠纷仲裁在机构设置、活动程序以及行为效力上都具有准司法性。房地产纠纷仲裁是解决民事权益争议的一种方式。仲裁一般具有以下特征：

（1）仲裁的发生是以房地产纠纷当事人自愿为前提。

（2）仲裁的客体是当事人之间发生的一定范围的争议。

（3）仲裁须有三方活动主体。

（4）仲裁裁决具有强制性。当事人选择用仲裁方式解决争议，仲裁裁决即有法律效力，双方当事人都应自觉履行，否则可以向法院申请强制执行。

2. 房地产纠纷仲裁原则

房地产纠纷仲裁应遵循的原则主要有以下七项：

（1）自愿原则

在房地产纠纷发生后，双方当事人是否申请仲裁，以及在仲裁过程中当事人是否同意达成调解，完全出自于当事人自己的意愿，别人无法强迫。

（2）先行调解原则

仲裁机关在仲裁活动中先行调解，是我国仲裁制度的一大特点。

（3）一次裁决的原则

仲裁机构在处理房地产纠纷案件时，实行一次裁决的制度。所谓一次裁决，就是指仲裁机构对纠纷依法裁决后，当事人不能就同一纠纷再申请仲裁或向法院起诉。

（4）以事实为根据，以法律为准绳原则

对房地产纠纷进行仲裁，是为了通过解决实体权利义务的争议，贯彻国家关于房地产管理的法律、法规及政策规定，保护当事人的合法权利。

（5）当事人权利平等原则

当事人权利平等原则包含着两层含义，一是在仲裁过程中双方当事人处于同等的地位；二是当事人在适用法律上一律平等。

（6）回避原则

所谓回避是指房地产纠纷仲裁庭组成人员中有不应参与案件仲裁情况的，应按规定退出仲裁庭。

（7）辩论原则

它是指在房地产纠纷仲裁中，双方当事人在仲裁机构的主持下，对于发生争议的事实各抒己见，提出各自的理由和主张，进行反驳和答辩。

3. 房地产纠纷仲裁协议

房地产纠纷仲裁协议是指房地产纠纷双方当事人自愿将他们之间已经发生的或将来可能发生的依法可以仲裁解决的房地产纠纷提交仲裁机构进行裁决的共同意思表示。

房地产纠纷仲裁协议是仲裁机构受理当事人争议的重要依据。仲裁协议应该明确、具体。仲裁协议一般应包括以下的内容：

（1）请求仲裁的意思表示，即双方当事人在发生纠纷时要提请仲裁的表示；

（2）请求仲裁事项，是指提请仲裁的纠纷范围，即请求"仲裁什么"。仲裁事项必须明确约定，不可疏漏也不能超出法律规定的仲裁范围，否则无效。

（3）选定的仲裁委员会，即以解决在哪里仲裁的问题。根据《仲裁法》的规定，我国大中城市，即直辖市、省和自治区人民政府所在地，以及有建立仲裁机构需要的其他设区的市，都将设有仲裁委员会，仲裁委员会设有级别管辖和地域管辖，只要当事人双方合意，可以任意选定一个仲裁委员会，为已经发生或者将来可能发生的争议进行仲裁。

4. 仲裁协议的法律效力

仲裁协议是双方当事人将其争议提交仲裁解决的共同意思表示。该协议的成立将对双方当事人产生以下法律效力。

（1）对仲裁协议范围内的仲裁事项，双方当事人只能通过仲裁解决已经发生的争议或将来可能发生的争议。即如果发生仲裁范围内的争议，任何一方当事人都有权向有关仲裁机构提出仲裁申请。

（2）对任何提交仲裁的超出仲裁事项以外的争议，对方当事人有权决定是否承认和参加该项仲裁。如果该当事人决定不承认该事项仲裁，则有权对该事项的受理仲裁机构提出异议。

（3）如果一方当事人将仲裁事项向法院提起诉讼，另一方当事人有权依据仲裁协议，要求法院停止诉讼程序，将争议交还仲裁机构。

（4）双方当事人同意仲裁解决争议，即承认了仲裁裁决对双方的法律约束力，他们有义务履行仲裁裁决，除非该裁决被法院裁定撤销或不予执行。

5. 仲裁程序

（1）申请与受理

订有仲裁协议的双方当事人，在发生合同纠纷或财产权益纠纷后，任何一方均可向选定的仲裁委员会申请仲裁。仲裁委员会在收到申请书5日内，认为符合受理条件的，应当受理。

（2）组成仲裁庭

仲裁庭包括合议仲裁庭和独任仲裁庭两种。合议仲裁庭由3名仲裁员组成，设首席仲裁员；独任仲裁庭由1名仲裁员组成，即由1名仲裁员对争议案件进行审理并做出裁决。

（3）仲裁审理

仲裁审理的方式分为开庭审理和书面审理两种。仲裁一般都采取开庭审理的方式。在开庭审理中，首先由首席仲裁员或独任仲裁员宣布开庭，然后进行庭审调查和庭审辩论。在做出裁决前，可以进行调解。调解达成协议的，仲裁庭应制作调解书或根据双方协议结果，制作裁决书；调解未达成协议的，由仲裁庭按照多数仲裁员的意见做出裁决，不能形成多数意见时，按首席仲裁员的意见做出裁决。

（4）执行

调解书或裁决书生效后，当事人应当履行裁决。一方当事人不履行的，对方可向有管辖权的人民法院申请强制执行。

6. 人民法院对仲裁的支持和监督

对依法设立的仲裁机构的裁决，如一方当事人不履行，另一方当事人申请执行时，受申请的人民法院应当执行，不可无故推拖。人民法院对申请执行的裁决是有审查和不予执行的权利的。一般情况下人民法院不主动进行审查。如果被申请执行的当事人提出证据证明仲裁裁决错误，法院审查核实；如没有提出问题，法院就不必全面审查。

当事人向人民法院申请执行仲裁裁决应在执行期限内提出。根据《中华人民共和国民事诉讼法》（以下简称《民事诉讼法》）规定，申请执行的期限，双方或有一方当事人是公民的为1年；双方是法人或者其他组织的为6个月。如果当事人未在期限内申请执行，法院将不再受理当事人的执行申请。

13.4.2　房地产民事诉讼

1．房地产民事诉讼的概念

房地产纠纷民事诉讼是指人民法院在房地产纠纷当事人和其他诉讼参与人的共同参加下，依照法定程序审理房地产民事纠纷案件过程中所进行的各种诉讼活动，以及通过这些活动所形成的各种诉讼法律关系的总称。

房地产纠纷诉讼是为了解决公民之间、法人之间或者其他组织之间以及他们相互之间的财产关系所引起的争议。因此，对房地产纠纷案件的审理要依据《民事诉讼法》所规定的程序进行。诉讼程序是诉讼法规定的司法机关在当事人和其他诉讼参与人的参加下，进行诉讼活动的法定程序。

2．适用范围和基本原则

根据《民事诉讼法》的规定，民事诉讼的适用范围是公民之间、法人之间、其他组织之间，以及这些平等的民事主体相互之间，因财产关系和人身关系向人民法院提起的民事诉讼。

我国民事诉讼的基本原则包括以下方面：

（1）当事人诉讼权利平等原则

我国《民事诉讼法》第八条规定："民事诉讼当时人有平等的诉讼权利，人民法院审理民事案件，应当保障和便利当事人行使诉讼权利，对当事人在适用法律上一律平等。"

（2）调解原则

人民法院审理民事案件，对于能够调解的案件，应采用调解方式结案；调解应当自愿、合法；调解贯穿于审判过程的始终；对于调解不成的，不能只调不决，应及时判决。

（3）辩论原则

辩论原则是指双方当事人可以采取书面或口头的形式，提出有利于自己的事实和理由，相互辩驳，以维护自己的民事实体权利的原则。该原则是民诉活动的一项重要民主原则。

（4）处分原则

当事人对自己享有的民事权利和诉讼权利，可以行使，也可以放弃，诉讼当事人可以委托代理人，也可以不委托代理人；可以对法院的判决提出上诉，也可以不上诉。但当事人在处分这些权利时，不能违背法律的规定。

（5）人民检察院对民事审判活动实行法律监督

人民检察院有权对民事审判活动进行监督，其监督的方式对法院已经生效的判决、裁定，如有认定事实的主要证据不足的，适用法律有错误的等情况，按审判监督程序提出抗诉。

（6）支持起诉的原则

国家、社会、团体、企事业单位都可以支持起诉，但个人无权支持起诉。

3. 房地产民事诉讼的管辖

当事人因房地产权益与他人发生纠纷时，如果需要向人民法院提起民事诉讼的，应当向房地产所在地的人民法院起诉。根据《民事诉讼法》关于管辖的规定，对公民、法人或者其他组织提起的民事诉讼，由被告住所地人民法院管辖；因合同纠纷提起的诉讼，由被告住所地或者合同履行地人民法院管辖；因侵权行为提起的诉讼，由侵权行为地或者被告住所地人民法院管辖。同时，我国民事诉讼法还规定："因不动产纠纷提起的诉讼，由不动产所在地人民法院管辖。"因不动产提起的诉讼，通常是不动产权益人为了维持其财产权益而提起的诉讼。

房地产诉讼，在民事诉讼的案件管辖中属于专属管辖。专属管辖是一种特殊的地域管辖。其特殊性表现为凡属专属管辖的诉讼，既不允许其他同级人民法院争相管辖，也不能由当事人协议选择管辖，只能由法律规定的法院管辖。

4. 房地产民事诉讼的第一审程序

诉讼程序是诉讼法规定的司法机关在当事人和其他诉讼参与人的参加下，进行诉讼活动的法定程序。房地产纠纷案件的审理要依据《民事诉讼法》规定的程序进行。房地产纠纷诉讼的基本程序是：

（1）起诉和受理

1）起诉。起诉是当事人为了维护自己的合法权益，以自己的名义请求法院通过审判予以法律保护的一种诉讼活动。

起诉的条件为：原告必须合格；有明确的被告；有具体的诉讼请求和事实、理由；属于法院受理民事诉讼的范围和受诉人民法院管辖。

起诉必须同时具备以上四个法定条件，缺一不可，否则，起诉不能成立。

起诉有书面起诉和口头起诉两种方式。需要特别说明的是，依照《民事诉讼法》的规定，书面起诉是原则，口头起诉是例外，只有在特殊情况下才允许原告口头起诉。

2）受理。受理是指法院对当事人的起诉经审查后，认为符合法定条件，决定立案审理，从而引起诉讼程序开始的诉讼行为。民事案件只有通过起诉和受理，诉讼程序才能开始。

法院除了进行诉讼时效的审查外，还要审查是否符合起诉条件，对符合起诉案件的房地产案件，应在7日内立案受理，并通知当事人；对不符合起诉条件的，或超过诉讼时效期间的房地产纠纷的案件，应当在7日内裁定不予受理。

（2）开庭审理

开庭审理是指法院在当事人及其他诉讼参与人的参加下，依照法定形式程序，在法庭上对房地产案件进行实体审理的诉讼活动过程。开庭审理的目的是核实证据、查明事实、分清是非、解决纠纷。因此，开庭审理是民事诉讼的重要阶段。包括以下阶段：审理阶段、法庭调查阶段、法庭辩论阶段、法庭调解阶段、合议庭评议阶段，以及宣判。人民法院对于房地产纠纷案件，无论是公开审理还是不公开审理，在宣告判决时一律公开进行。当庭宣判的，应当在10日内发送判决书；定期宣判的，宣判后立即发给判决书。宣告判决时，人民法院必须告知当事人上诉权利、上诉期限和上诉的法院。

5．房地产民事诉讼的第二审程序

第二审程序是指人民法院根据当事人的上诉，对下一级人民法院未发生法律效力的判决和裁定进行审理和裁判的程序。

房地产纠纷民事诉讼的第二审程序，是因为当事人不服第一审人民法院的房地产诉讼的判决、裁定提起上诉而进行的程序。房地产纠纷民事诉讼的第二审程序，又称为房地产纠纷民事诉讼的上诉审理程序。

（1）上诉的提起

上诉是指当事人不服第一审人民法院对房地产民事案件做出的判决、裁定，在法定期限内请求上级人民法院对第一审的判决、裁定进行审理，并要求撤销或变更原判决、裁定的诉讼行为。

（2）上诉的受理

当事人依法提起上诉，第二审人民法院接到上诉状后，经认真审查，认为符合上诉条件的，应立案受理。

（3）上诉案件的审理

1）审理范围。根据《民事诉讼法》的规定，第二审人民法院应对上诉请求的有关事实和理由进行审理。如果发现在上诉请求以外，原裁判确有错误的，也应予以纠正。

2）审理方式。《民事诉讼法》规定，第二审人民法院审理上诉案件以开庭审理为原则。

3）审理地点。第二审人民法院审理上诉案件，可以在本院进行，也可以在案件发生地或原审人民法院所在地进行。

4）审理期限。《民事诉讼法》规定，人民法院审理对判决的上诉案件，应当在二审立案之日起3个月内审结。有特殊情况需要延长的，由本院院长批准。人民法院审理对裁定的上诉案件，应当在第二审立案之日起30日内做出终审裁定。

5）宣判。第二审人民法院宣告判决，可以自行宣判，也可以委托原审人民法院或者当事人所在地人民法院代行宣判。

（4）上诉案件的裁判

第二审人民法院对房地产纠纷上诉案件，经过审理，按下列情形分别处理：

维持原判决、依法改判、发回重审。

? 法律依据及相关知识链接

1. 中华人民共和国行政复议法

2. 中华人民共和国行政诉讼法

3. 中华人民共和国仲裁法

4. 中华人民共和国民事诉讼法

案例分析与解答

【案情】

某建设单位投资兴建办公大楼一幢。在通过立项、可行性研究、项目评估等前期筹备工作后，按规定向当地建设行政主管部门进行报建。建设单位填写了《工程建设项目报建表》以后，将申领施工许可证的所有相应证明材料提交于建设行政主管部门。该主管部门收到这些材料后迟迟没有答复，过了一个多月建设单位在去询问，建设主管部门答复的结论是材料不齐全和不符合条件。对此建设单位以建设行政机关作为颁发施工许可证主管部门，不履行法定职责，不给予颁发施工许可证为理由，向所在地人民法院提起行政诉讼。

【问题】

1. 本案，原告建设单位能否提起行政诉讼，法院能否作为行政案件受理？

2. 建设行政部门以材料不齐全和不符合条件为由，不颁发施工许可证的行为是否正确？为什么？

【参考答案】

1. 可以提起行政诉讼，法院应当作为行政诉讼受理。本案原告诉建设行政主管部门不履行法定职责即不予办理施工许可证的不作为的具体行政行为，法院应当根据《行政诉讼法》第11条第1款第（4）项："人民法院受理公民、法人和其他组织对下列具体行政行为不服提起的诉讼：……（四）认为符合法定条件申请行政机关颁发许可证和执照，行政机关拒绝颁发或者不予答复的规定，予以立案受理。"

2. 不正确。根据《建筑法》及相关规章的规定：发证机关在收到建设单位报送的材料后，对于符合条件的，应当自收到申请之日起15日内颁发施工许可证，对于不符合条件的，应当自收到申请之日起15日内书面通知建设单位，并说明理由。

练习与思考

单项选择题

1. 房地产法律责任的一般构成要件由4个条件构成，其中房地产法律责任产生的前提条件是（   ）。

A. 房地产违法或违约行为

B. 有损害事实发生

C. 违法者主观上有过错

D. 违法行为与损害事实之间有因果关系

2. 仲裁是指争议双方在（　　）达成协议，自愿将争议提请无直接利害关系的第三者作出裁决，双方有义务执行的一种解决争议的办法。

 A. 争议发生前   B. 争议发生后

 C. 争议发生前或争议发生后 D. 民事诉讼前

3. 根据《行政诉讼法》的规定，我国行政诉讼的举证责任由（　　）承担。

 A. 原告   B. 被告

 C. 原告、被告共同   D. 人民法院

4. 房地产行政诉讼是人民法院通过审理行政案件对房地产管理机关及其工作人员的行政行为实施监督的一种制度。行政诉讼中，法院以审查（　　）为原则。

 A. 具体行政行为的合理性 B. 抽象行政行为的合理性

 C. 抽象行政行为的合法性 D. 具体行政行为的合法性

5. 当事人因房地产权益与他人发生纠纷时，如果需要向人民法院提起民事诉讼的，应当向（　　）的人民法院起诉。

 A. 原告所在地   B. 被告所在地

 C. 房地产所在地   D. 被告居住地

多项选择题

1. 房地产法律责任的种类主要有（　　）。

 A. 刑事法律责任   B. 行政法律责任

 C. 民事法律责任   D. 经济法律责任

 E. 社会法律责任

2. 对县级以上地方各级人民政府工作部门的具体行政行为不服的，由申请人选择，可以向（　　）申请行政复议。

 A. 该部门的本级人民政府 B. 上一级主管部门

 C. 该部门的本级党组织   D. 上一级主管部门党组织

 E. 该部门的领导

3. 依据《行政诉讼法》，下列行为中房地产经纪机构可以提起行政诉讼的有（　　）。

 A. 对行政机关作出的罚款决定不服的

 B. 认为行政机关侵犯其合法经营自主权的

 C. 认为行政机关颁布的部门规章有失公平的

 D. 认为行政机关侵犯其财产权的

 E. 认为符合法定条件申请行政机关颁发执照，行政机关拒绝颁发的

4. 下列选项中（　　）是仲裁的一般特征。

 A. 仲裁采取两裁终局制

 B. 仲裁的发生是以房地产纠纷当事人自愿为前提

 C. 仲裁的客体是当事人之间发生的一定范围的争议

D．仲裁须有三方活动主体

E．仲裁裁决具有强制性

5．起诉是当事人为了维护自己的合法权益，以自己的名义请求法院通过审判予以法律保护的一种诉讼活动。提起起诉的条件必须包括（　　　）。

A．诉讼目的明确　　　　　　　　　B．原告必须合格

C．有明确的被告　　　　　　　　　D．有具体的诉讼请求和事实、理由

E．属于法院受理民事诉讼的范围和受诉人民法院管辖

是非题

1．无过错责任是指依照法律规定不以当事人的主观过错为构成侵权行为的必备要件，即不论当事人在主观上有没有过错，都应当承担民事责任。（　　　）

2．房地产经纪机构接到行政处罚通知书后，如提出行政复议申请，应在30日内提出。（　　　）

3．仲裁机构在处理房地产纠纷案件时，实行一次裁决的制度。（　　　）

4．人民法院对符合起诉案件的房地产案件，应在10日内立案受理，并通知当事人。（　　　）

5．人民法院审理民事案件，调解贯穿于审判过程的始终。（　　　）

简答题

1．什么是房地产行政复议？

2．什么是房地产行政诉讼？房地产行政诉讼有哪些特别原则？

3．什么是房地产纠纷仲裁？

4．房地产仲裁活动应遵循哪些基本原则？

5．什么是房地产民事诉讼？

6．简述民事诉讼的基本原则。

7．简述房地产民事诉讼第一审程序。

参考文献

［1］中国房地产估价师与房地产经纪人学会.房地产基本制度与政策［M］. 北京：中国建筑
工业出版社，2017.

［2］上海市房地产经纪行业协会. 房地产基础知识［M］. 上海：东华大学出版社，2008.

［3］邓青. 房地产法律法规［M］. 北京：电子工业出版社，2007.

［4］王照雯，寿金宝. 房地产法规［M］. 北京：机械工业出版社，2007.

［5］谢成巍. 房地产法［M］. 北京：化学工业出版社，2006.

［6］韩强，李冠东. 房地产法规实用教程［M］. 上海：上海教育出版社，1998.

［7］毛佳樑. 住宅建设项目管理实务教程［M］. 上海：上海社会科学院出版社，2002.

［8］高富平，黄武双. 房地产法新论［M］. 北京：中国法制出版社，2002.

［9］徐占发. 建设法规与案例分析［M］. 北京：机械工业出版社，2007.

［10］王锡财. 房地产纠纷［M］. 北京：中国民主法制出版社，2006.

［11］滕永健. 房地产基本制度［M］. 北京：中国建筑工业出版社，2010.

［12］唐茂华. 房地产法律与制度［M］. 北京：电子工业出版社，2009.

［13］王宏. 房地产行政管理［M］. 北京：机械工业出版社，2007.

［14］滕永健. 物业管理实务［M］. 上海：华东师范大学出版社，2009.

［15］王跃国. 房地产法规与案例分析［M］. 北京：机械工业出版社，2008.

［16］胡细英. 房地产基本制度与政策［M］. 北京：化学工业出版社，2016.

［17］王照雯，寿金宝. 房地产法规（第3版）［M］. 北京：机械工业出版社，2013.